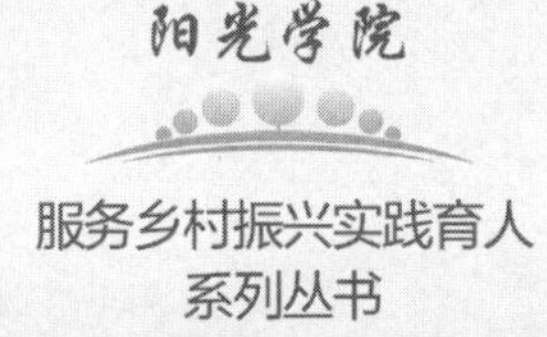

服务乡村振兴实践育人
系列丛书

总主编 / 陈少平　副主编 / 汤德平

新时代大学生
社会实践教程

陈少平 / 主编

厦门大学出版社 XIAMEN UNIVERSITY PRESS　国家一级出版社　全国百佳图书出版单位

图书在版编目(CIP)数据

新时代大学生社会实践教程/陈少平主编.—厦门:厦门大学出版社,2020.3(2022.1 重印)
ISBN 978-7-5615-7746-2

Ⅰ.①新… Ⅱ.①陈… Ⅲ.①大学生—社会实践—高等学校—教材 Ⅳ.①G642.45

中国版本图书馆 CIP 数据核字(2020)第 023806 号

出 版 人 郑文礼
责任编辑 郑 丹

出版发行 厦门大学出版社
社　　址 厦门市软件园二期望海路 39 号
邮政编码 361008
总　　机 0592-2181111 0592-2181406(传真)
营销中心 0592-2184458 0592-2181365
网　　址 http://www.xmupress.com
邮　　箱 xmup@xmupress.com
印　　刷 厦门市明亮彩印有限公司

开本 787 mm×1 092 mm 1/16
印张 16.25
字数 366 千字
版次 2020 年 3 月第 1 版
印次 2022 年 1 月第 3 次印刷
定价 39.00 元

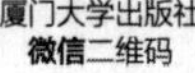
厦门大学出版社
微信二维码

厦门大学出版社
微博二维码

总　序

为深入贯彻落实习近平新时代中国特色社会主义思想，国家发布了《国家乡村振兴战略规划(2018—2022年)》，教育部制定了《高等学校乡村振兴科技创新行动计划(2018—2022年)》。十八大以来，习近平站在国家繁荣、民族振兴、教育发展的战略高度，多次就高校落实立德树人根本任务做出重要指示，在党的十九大报告中指出："要全面贯彻党的教育方针，落实立德树人根本任务"，在同北京大学师生座谈时强调："要把立德树人的成效作为检验学校一切工作的根本标准"，在全国教育大会重要讲话中指出："加快推进教育现代化、建设教育强国、办好人民满意的教育，必须坚持社会主义办学方向"。阳光学院积极响应国家和教育部的号召，成立了阳光学院乡村振兴战略研究所，以习近平新时代中国特色社会主义思想为指导，坚持社会主义办学方向，推进教书育人、立德树人，按照"产业兴旺、生态宜居、乡风文明、治理有效、生活富裕"总要求，广大师生投身乡村振兴战略研究，在助推乡村振兴实践中，切实加强教书育人和立德树人工作，加强教育改革，全面提升高校应用型人才培养质量。

在助推乡村振兴实践中，阳光学院贯彻落实习近平总书记重要讲话精神，坚持立德树人，加强应用型人才培养模式改革。在广大师生共同努力下，通过"三个紧密结合"，服务乡村振兴实践育人取得了可喜的成效。一是把乡村振兴战略研究与服务乡村振兴实践紧密结合，把科学研究与助力国家战略联系起来，开展系列研究，形成研究成果，推动服务乡村振兴实践，为福建红色革命老区乡村振兴做出贡献，成效明显；二是把助推乡村振兴与实践育人紧密结合，广大教师坚持教书育人，引领青年学生深入福建红色革命老区，带领青年学生重走习近平同志当年的扶贫之路，深入农村基层社会，培养与人民群众的感情；在服务乡村振兴实践中，引导青年学生强化理想信念、爱国情怀，树立为中华民族伟大复兴而砥砺奋斗的远大志向，引导青年学生扎根基层，鼓励他们修炼品格，磨炼意志，服务社会，锻炼自己，增长才干，增强服务社会的能力，成效明显；三是把服务乡村振兴与应用型人才培养改革紧密结合，把大学课堂开设在广袤的乡村田园，广大教师指导青年学生用科学技术、学科资源、文化知识为新农村建设和乡村振兴服务，理论创新与实践变革结合，把课堂理论知识与乡村振兴实践结合起来，教师规划设计服务乡村振兴项目，带领青年学生躬身乡村振兴实践，在服务乡村振兴实践中，推动应用型人才培养模式改革，提高应用型人才培养质量，成效明显。

为了总结经验，进一步推动服务乡村振兴，推动立德树人、教书育人工作，推动高等教育改革和应用型人才培养改革，我们特组织编写推出《阳光学院服务乡村振兴实践育人系列丛书》，希望本丛书的出版能够吸引更多的兄弟院校共同响应国家乡村振兴战略，努力探索高校社会实践育人的新模式与新途径，共同推动高校实践育人教学改革，加强应用型人才培养，为培养德、智、体、美、劳全面发展的社会主义事业建设者和接班人做出贡献。

2019 年 11 月

序

落实立德树人根本任务，要坚持育人为本、以德为先，把社会主义核心价值观融入教育全过程。深入开展理想信念教育、爱国主义教育、中华优秀传统文化教育和革命传统教育，引导和帮助学生把握好人生方向，扣好人生的第一粒扣子。阳光学院认真贯彻习近平的重要指示精神，坚持立德树人，知行合一，理论联系实践，为社会培养堪当民族复兴重任的人才。长期以来，学校坚持教育与社会服务、与社会实践相结合，引导青年学生走入社会基层，躬身社会实践，了解社会、认识国情，增长才干、奉献社会，锻炼毅力、培养品格，这对于大学生加深对习近平新时代中国特色社会主义思想的理解，增强道路自信、理论自信、制度自信、文化自信，坚定实现中华民族伟大复兴的共同理想和信念，增强历史使命感和社会责任感，具有不可替代的重要作用，对于培养德、智、体、美、劳全面发展的社会主义事业建设者和接班人具有极其重要的意义。

“知之愈明，则行之愈笃；行之愈笃，则知之益明。”朱熹认为，对事物和规律的认识越清晰，认识指导下的实践就越扎实，成果也就越丰厚；而实践越扎实，对事物和规律的认识也就越清晰。鲁迅也说过：“专读书也有弊病，所以必须和现实社会接触，使所读的书活起来。”

纸上得来终觉浅，绝知此事要躬行。20 多年来，阳光人风雨兼程，阳光城集团成长为今天的世界 500 强，在这过程中我们愈发感到知识、能力与实干结合的重要性。譬如读书，每当我读到关键情节时，总会把书合起来思考：我处圣人时如何，圣人处当下如何？读书要结合当下的问题来思考，只有这样才能有真正的收获，才能豁然开朗。我们倡导每一个阳光人不但要从书本上、课堂上学习，更要从瞬息万变的现实世界、从蕴含无尽新知的实践活动中学习。

知者行之始，行者知之成。阳光学院长期坚持立德树人，为社会各界培养了无数德才兼备的大学生。近年来，为响应国家乡村振兴战略，学院老师带着学生深入福建闽东红色革命老区，扎根广袤大地，开展乡村振兴实践活动，为革命老区带去了新知识、新科技。师生们在实践之余，也对实践育人理论进行了有益探索。为了更好地开展大学生乡村振兴社会实践活动，推动实践育人工作，阳光学院教师编写了《新时代大学生社会实践教程》一书。我们希望本书的出版能够进一步推动大学生社会实践活动深入开展，能够丰富高校人才培养理念，而且期待更多的大学生能够坚持知行合一，在服务乡村振兴的实践中，把自己培养成对国家有用之才。

林腾蛟

阳光控股董事局主席、阳光学院董事长

2020 年 3 月

前　言

人才培养是高等学校的根本任务，大学生的成长成才不仅需要学校的小课堂，更需要社会的大课堂。社会实践是高等学校教育教学的重要环节，是大学生从社会中学习、在实践中锻炼的重要形式，是推进素质教育、服务学生成长成才的有效载体。国家高度重视社会实践的育人作用，2005 年 2 月，中宣部、中央文明办、教育部、共青团中央联合下发了《关于进一步加强和改进大学生社会实践的意见》(中青联发〔2005〕3 号)，对大学生社会实践提出了总体要求。新时代，教育部又组织开展“青年红色筑梦之旅”。为了更好地开展新时代大学生社会实践，我们编写了《新时代大学生社会实践教程》，本书对大学生社会实践基本问题进行概述，论述了大学生社会实践活动中的思维方法，介绍了大学生社会实践基地的建设管理，对大学生社会实践的项目设计和项目实施进行了论述，介绍了社会调查定性研究的方法、社会调查定量研究的方法和怎样撰写大学生社会实践文章。采用案例解析，以阳光学院大学生社会实践工作为例，对大学生社会实践进行了解读。本教程共分十一章，编写力求系统性且兼具可读性和操作性。

本书由陈少平制定全书写作提纲并负责组织统筹工作。各章编写分工如下：朱光亚、黄蕾编写第一章，金莉编写第二章，江峻任编写第三章，陈婉萍、陈宏斌编写第四章，杜云、吴昊编写第五章，郭翠翠、陈志平编写第六章，于芙蓉、林伟编写第七章，杨毓团、陈谊、姚依编写第八章，王文君、刘宣编写第九章，蒋湘玉、杨海晋编写第十章，王传飞、王林杰编写第十一章。本书由陈谊、王文君负责编务工作。

编者

2019 年 12 月

目 录

第一章　大学生社会实践基本问题概述

改革开放以来，随着党和国家对教育事业的一系列部署安排，我国的教育事业得到了飞速发展，教育体系不断完备、教育水平不断提高、教育手段日新月异、教育理念与时俱进，教育迎来了一个大跨度发展进步的黄金时期。在这个时期，高等教育理论教学取得了丰硕的成果，实践教学也加快了步伐。理论教学与实践教学是高等教育的两个轮子，只有两轮并驱、齐头并进，我们的教育事业才能得到健康、有序的发展。实践教学是我国教育体系的重要组成部分，而大学生社会实践则是实践教学的主体，因此，大学生社会实践的重要性不言而喻。

第一节　大学生社会实践的内涵和特征

大学生社会实践具有丰富的内涵，要理解大学生社会实践，必须要理解马克思主义的实践理论，包括实践的定义、实践的特征、实践的对象、实践的内容以及实践与认识的关系等。同时，还要理解大学生社会实践的理论、大学生社会实践的特征以及大学生社会实践在高等教育教书育人中的重要作用等。

一、大学生社会实践的内涵

所谓大学生社会实践，是指在校大学生利用课余时间走出校门、走向社会，参与社会实践活动，增加社会实践阅历，从而达到提升个人基本素养、提高个人能力水平等目的的活动。随着经济社会形势的变化，用在大学学习到的理论知识进行社会实践活动已经是每个大学生的必修课，大学生社会实践在大学生基本能力素质的培养中已经占有越来越重要的地位。

大学生社会实践是实践的一种具体表现形式。按照马克思主义理论，实践指的是人类生存与发展最基本的活动。古今中外，思想家和哲学家们都对实践活动进行了深入研究。马克思正确认识到了实践的意义，将实践看作人类能动地改造世界的社会性活动。在《关于费尔巴哈的提纲》这篇文章中，马克思敏锐地发现："从前的一切唯物主义——包括费尔巴哈的唯物主义——的主要缺点是：对事物、现实、感性，只是从客体的或者直观的形式去理解，而不是把它们当作人的感性活动，当作实践去理解，不是从主观方面去理解。所以，结果竟是这样，和唯物主义相反，能动的方面却被唯心主义发展了，但只是抽象地发展了，因为唯心主义当然是不知道真正现实的、感性的活动的。”①马克思既批判唯心主义，也批判旧唯物主义，他的实践对象既不是抽象的精神本体，也不是抽象的物质本体，而是建立在人的感性活动之上的客观对象。按照马克思主义理论，这种实践具有三个特性：直接现实性、自觉能动性和社会历史性。

(一)实践的直接现实性

实践的直接现实性指的是，实践是改造客观物质世界的活动，它不是纯粹的精神活动，马克思的实践所具有的这一特性使他的实践直接区分于黑格尔。实践之所以具有直接现实性，至少有三个方面的原因：

第一，实践的主体、实践的对象，以及实践的中介都是直接现实的。首先，实践的主体是活生生的人自身，任何实践活动，离开了主体就不称其为实践，唯心主义那种万物有灵论将主体说成是一切的人和物是不正确的。在马克思看来，实践的主体只能是人，不能是物，物只能是实践的客体，人和物才构成实践，物和物是不能构成实践的。其次，实践的中介也是具体的，它集中表现为劳动工具，人类产生之初，最早的实践可能是双手的劳动，但是随着生产力的发展，人类越来越依赖于劳动工具的作用，所有的劳动工具都以物质实体的形式存在着。

第二，实践的水平、广度、深度和发展过程无不受到客观条件的制约，无不受到客观规律的支配。人类的实践活动不能超越于客观物质条件，每一个时代的实践都局限于每一个时代科学技术发展的水平。比如，原始人可能会幻想外星移民问题，但他们绝对不会致力于如何改进宇宙飞船的技术水平；今天我们可能致力于宏观世界与微观世界的秘密，但是肯定还不具备完成“虫洞”穿越的条件。

第三，实践能够引起客观物质世界的变化，实践的这一特性将其与人的主观认识活动区别开来。人的主观认识仅仅是存在于人的头脑之中的，无论是正确的还是错误的。比如，我们可以认为地球是圆的，也可以认为地球是平的，这都属于人类的主观认识，但实践的重要意义在于，它能够将人类的主观认识见之于客观，从而引起客观世界的变化。在古代中国，人们的认识是天圆地方；在古代欧洲，传统思想观念认为大地是一个平面，海洋的尽头是无穷的深渊，但麦哲伦认为地球是圆的。如果麦哲伦仅仅停留于此的话，人类就不会开启大航海时代。1519 年 9 月 20 日，麦哲伦探险船队驶离了西班牙进行人类首次环球航行。1522 年 9 月 6 日，这支船队历时 1082 天回到了西班牙，证明了地球是圆的，在世界范围内引起巨大轰动。

(二)实践的自觉能动性

实践的自觉能动性指的是，实践是一种有目的的、有意识的活动。实践的目的性和意识性使人的实践区分于动物，与人的目的性相对应的是动物的本能；而与人的意识性相对应的是低等生物的应激性、高等生物的刺激感应性及高等动物的感觉和心理。

其一，实践是一种有目的的活动。实践活动与动物本能的、被动性的适应活动相区

---

① 马克思，恩格斯. 马克思恩格斯全集(第 3 卷)[M]. 北京：人民出版社，1956：3.

分。动物有时候也会表现出一些类似于人类的活动，比如蜜蜂会建造蜂房。马克思曾经形象地描述，蜜蜂所建造的蜂房会令人类建造师们感觉到羞愧，但是，蜜蜂所建造蜂房的活动仅仅是蜜蜂的一种本能活动，因为蜜蜂在建造蜂房的时候是没有目的的。与蜜蜂相反，人类在建造房屋的时候，脑海里首先有一个房屋的框架，这个框架就是人类进行实践活动所预期的效果，它在活动的过程中就作为目的在实践者头脑中以观念的形式存在，所以在这一点上，多么蹩脚的建筑师都比蜜蜂高明。

其二，实践是一种有意识的活动。意识性与目的性既有类似的地方，又有重要的区别。目的性本质上是一种意识性，目的本身就是意识的表现，但并不是所有的意识都是目的。在哲学上，意识指的是人脑的机能和属性，是客观世界的主观映象。它的形成过程，是从低等生物的应激性和高等生物的刺激感应性发展到高等动物的感觉和心理，并最终发展到人类意识的过程。可见，意识的发展经历了四个层次，人类的意识是意识发展的最高层次。与人能够制造工具类似，狗熊能够折一段树枝，并且将树枝当作工具，让白蚁爬满树枝，然后去吃白蚁，在这个意义上，很难说狗熊没有目的性，但毫无疑问，狗熊的动作不是人类的意识而只能说是高等动物的感觉和心理，因为意识是人所专属的。

(三)实践的社会历史性

实践的社会历史性指的是，实践是社会性的、历史性的活动。实践的社会性是指任何实践都处于一种动态空间中，实践的历史性是指任何实践都处于一种动态时间中，实践是空间与时间的动态统一。

实践具有社会性是因为作为实践主体的人都处于一定的社会关系中，任何人的活动都离不开与社会的联系。个别人也许会因为种种原因生活在深山老林，或者生活在孤岛变成野人，但是他们仍然没有改变作为社会人的属性，因为，他们生活所处的深山老林和孤岛处于其他人的社会活动对象范围之内，从空间上讲，即使他的生活不直接受到其他人的影响，也会间接受到其他人的影响。从时间上讲，即使他的生活暂时处于与世隔绝的状态，但是早晚会被纳入人类活动的范围。

实践具有历史性是指实践的内容、性质、范围、水平以及实践的方式都会受到历史条件的制约，随着一定历史条件的变化而变化。任何实践都是共时性与历时性的统一。时间的共时性侧重于以特定社会经济运动的系统以及系统中各要素之间的相互关系为基础把握社会结构；时间的历时性侧重于以社会经济运动的过程以及过程中的矛盾运动发展规律为基础把握社会形态。社会结构与社会形态之间、时间的共时性与时间的历时性之间是静止与运动的统一，运动通过静止表现出来，相对静止中存在永恒运动。社会结构永恒变化，社会形态相对稳定；实践过程永不停息，实践结果相对独立，所以，人类进行实践活动不是静止不动的，也不是变动不居的，而是动静结合、相对存在的。一个实践的“时间片段”是从一个动态的时间过程中抽离出来的，在这个意义上，任何动态的过程都可以定格于某一个点，在这个点上，我们可以定格某个时间剖面去进行分析。过程与剖面始终是同一现象的正反两个方面，这就造成了社会历史性的直接表现，即，实践是开放的而非封闭的，实践是运动的而非静止的。

二、大学生社会实践的结构

人的实践活动既然是以改造客观世界为目的的客观过程,那么存在于这个过程中的就是实践主体与实践客体的相互作用,这种相互作用必须要借助于一定的手段和工具来实现,这里的手段和工具就起到了中介作用,所以叫作实践的中介。实践的主体、客体和中介是实践结构的三个基本要素。

(一)大学生社会实践的主体

在实践活动中,实践主体指的是具有一定的能力、从事现实社会实践活动的人,是实践活动中具有自主性和能动性的因素,它是实践主客体关系的主要方面,比如,它设定实践对象、操作实践工具、预测实践目的、改造实践客体等。大学生作为实践的主体,既有其作为人类实践的共性,又有其自身特性。

(1)作为社会实践的主体,大学生参与社会实践的热情高。相关机构曾经对福州大学、福建师范大学、福建农林大学、福建医科大学、福建中医学院等5所福州地区高校以问卷方式进行过社会实践活动意愿调查。调查发放问卷570份,回收有效问卷515份,有效回收率90.4%。据这次调查,在大学生中,94.2%的被调查者希望参加社会实践。① 在另外一份关于大学生“三下乡”社会实践活动意愿的调查中,相关机构曾经对福州大学、福建师范大学、福建农林大学、福建医科大学、福建中医学院等5所福州地区高校以问卷的方式进行过大学生“三下乡”社会实践活动意愿调查。调查发放问卷1200份,回收有效问卷1141份,有效回收率95.1%,调查对象为上述五所高校的大学生以及团委、学生处、宣传部和教务处相关负责人及相关教师。在不分年级的随机调查中,48.9%的大学生已经参加过“三下乡”社会实践,80.6%的大学生尚未参加“三下乡”社会实践,但也打算参加“三下乡”社会实践。② 阳光学院自2016年开始,连续三年进行过相关调查,每次调查发放调查问卷200份,调查结果显示连续三年愿意参加社会实践活动的学生高达92.1%、91.9%、92.2%。调查的整体情况说明,大学生对社会实践活动的参与热情非常高。

(2)作为大学生社会实践的主体,大学生参与社会实践的自信心强。大学生正处于朝气蓬勃的时期,他们对外界事物感到新鲜又好奇,因此,他们接受新事物的能力强,对完成新的工作任务的自信心强。在对福州大学、福建师范大学、福建农林大学、福建医科大学、福建中医学院等5所福州地区高校学生的调查问卷中,大学生普遍相信自己能够完成社会实践工作任务,91.3%的被调查者认为,“有信心、有能力完成社会实践工作”。③ 笔者自2016年开始,连续三年在阳光学院进行过相关调查,每次调查发放调查问卷200份,调

---

① 刘有升.构建大学生社会实践可持续发展机制探讨——以福州地区部分高校为例[J].思想教育研究,2010(7):82.

② 刘有升.组织行为学视角下的大学生“三下乡”社会实践研究——以福州地区五所高校为例[J].思想教育研究,2011(8):82.

③ 刘有升.构建大学生社会实践可持续发展机制探讨——以福州地区部分高校为例[J].思想教育研究,2010(7):82.

查结果显示，连续三年对社会实践活动“有信心完成”的学生高达93.4%、94.1%、92.9%。

(3)作为大学生社会实践的主体，大学生参与社会实践的目的性强。调查显示，绝大多数大学生参加社会实践活动都有明确的目的，有的学生进行社会实践是为了开阔视野，有的学生进行社会实践是为了锻炼能力，有的学生进行社会实践是为了获取第一手资料，有的学生进行社会实践是为了开展课题研究。阳光学院每年都会安排大学生社会实践活动，以马克思主义学院为主导，一般会给学生推荐一些社会实践内容，同时，也引导学生自我确定社会实践内容，通过教师推荐与学生自定相结合的方式，达到既有规定动作，又有自选动作，既注重原则性，又鼓励创新性的目的。阳光学院连续三年对大学生参加社会实践的目的性进行过调查，综合三年数据，在600份样本中，为了开阔视野参加社会实践的占29.1%，为了锻炼能力参加社会实践的占26.3%，为了获取一手资料参加社会实践的占19.8%，为了开展课题研究参加社会实践的占11.2%，其他占13.5%，没有目的的占0.1%。(图1-1)

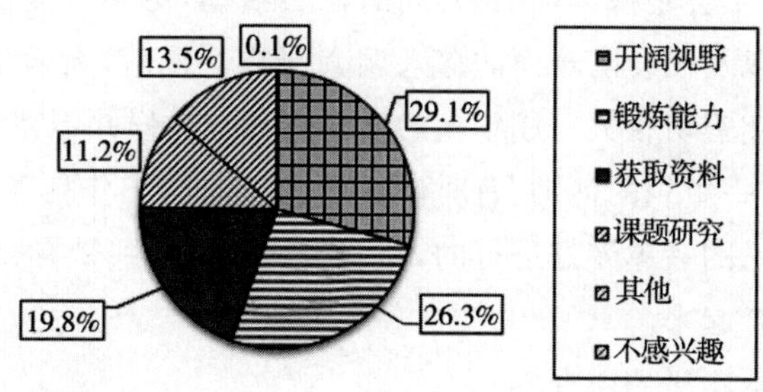

图1-1　大学生开展社会实践的目的分析

(二)大学生社会实践的客体

所谓实践客体，是指社会实践活动所指向的对象。人类实践活动所指向的对象可以分为物质对象和精神对象。在中国传统思想中，中国人更习惯于将思想自身当作对象，老子的“涤除玄鉴”①，“即是将内心打扫干净，像一面清澈幽深的镜子，才能反映自然的本来面目”②。也就是说，中国人“涤除玄鉴”的目的不仅仅用来反映世界，而且要玄鉴万物(包括内心)，呈现作为“理”或者“心”的宇宙本体。马克思主义哲学的实践主体更侧重于指向客观存在的事物，这源自于西方哲学“以自然为镜”的传统特征，在那里，实践的对象“泛指与人的‘本心’相对立的外界对象，最直观的是自然”③。

但是，马克思主义哲学的实践对象并不是指纯粹的自然，这里的自然，指的是已经被纳入人类视野的，被包含在人类实践活动范围之内的自然，它被人类的实践主体所指向并

---

① 老子.道德经[M].太原：书海出版社，2001：23.

② 朱光亚.中国哲学的以人为镜和西方哲学的以自然为镜[J].理论月刊，2014(1)：59.

③ 朱光亚.中国哲学的以人为镜和西方哲学的以自然为镜[J].理论月刊，2014(1)：59.

与人类的实践主体发生作用。这个实践客体可以划分为两种情况:一种情况是被人的实践活动所创造出来的客体,叫作人工客体。比如,我们操纵汽车行驶,这个时候,我们实践的对象就是人工客体。还有一种情况是未被人类实践过的对象,叫作自然客体。比如,阿姆斯特朗留下脚印之前的月球①,虽然人类对月球已经有无数的幻想和观察,但这个时候的月球就是自然客体。自然客体和人工客体不是绝对区分的,随着人类的行动,自然客体会刻画越来越多人工的烙印,甚至会变成人工客体。

无论是对精神对象还是对物质对象,无论是对自然客体还是对人工客体,大学生的社会实践活动客体都有其特殊性。首先,大学生所处的环境是一个相对封闭的受教育环境,与外界事物接触相对较少,所以,大学生进行社会实践的对象一般与教育有关。即使和教育没有直接的关系,也会有间接的关系。经调查,大学生的社会实践对象指向最多的是参观爱国主义教育基地,参加"三下乡"活动,到孤儿院和福利院去帮助孤寡老人,参观博物馆、文史馆等。这些活动要么是在进行自然科学教育,要么是在进行道德品质教育。其次,大学生社会实践活动的对象要适合大学生的年龄特征。社会实践的对象一般不会与重体力劳动相关,也不会是持续性、长时间的社会活动,更不可能像有些领域的社会学家那样,涉及性、毒品以及社会阴暗面的深入调查研究。最后,大学生社会实践活动的对象与大学生的社会兴趣密切相关。成年人的社会实践有时候并不完全根据自己的爱好和兴趣,有时候是单位统一组织的活动,有时候是个人接受的工作任务,但大学生的社会实践基本上都是根据自己的兴趣爱好进行的,即使有些社会实践带有完成任务的性质,也会与自己的兴趣爱好结合起来。

(三)大学生社会实践的中介

实践的中介指各种形式的工具、手段以及运用和操作这些工具、手段的程序和方法。大学生进行社会实践的工具、手段,运用、操作这些工具、手段的程序和方法有其特殊性,我们可以将其区分为两个方面,一方面是物质性工具系统,另一方面是语言性工具系统。

一般而言,所谓物质性工具系统,主要指作为人的肢体延长、感官延伸、体能放大的工具系统。比如说,大学生在进行社会实践时所运用的各种观察工具、测量工具、笔记本电脑以及进行社会实践的路途中所乘坐的交通工具等,这些都属于物质性工具系统。物质性工具系统对应于人感觉器官的延长,比如,观察测量工具延伸了人的眼的能力,交通工具延伸了人的腿的能力。

在大学生进行社会实践的诸系统工具中,语言系统起着独特的作用。首先,大学生是一个比较活跃的群体,他们善于表达、急于表达,经常性地会将自己的一些新的想法阐述出来,所以这个群体常常具有创新性。其次,语言系统并不单纯指用声音表达出来的语言,它也可以指用文字表达出来的意义,它们同样是语言系统不可分割的一部分。

---

① 1961年到1972年,美国启动了登陆月球的阿波罗工程,1969年7月20—21日,"阿波罗"11号飞船载着三名宇航员飞往月球,其中阿姆斯特朗与奥尔德林成功登上月球,首次实现人类踏上月球的理想。此后美国又相继6次发射"阿波罗"号飞船,其中5次成功,总共有12名航天员登上月球。

三、大学生社会实践的内容

一种活动能否被称为实践活动，关键看它是否超出了纯粹的意识活动的范畴，是否改变了除实践主体的意识状态之外其他存在物的状态。大学生的社会实践具有不同于一般人类社会实践的具体特征，因此，大学生社会实践的结构也具有不同于一般人类实践结构的特性。同时，大学生所进行的社会实践，一般具有独特的内容，它不同于成人社会的实践，往往带有青年学生的鲜明特征。按照这个标准，我们可以将大学生的社会实践划分为三个方面：一是物质生产实践；二是社会历史实践；三是科学文化实验。

物质生产实践是人类最基本的社会实践活动，它表现为物质资料的生产，没有物质资料的生产，人类就无法生存。物质资料生产指的是劳动者按照预期目的，运用劳动资料加工劳动对象，改变劳动对象的形状、性质或地理位置，使它适合人们需要的劳动。物质资料生产是人类社会存在和发展的基础，为人类提供基本的吃、穿、住、行等生活和生存资料，是人类最基本的实践活动。马克思说："任何一个民族，如果停止劳动，不用说一年，就是几个星期，也要灭亡。"①人们通过生产活动谋取自己生存和发展所必需的物质资料，人类其他一切社会活动都以物质资料的生产活动为基础，并随着生产方式的发展变化而变化。物质资料的生产活动决定整个社会生活的面貌和发展状况，也决定着人自身的发展状况。

大学生进行社会实践，不以进行物质生产实践为主，但是不能完全脱离物质生产实践。在社会主义探索时期，我们党曾经领导知识青年进行过一次大规模的上山下乡活动，堪称那个时代大学生的物质生产实践活动。今天，虽然我们不再搞大规模的上山下乡，但是必要的物质生产实践还是要有的，否则，我们的大学生将会变成五谷不分、四体不勤的温室花朵。前些年，全国很多省份选拔了几批大学生，让他们到农村、山区和牧区担任村党支部书记助理和村主任助理，可以说是大学生社会实践活动的现代版本。这些刚毕业的大学生到了基层以后，扎根到了农村、山区和牧区，在平凡的岗位上做出了不平凡的业绩，堪称当代大学生到基层开展物质生产实践的优秀代表。

社会历史实践是大学生最热心参与的社会实践活动。大学生生活在象牙塔中，如果不参与社会历史实践，他们对社会历史的认识就极有可能是虚幻的、不真实的。社会历史实践源自于人与人之间的交往，而人与人之间的交往表现为各种社会关系，其中最重要的社会关系就是政治关系。人们在物质生产的基础上，形成了复杂的社会政治关系，大学生参加社会实践活动，能够更清楚地了解社会政治关系。了解到这些政治关系的历史性，就能够避免为社会上的一些负面因素所影响，甚至被主导。比如，2019 年香港发生的动荡，其中就有部分香港大学生不明真相，被裹挟其中，这是因为他们平时就没有真正地参与社会历史实践活动，尤其是没有参与到改革开放的中国特色社会主义伟大事业中去，坐而论道，行为极端，最终有可能走上违法犯罪的道路。

---

① 马克思恩格斯全集(第 4 卷)[M].北京：人民出版社，1956：368.

大学生参与最多的社会实践活动是科学文化实验。一般而言,科学文化实验分为两个方面,一方面是进行自然科学方面的科学实验,另一方面是创造精神产品的文化艺术实践。大学生在校内学习科学文化知识就同时参与了这两方面的活动,但是,各个学校的资源是有限的,大学生还要走出校门,积极参加社会上的科学文化实验。比如,有的大学生到天文台进行科学实践,通过天文台精密的仪器进行科学观察,增加了文化知识、增进了研究兴趣,有的大学生因此走上了科学研究道路,甚至取得了一些很有价值的成果。除了进行自然科学的实践活动,还有创造精神产品的实践活动,创造精神产品的实践活动主要指文学和艺术,但不仅仅包含文学和艺术,还包含理想实践、道德实践和情感实践等实践形式。

第二节　大学生社会实践的兴起与发展

我国高校学生社会实践工作是借助于改革开放以来教育事业大跨步发展的东风兴起并发展起来的。改革开放以后,我国的高等教育事业迎来了一次难得的机遇,走上了发展的快车道。在实际教学中,各个高校也结合自身实际,将教育的重点转移到科学文化知识的传授上来,同时,开展了与理论知识学习相匹配的丰富多彩的社会实践活动,积累了多方面的经验,取得了丰硕的成果。

一、大学生社会实践的兴起

为了进一步推动高校学生社会实践工作的开展,2012 年,教育部与中共中央宣传部、财政部、文化部、中国人民解放军总参谋部、中国人民解放军总政治部以及团中央联合下发了《教育部等部门关于进一步加强高校实践育人工作的若干意见》(教思政〔2012〕1 号,下称《意见》),全面加强了对高校社会实践育人工作的领导,统筹推进社会实践育人的各项工作。

一是加强了大学生社会实践工作的总体规划。《意见》明确提出,全国普通高等院校要积极开展社会实践育人工作,坚持把社会主义核心价值体系融入实践育人工作全过程,把实践育人工作摆在人才培养的重要位置,纳入教学计划,系统设计实践育人教育教学体系,规定相应学时学分,合理增加实践课时,确保实践育人工作全面开展。要将实践教学、军事训练、社会实践活动作为实践育人的主要形式,区分不同类型,制定具体规划,深入推动落实。

二是进行了大学生社会实践活动的顶层设计。《意见》提出,全国各个高等院校要结合本学校专业设置、课程特色进行人才培养,要分类制订实践教学标准,增加实践教学比重。《意见》要求,要全面落实本科专业类教学质量国家标准,加强实践教学管理,提高实验、实习、实践和毕业设计(论文)质量。本科生开展大学生社会实践,人文社科类学生不能低于总学分(学时)的 15%、理工农医类学生不能低于总学分(学时)的 25%。高职高专类学生开展社会实践活动，不分专业不能低于总学分(学时)的 50%。师范类学生开展社会实践活动不能少于一个学期，专业学位硕士研究生开展社会实践活动不能少于半年。

三是建立了大学生社会实践活动的工作机制。大部分学校都成立了社会实践育人工作领导小组，很多学校由校主要领导担任领导小组组长，建立了常设机构，常设机构一般设在马克思主义学院或者校团委，由马克思主义学院院长或者校团委书记兼任办公室主任，具体指导学生开展社会调查、生产劳动、志愿服务、公益活动、科技发明和勤工助学等社会实践活动。同时，建立了社会实践育人工作机制，积极与地方政府、文化宣传部门以及军事部门进行对接，各级政府将整合社会各方面力量提上议事日程，教育部门加大对高校社会实践育人工作的指导和支持力度，财政部门拨付资金，多方面支持高校实践育人工作，文化宣传部门为学生参观爱国主义教育基地、文化艺术场所提供了便利条件，部队积极加强军校合作，派出教官支持学校开展军事训练，企事业单位为学生参加实习实训和实践活动创造了多方面条件。

四是推动了大学生社会实践方法的改革创新。社会实践教学方法的改革创新是推动实践教学改革和人才培养模式改革的关键因素。《意见》明确要求，各个高等院校要把加强实践教学方法改革作为专业建设的重要内容。进行社会实践教学方法改革要基于具体项目、基于实际案例、基于消除弊端、基于解决问题，学习方法要基于基础条件、基于实践应用、基于创造发明、基于实际效果，尤其是要加强综合性实践科目的设计和应用。在社会实践活动中，要加强大学生创新创业教育，支持学生开展研究性学习和创新性实验，要创造条件支持学生进行创业设计和创业规划，开展创业模拟活动，有条件的学校可以支持学生进行实质性创业。

二、大学生社会实践的发展

近几年来，在教育部的具体指导下，全国各个高等院校认真开展了社会实践活动。目前，在高等院校，社会实践教学已经成为学校教学工作的重要组成部分，它是深化课堂教学的重要环节，更是学生获取知识、掌握知识的重要途径。在大学生社会实践活动中，涌现出了一些典型性的做法，主要围绕以下几个方面。

一是多方联动，建设了大学生社会实践育人基地。社会实践育人基地是开展社会实践育人工作的重要载体，没有载体就无法开展社会实践。近年来，全国各个高校利用自身资源，结合社会资源，纷纷加强了社会实践教学实验室、实习基地、实训基地、实践教学共享平台建设。各高校进行基地建设有多种形式，例如校企合作、校院联合、学校引进、单独建设等，特别是依托高新技术开发区、城乡一体化示范区、高新科技产业园、高学历人才创业园、留学归国人才创业园等，设立大学生科技创业实习基地和爱国主义教育基地、国防教育基地。条件好的院校依托现有资源，建成了一批国家级实验教学示范中心、国家级大学生校外实践教育基地和高职实训基地。条件差一点的高校也努力建成了一批省市级的实验教学示范中心、大学生校外实践教育基地和高职实训基地。这些实验室、实习基地、实训基地和共享平台坚持教学与科研相结合、学校与社会相结合，有力地强化了高校学生社会实践的现场教学环节。目前，无论是城市社区还是农村乡镇，无论是工矿企业还是社会服务机构,多种形式的社会实践活动基地如雨后春笋,纷纷建成,为高等院校大学生开展社会实践提供了有力的载体。

二是教育培训,提高了专兼职教师指导社会实践工作的能力。近年来,各个高校都建立了一支专兼职相结合、老中青相搭配的社会实践育人教师队伍,制定完善了教师社会实践育人制度体系,加大了教师培训力度。有的学校请专家学者授课,有的学校积极支持教师走出去参加培训,有的学校鼓励教师参与产业化科研项目,积极选派教师到相关单位进行挂职锻炼,有的学校配强配优实验室人员,提升实验教学水平,统筹安排教师指导和参加学生实践活动,有的学校积极组织思想政治理论课教师、辅导员和团干部进行学习考察。同时,很多高校主动聘用社会上具有丰富实践经验的专业人才到高校兼职,尤其鼓励经济人才、管理人才、创业人才等到高校来给学生上课,让学生身临其境地感受社会实践的具体内容、操作流程和方式方法。

三是全盘考虑,强化了大学生社会实践教学的基本环节。在实际工作中,要牢牢把握大学生社会实践教学的基本环节。首先,要从高等教育的科学性和思政教育的整体性出发,在课程设计中预留大学生社会实践课程的内容,编制社会实践课程大纲,统筹规划课程的时间、地点、参加学生、领队教师、路线设计等,保证开展某项社会实践活动的科学性、合理性。其次,在大学生社会实践过程中,对整个实践课程予以控制,要充分注意到集体活动的安全性,事前认真评估安全系数,既不能对活动地点的相关设施造成损害,也不能忽视大学生自身安全。同时,还要注意到社会实践过程中的文明礼貌行为。一般应进行分组管理,每组选定班干部、积极分子作为负责人帮助指导教师开展工作。社会实践结束以后,要认真做好社会实践成果的汇报与鉴定。以小组为单位初步推荐出优秀人选,在此基础上进行集中展示评比,由指导教师组织相关人员对实践成果进行等级鉴定和问题诊断,遴选出优秀实践成果予以表彰。

四是提升素质,认真组织大学生进行军事训练。组织大学生进行军事训练是培养锻炼大学生能力素质的重要方法,是实现人才培养目标不可缺少的重要环节。开展军事训练,能够使大学生掌握基本军事技能和军事理论,增强国防观念、国家安全意识,弘扬爱国主义、集体主义和革命英雄主义精神,培养艰苦奋斗、吃苦耐劳的作风。当前,各个高校都把军事训练作为必修课列入教学计划,军事技能训练时间一般为 2～3 周,实际训练时间一般不少于 14 天。各高校积极争取解放军和武警部队对学生军事训练的支持,尤其是部分招收国防生的高校,突出抓好国防生军政训练,为国防生日常教育训练提供必要的场地设施,并大力支持国防生参加部队实践活动。

三、大学生社会实践遇到的困难

进入 21 世纪以来,大学生社会实践工作内容不断丰富,形式不断拓展,取得了很大成绩,积累了宝贵经验。然而,高校社会实践工作特别是实践教学依然是高校人才培养中的薄弱环节,还存在较多的问题,与培养拔尖创新人才的要求相比,还有较大差距。

一是社会实践活动的政治敏锐性不够。在社会实践活动中加强马克思主义教育、加强爱国主义教育、加强社会主义核心价值观教育非常重要。然而不可否认的是,近年来,随着经济社会的发展，一些高校教师放松了对自己的思想要求，对待马克思主义态度消极，不能做到真学真信真懂真用，甚至在日常生活中会出现抹黑社会主义的言论。在大学生社会实践活动中，有些指导教师更是有意将自己的个人偏见渗透到社会实践活动中，有意无意地设置一些无益于进行马克思主义思想教育的社会实践项目，使大学生在社会实践中起不到应有的效果。这充分说明，个别教师在大学生社会实践中没有保持足够的政治敏锐性。

二是社会实践活动的具体针对性不强。一些大学生开展社会实践活动是为了参加而参加，为了活动而活动，开展活动前不知道活动的目的，开展活动中不知道活动的重点，开展活动后不进行活动的总结，活动流于形式。有的高校进行社会实践活动频繁变动地点，频繁更换内容；有的高校给学生推荐好几个社会实践项目让学生自由选择，同时允许学生自行联络社会实践项目，掌握不好“收”与“放”的关系，收得紧了，学生抱怨，放得松了，难以把控；有的高校对社会实践活动一放了之，布置下去让学生自由发挥，导致学生根本不去参加，网上随意拼凑个作业上交应付了事；有的高校安排的社会实践活动与专业脱节、与社会脱节，导致学生积极性不高。

三是社会实践活动的经费难以保障。我国高等教育经费一直没有彻底解决“等米下锅”的问题，很多高校经费并不充足，这就决定了他们会把有限的经费用在他们认为更加需要的地方，导致长期以来，社会实践活动的经费一直未得到有效保障。近年来，全国各个高校对大学生社会实践活动提高了经费支持力度，但仍有一些高校对大学生社会实践活动不够重视，导致这项工作的经费捉襟见肘。还有一些高校认为社会实践活动既无益于学术成果的获得，也无益于高校排名的提升，对这项工作的投入完全是在“烧钱”，经费投入的积极性和落实到位情况可想而知。

四是社会实践的合作机制仍需加强。由于社会实践活动是一项社会性工作，需要社会上多个部门的协同合作，自然就掺杂人的因素。有的高校社会资源有限，建立社会实践基地困难重重，有的虽然建立了一些社会实践基地，但是由于相关合作单位人事的变动，很有可能导致社会实践工作发生变化，难以为继。这样，高校社会实践工作就逐渐失去了载体，只能从事一些志愿者服务、微笑服务等活动，容易引起大学生的厌倦，甚至导致大学生产生反感情绪。

四、进一步推进大学生社会实践的对策分析

针对存在的问题，大学生社会实践活动要不断进行改革，在改革中创新，在创新中发展。要切实改变重理论轻实践、重知识传授轻能力培养的观念，注重学思结合，注重知行统一，注重因材施教，以强化实践教学有关要求为重点，以创新社会实践方法途径为基础，以加强社会实践基地建设为依托，以加大社会实践经费投入为保障，积极调动整合社会各方面资源，形成社会实践育人合力，构建社会实践长效机制，努力推动大学生社会实践工作取得新成效、开创新局面。

一是多措并举，努力发挥大学生的主体作用。大学生是社会实践育人的对象，更是开展社会实践活动的主体，无论是实践教学还是军事训练，无论是参观访问还是志愿服务，

都离不开大学生的积极参与。所以，全国各个高校在开展社会实践育人工作中，都注重发挥学生在社会实践育人中的主体作用。常见的做法是：制订大学生参加社会实践活动的年度计划，规定本科生在学期间参加社会实践活动的最低时间，要求在学期间至少要参加一次社会调查，撰写一篇调查报告。建立完善合理的考核激励机制，对活动成效明显的予以奖励。在鼓励学生完成学业的同时，积极引导学生参加勤工俭学，进行科技发明，开展特色鲜明的主题实践活动等。支持和引导学生以班级、社团为单位自主开展社会实践，使学生能够在社会实践中自我教育、自我管理、自我服务、自我学习。

二是交流合作，加强宣传引导。近年来，学术界加强了对社会实践育人工作的学术研究，关于社会实践育人工作方面的经验交流会、座谈研讨会也日益增多。这一方面说明各地区各高校日益重视大学生社会实践育人工作，及时总结推广社会实践育人成果；另一方面也说明深入推进实践育人工作还存在一些尚未解决的问题。在具体实践中，各地区各高校积极组织专家学者开展理论研究，不断探索社会实践育人规律，为高校实践育人工作的开展提供了理论支持和决策依据。同时，对于各种经验交流会、座谈会所取得的成果，通过报刊、广播、电视、互联网等新闻媒体进行广泛宣传，积极推广加强实践育人工作的新思路、新做法、新经验，在全社会进一步形成了鼓励大学生深入社会实践，在实践中成长成才的良好氛围。

三是加强考核，使工作落到实处。一方面，教育行政部门加强对高校的考核，把社会实践育人工作作为对高校办学质量和办学水平进行评估的重要指标，纳入高校教育教学、党的建设、思想政治教育评估体系，及时表彰社会实践育人先进集体和个人。另一方面，各个高校也制订社会实践育人工作考核评价办法，对高校教师及大学生社会实践工作进行考核，将教师承担实践育人工作的工作量纳入年度考核之中。同时，落实社会实践育人经费，将社会实践的经费与教学科研的经费统筹安排，将新增生均拨款和教学经费与实践教学、军事训练、社会实践活动相挂钩，并积极争取社会力量进行多渠道经费投入。

第三节　大学生社会实践与社会的发展

高校开展大学生社会实践工作，是全面落实党的教育方针，把社会主义核心价值体系贯穿于国民教育全过程，深入实施素质教育，大力提高高等教育质量的必然要求。党和国家历来高度重视大学生社会实践工作。坚持教育与生产劳动相结合、与社会实践相结合是党的教育方针的重要内容。坚持理论学习、创新思维与社会实践相统一，坚持向实践学习、向人民群众学习是大学生成长成才的必由之路。进一步加强高校大学生社会实践工作，对于不断增强学生服务国家服务人民的社会责任感、勇于探索的创新精神、善于解决问题的实践能力具有不可替代的重要作用；对于坚定学生在党的领导下走中国特色社会主义道路，为实现中华民族伟大复兴而奋斗，自觉成为中国特色社会主义合格建设者和可靠接班人具有极其重要的意义；对于深化教育教学改革、提高人才培养质量，服务于加快转变经济发展方式、建设创新型国家和人力资源强国具有重要而深远的意义。

一、大学生社会实践活动要始终坚持马克思主义的指导地位

近年来,意识形态工作形势异常复杂,对于当下的意识形态工作,习近平总书记以三个“事关”强调其极端重要性,即,“能否做好意识形态工作,事关党的前途命运,事关国家的长治久安,事关民族的凝聚力和向心力”①。2018 年 10 月 5 日,在全国宣传工作会议上,习近平总书记提出了对于意识形态工作的两个巩固:一是要巩固马克思主义在意识形态领域的指导地位;二是要巩固全党全国人民团结奋斗的共同思想基础。“两个巩固”是以习近平同志为核心的党中央在新形势下对宣传思想工作和文化建设工作提出的新任务和新要求,也是对当前高校思想政治教育工作提出的新任务和新要求。高校党委应当将“两个巩固”作为加强和改进大学生思想政治教育工作的出发点和着力点。

我国是以马克思主义为指导的社会主义国家,这就决定了我们的教育工作也一定要牢牢把握“两个巩固”,使普通高等院校的每个学科都要围绕马克思主义的学科特性开展教学。大学生社会实践活动作为中国特色社会主义教育体系的重要组成部分,由于其与社会相结合的特殊性,更要牢牢把握马克思主义的学科特性。当下,我国高校广泛开展的大学生社会实践活动一般可以划分为三种形式:第一种是由马克思主义学科教师牵头组织的思想教育社会实践活动,第二种是由团委牵头组织的一般性社会实践活动,第三种是由各专业教师牵头组织的专业性社会实践活动。从总体上看来,三种类型的大学生社会实践活动既有区别又有联系,在具体工作中,我们既要注意到它们的共性,又要注意到它们的个性。对于马克思主义学院牵头组织的大学生社会实践活动,应通过制度化建设整合教育资源,强化全员覆盖,将每一次活动的开展都当作一次进行马克思主义理论教育的机会。一般由马克思主义理论教学机构(马克思主义学院)牵头,团委、学工部、宣传部、教务处、各个院系等多元主体协同参与,合理分工、有机配合。对于校团委牵头组织的大学生社会实践活动,要充分认识到其公益性特点,将其作为提升大学生思想道德修养的一次重要机会,通过志愿者服务提升大学生的自尊心、自信心、同情心和社会责任感。对各个院系组织的社会实践活动,虽然一般侧重于专业性,但是也要牢牢把握其思想性,要注重实践活动的理论指导、主要内容、方法途径、教学目标等各个方面,形成全方位的科学制度体系,以期达到社会实践的效果。

总而言之,无论哪一种社会实践,都要突出学校党委的牵头抓总作用,学校党组织要加强对社会实践活动的领导,强化顶层设计,全程将社会实践活动置于党组织的掌控之下。然而,近年来,社会上各种思潮纷至沓来,已经影响到了当代大学生思想的纯洁性。比如,近年来网上出现了一些“果粉”,他们无视民国初年军阀混战、民不聊生的事实,而片面地将民国初期鼓吹为一个思想解放的时代、兼容并包的时代、民主自由的时代,已经完全扭曲了对基本历史事实的认知。这充分说明了,思想政治领域的工作不能弱化,只能加

① 张菊香.高校思想政治理论课教师社会实践研修价值探析[J].黑龙江高教研究,2016(12):83.

强,高校党委要持续强化对大学生社会实践活动的领导,确保其马克思主义的学科特性,使大学生社会实践活动由马克思主义理论指导上升到马克思主义具体实践,并在实践的基础上再次上升到更高层次的马克思主义理论认识,着力强化对马克思主义理论的学习,培养真学真信真懂真用马克思主义科学理论的大学生,为坚持和发展中国特色社会主义奠定根本的思想基础。

二、大学生社会实践要自觉坚定中国特色社会主义的理想信念

随着世界经济一体化进程的发展,我国经济社会也发生了深刻变化,整个社会的利益格局也随之发生了巨大变化,国际国内的新形势都急需一个能够代表广大人民根本利益、为社会各个阶层广泛认可和共同接受的理想信念,有效凝聚各方面的智慧和力量,打牢全党全国各族人民团结奋斗的思想基础。这个共同的理想信念,就是建设中国特色社会主义的理想信念。

从国内形势来看,当前,贫富差距加大、阶层分化已经成为我国经济社会不容回避的现实问题。经济基础决定上层建筑,这些问题的存在,使大学生的思想更加多元、更加复杂,再加上封建腐朽思想的回潮,不可避免会出现社会意识的多元化。尤其是一些大学生处理不好国家利益、集体利益和个人利益的关系,处理不好局部利益和整体利益的关系,造成心理失衡、金钱至上,以个人利益为重,以国家利益和集体利益为轻。为此,树立中国特色社会主义的共同理想就显得非常必要。从国际形势来看,在中西文化交流中,世界的各种文明成果相互融合、相互借鉴、相互促进,对于人类文明的发展、人类思想的进步起到了不可替代的作用。但随着这些交流的深入发展,各种社会思潮也不断出现,如新自由主义、历史虚无主义、民粹主义等纷纷改头换面,在中国思想界泛滥。如何科学合理地分析各种社会思潮的性质并对其进行鉴别,汲取其中的合理因素,摒弃其中的错误因素,并坚决抵制其消极影响是一项重要工作。这就要求我们树立中国特色社会主义共同理想,深刻认识中国特色社会主义共同理想的优越性,坚决抵制各种错误社会思潮的影响。国际国内的新形势要求我们发展中国特色社会主义,中华民族的伟大复兴也要求我们发展中国特色社会主义,我们每个大学生人生理想的实现更是离不开中国特色社会主义。我们开展大学生社会实践活动,要通过一些活生生的案例,讲清楚什么是中国特色社会主义,它的特色何在,背景如何,作用有哪些,现实基础在哪里。

中国特色社会主义的发展经历了一个过程。在改革开放之初,邓小平同志高瞻远瞩,领导制定了社会主义初级阶段的基本路线,党的十四大确立了建设有中国特色的社会主义理论在全党的指导地位,党的十五大正式将邓小平理论写进了党章。党的十三届四中全会后,以江泽民同志为代表的中国共产党人,与时俱进,在复杂严峻的国内外形势下继续发展中国特色社会主义,提出了“三个代表”重要思想。2002 年,党的十六大把“三个代表”重要思想确立为全党的指导思想。新世纪新阶段,以胡锦涛同志为代表的中国共产党人持续推进实践创新、理论创新和制度创新,创立并深入贯彻落实科学发展观,在新的历史起点上坚持和发展了中国特色社会主义。2012 年,党的十八大把科学发展观正式确立为全党的指导思想。在党的十九大报告中,习近平同志明确指出:“中国特色社会主义是

改革开放以来党的全部理论和实践的主题”，再次明确了中国特色社会主义的伟大旗帜。今天，这一旗帜具有了新的内涵，那就是习近平新时代中国特色社会主义思想。我们实践中国特色社会主义，就是要在这一伟大思想指引下，维护人民利益，实现跨越发展，建设理想社会，达到每个人自由而全面地发展，从而推动全人类的解放。大学生开展社会实践活动，要用习近平新时代中国特色社会主义思想武装头脑，在具体的实践活动中，要勇于甄别对错、善于发现真理、增强政治定力，自觉树立为共产主义而奋斗终生的理想信念，自觉维护中国特色社会主义的共同理想，自觉维护改革发展稳定的大局。

三、大学生社会实践要紧紧追随中华民族崛起的时代步伐

在当代，中华民族迎来了一个伟大复兴的时代，我们拥有了中华民族伟大复兴的中国梦。2012 年 11 月 29 日，习近平在国家博物馆参观《复兴之路》展览时，第一次阐释了中国梦的概念。习近平总书记认为，实现中华民族伟大复兴，就是中华民族近代以来最伟大的梦想。在十二届全国人大一次会议闭幕会上，习近平同志再次提到中国梦，他指出，“实现中国梦必须走中国道路，必须弘扬中国精神，必须凝聚中国力量。”①

“走中国道路”，就是走有中国特色的社会主义道路，这是实现中国梦的必由之路。中华人民共和国成立以后，中国共产党领导全国人民进行了社会主义建设，取得了很大成就。改革开放以后，中国共产党总结历史经验，不断艰辛探索，终于找到了实现中华民族伟大复兴的正确道路，即中国特色社会主义道路。中国特色社会主义道路，既是历史的经验总结，也是现实的必然要求，既指出了实现中国梦的方向，也指明了中华民族走向伟大复兴的必由之路。当代大学生在社会实践活动中要牢牢把握中国特色社会主义道路这个方向，既不能走封闭僵化的老路，也不能走改旗易帜的邪路。

“弘扬中国精神”，是指积极倡导以爱国主义为核心的民族精神和以改革创新为核心的时代精神，这是实现中国梦的基本动力。在五千多年的发展历程中，中华民族形成了以爱国主义为核心的团结统一、爱好和平、勤劳勇敢、自强不息的伟大民族精神，成为古往今来千千万万中国人奋发向上、百折不挠的精神支柱，也成为中华民族生生不息、发展壮大的强大精神动力。在当代中国人民改革开放的伟大实践中，我们又不断培育、积累，形成了以改革创新为核心的与时俱进、开拓进取、求真务实、奋勇争先的时代精神。这种时代精神体现社会发展方向，引领时代进步潮流，是马克思主义与时俱进的理论品格、中华民族富于进取的思想品格与改革开放和社会主义现代化建设实践相结合的伟大成果，已经深深地融入我国经济、政治、文化、社会和生态建设的各个方面，成为各族人民不断开创中国特色社会主义事业新局面的强大精神力量。当代大学生开展社会实践活动，既要弘扬民族精神，又要把握时代精神，自觉从中华民族辉煌灿烂的历史文化中汲取营养，将自己的青春和热血投入到改革创新中来。

“凝聚中国力量”，是指基于深刻的历史感知，将国家、民族和个人当作一个命运共同

---

① 习近平.在第十二届全国人民代表大会第一次会议上的讲话[N].人民日报，2013-03-18(01).

体，把国家利益、民族利益和每个人的具体利益都紧紧地联系在一起，这是中国梦最大的特点。每个青年学子都是中国梦的参与者、创造者。今天，中国特色社会主义建设事业正处于一个承前启后的关键阶段，"三步走"的战略目标能否最后实现，主要取决于我们能否将自身的聪明才智贡献于中国特色社会主义事业。当代大学生在社会实践中，只有把个人发展与社会理想有机结合起来，围绕"树立什么样的理想、怎样实现理想""实现什么样的目标、怎么实现目标"来展开，才能找准自己的人生定位，从我做起，从现在做起，勤于读书，勇于实践，不断提高科学文化素质和思想政治素质，最终成为共产主义事业的合格建设者和可靠接班人。

四、大学生社会实践要牢牢把握文化自信的历史使命

在党的十九大报告中，习近平总书记指出："文化是一个国家、一个民族的灵魂。文化兴则国运兴，文化强则民族强。没有高度的文化自信，没有文化的繁荣兴盛，就没有中华民族的伟大复兴。"①高等学校是培育当代大学生文化自信的主阵地，社会实践是培养当代大学生文化自信的强有力途径，因此，在社会实践教学中正确引导当代大学生的文化价值取向，进行大学生文化自信的培养，对于促进我国文化软实力建设，从而推动实现中华民族的伟大复兴十分重要。

然而今天，随着中西交流的深入发展，"各种社会思潮相互激荡，使很多人不同程度地存在政治信仰迷茫、理想信念模糊、价值取向扭曲等问题"②。这导致高校校园文化呈现多元化现象，致使当代大学生的文化价值取向也向多元化发展。与此同时，部分高校对大学生人格培养和人文教育的功能却逐渐边缘化，导致一部分大学生对西方文化盲目崇拜，崇洋媚外现象日益增多，也有的大学生走向另外一个极端，对于中国传统文化盲目自信，对于外来文化包括马克思主义极端排斥。这个问题，实际上是马克思主义中国化过程中遇到的传统文化现代化问题。"究其实质，马克思主义中国化的问题是如何将外来文化改造为本土文化的问题，简称为洋为中用；传统文化现代化的问题是如何将过去文化改造为当下文化的问题，简称为古为今用。洋为中用的问题在今天的经典表述是'将马克思主义与中国实际相结合'，古为今用的问题在今天的经典表述是'中国传统文化的伟大复兴'"③，两者结合在一起，构成了"马克思主义中国化视域中的传统文化现代化"，今天，我们要培养我们的文化自信，必须处理好这个问题。

在高等院校，通过处理好"马克思主义中国化视域中的传统文化现代化"问题，开展大学生社会实践活动，引导大学生树立正确的价值取向，培养大学生的文化自信，就是重要的方法之一。在活动中，我们要注重引导学生参观中华优秀传统文化教育基地，通过这种实践活动"讲清楚每个国家和民族的历史传统、文化积淀、基本国情……讲清楚中华文化积淀着中华民族最深沉的精神追求，是中华民族生生不息、发展壮大的丰厚滋养，讲清楚

---

① 党的十九大报告辅导读本[M]. 北京：人民出版社，2017：40.

② 黄蕾. 基于社会主义共同理想的中国梦[J]. 广西社会主义学院学报，2014(5)：10.

③ 朱光亚，黄蕾. 从传统到现代：中西哲学的当代叙事[M]北京：社会科学文献出版社，2019：227.

中华优秀传统文化是中华民族的突出优势，是我们最深厚的文化软实力”①，还要引导学生参观中国革命文化教育基地和中国社会主义先进文化教育基地，通过这种实践活动“讲清楚中国特色社会主义植根于中华文化沃土、反映中国人民意愿、适应中国和时代发展进步要求，有着深厚历史渊源和广泛现实基础”②。

总之，培养当代大学生的文化自信离不开社会实践。在过去，我们的高等教育一般更偏重于课堂理论教学，这种教学方式是行之有效的好办法，但往往会偏重于专业知识而忽略了人文素养，削弱了大学生对中华优秀传统文化、中国革命文化、中国社会主义先进文化的直观感知。因此，高校思政课教学要更多地结合学校所在地的实践资源进行实践活动，有条件的要多组织集体参观，开阔学生的视野，不具备条件的也要开展丰富多彩的校园文化活动，培养学生的集体荣誉感。在实践活动中，要充分利用现代技术手段，拍视频、留照片、拨经费、保安全、控进度、求实效，通过总体控制、多方协作，多措并举保证大学生社会实践活动的效果。

思考题

1. 大学生社会实践有什么作用？

2. 大学生社会实践的发展历程是什么样的？

3. 国家对大学生社会实践有什么要求？

---

① 习近平谈文化自信[N]. 人民日报，2016-07-13(海外版).

② 习近平谈文化自信[N]. 人民日报，2016-07-13(海外版).

第二章　大学生社会实践思维方法概述

在校大学生通过社会实践和调查，获得十分丰富的材料，通过对这些材料进行加工制作，可以透过现象，抓住本质，从而对某个问题形成较为深刻的认识。在社会实践过程中，运用科学的思维方法，往往产生一些创造性的想法，对推动整个社会实践过程起到重要的作用。知行合一的思维方法是社会实践中最重要的思维方法。理论联系实践，在实践中加深对理论的认识，再次推动实践。在社会实践过程中，存在问题意识，发现问题并且解决问题，这种问题意识的思维方法对于锻炼大学生的综合素质、团队协作能力以及突破常规的思维方法的锻炼，都有积极的作用，从而有很多创新的理念、模式和措施在实践过程中得以体现出来。

第一节　社会实践知行合一的思想方法

运用马克思主义理论的思维方式和辩证方法，是理论联系实际的运用，在理论研究中可以坚持矛盾分析法、因果分析法以及比较分析法。在实践中坚持调查研究法，在价值观引导中坚持立德树人的理念，将社会主义核心价值观渗透在社会实践过程中。

一、唯物辩证分析的方法

（一）矛盾分析法

矛盾是指事物内部对立者的诸方面之间的互相依赖又互相排斥的关系。矛盾无所不在，无时不有，它存在于事物发展的一切过程之中，又贯穿于一切过程的始终，是一切事物变化和发展的根本原因。

所谓矛盾分析法，就是运用马克思主义关于矛盾学说的原理、法则去具体分析事物内部矛盾运动的状况和外部事物的关系，达到认识客观事物的方法，也即是我们通常所说的对具体问题具体分析的方法。矛盾分析法是建立在对客观事物最一般的、最根本的、符合辩证规律的哲学认识基础之上，通过客观地、历史地了解事物发展的进程，具体地分析、认识事物。可以说，认识事物，就是认识事物的矛盾。矛盾组成世界，不做矛盾分析，人们就无从认识世界。

马克思指出具体之所以具体，因为它是许多规定性的综合，因而是多样性的统一。这就是说，世界上的每一个事物都是具体的，都有其自身特殊的矛盾或特殊的质。这里所说的特殊矛盾，又包括矛盾的各个方面，是矛盾各个方面的综合统一。而且，矛盾的每一方面还有特定的地位，以特定的形式和其他方面发生具体的相互关系。我们要真正认识一个具体的事物，就必须把矛盾内部的各个方面找出来，把它们的具体关系搞清楚，还需要进一步说明的是："具体"所说的规定性和多样性，绝不仅仅限于内部矛盾的各个方面，还包括外部联系的各个方面。也就是说，客观存在的每一个事物，都不是孤立的，而是和其他事物处在相互联系之中，一事物和他事物的外部联系也是多种多样的，每一种联系同样有其特定的形式和具体关系。我们要认识一个具体的事物，还必须注意掌握和分析事物各方面的外部联系。

在实际的调查研究过程中，运用矛盾分析法去获得对客观事物现状的正确认识，科学地预测它的未来发展，有着其他方法不能代替的重要作用。

☞【案例分析】

来自中国的传音公司成功占领非洲市场

2019 年 12 月 10 日，深圳企联在深圳湾体育中心举行"2020 企业家与市领导新春联谊会暨授牌盛典"，深圳市领导为传音控股授予"2019 深圳 500 强企业"奖牌。传音控股凭借其品牌影响力、创新发展潜力，以及在海外新兴市场较高的市场占有率荣膺"2019 年度深圳市民营领军骨干"称号。同时，传音控股旗下深圳市泰衡诺科技有限公司入选第三届"深圳质量百强企业"。

目前传音的全球销售网络已覆盖尼日利亚、肯尼亚、坦桑尼亚、埃塞俄比亚、埃及、沙特、印度、巴基斯坦、印尼、越南、孟加拉国等 50 多个国家。

传音手机为何深受非洲消费者欢迎？首先，是抓住了非洲消费者最大的痛点——美颜功能。为了发展出黑肤色用户的美肌模式，传音特别成立工作小组，大量搜集当地人的照片，进行脸部轮廓、曝光补偿、成像效果的分析。与一般手机拍照时通过脸部识别不同，传音手机通过眼睛和牙齿来定位，在此基础上加强曝光，帮助非洲消费者拍出更加满意的照片。

此外，为了满足非洲用户好歌善舞的需求，传音专门推出了一款手机，主打音乐功能，还随机赠送一个定制的头戴式耳机。

传音公司总经理哈乐在接受媒体采访时表示，早在 2008 年，中国市场竞争加剧后，就开始专注于非洲市场。"我们注意到当地消费者想要两张 SIM 卡，但大多数用户无法负担两个手机。"传音第一款双卡双待手机 T780 成为非洲手机市场的第一款品牌双卡手机。2008 年是传音正式进入非洲市场的第一年，传音第一部四卡机器 4Runner 上市，广受好评。

☞【案例思考】

1. 在本案例中，中国传音公司为什么能够成功占领非洲市场，请你用矛盾分析法来分析说明：中国传音公司是如何抓住非洲市场消费者的消费需求的？

2. 在社会实践活动的组织中，应该如何使用矛盾分析法来设计社会实践活动？

3. 在组织赴屏南县乡村振兴实践活动中，请你用矛盾分析法来分析一下大学生参加社会实践活动有哪些学习需求？

矛盾分析法是一种高层次的分析方法，需要有较深厚、较扎实的哲学理论功底，较强的思维演绎能力，并对所研究事物的历史过程有较深刻的了解。研究者要学会用矛盾分析法，必须加强马克思主义理论的学习，充实和提高自己的哲学素养，不断实践，才可以逐步掌握对复杂的社会现象进行矛盾分析的本领。

(二)比较分析法

客观世界是普遍联系的，同类事物和现象有共同的属性；客观世界又是千差万别的，“世界上找不出两片相同的绿叶”。这就是说，客观事物之间都存在着共同点和差异点。确定事物之间的相同点和差异点的方法，称为比较法或比较分析法。

比较分析法通过事物异同点的比较，区别事物，能对各个事物深入地了解认识，从而把握各个事物。在调查资料的理论分析中，当需要通过比较两个或者两个以上事物或者对象的异同来认识某个事物时，一般采用比较分析法。

我们进行比较分析，应把握如下四点。

1. 横向比较与纵向比较相结合

横向比较是将同一时期的相关事物进行比较。这种比较既可在同类事物内部的不同部分之间进行，也可以在不同事物之间进行。通过横向比较可以发现两类事物或同类事物不同部分之间在某一方面的差异，进而分析出造成这种差异的原因。

纵向比较是对同一对象在不同时期的具体特点进行比较。纵向比较可以揭示认识对象在不同时期、不同阶段上的特点及其变化发展的趋势。

横向比较和纵向比较各有长短。横向比较的优点是现实性强，容易理解，便于掌握，它侧重从质与量上对认识对象加以区分；缺点是它是一种静态比较法，难以揭示事物的本质规律及发展趋势。纵向比较的长处在于能够揭示事物之间的有机联系，认识事物之间的发展趋势，但它往往对事物之间横向联系注意不够，因此，需要将横向比较与纵向比较相结合，以达到对事物的深入了解和认识。

2. 比较事物的相同点与不同点

比较可以在异类对象之间进行，也可以在同类对象之间进行，还可以在同一对象的不同部分之间进行。分析社会调查资料，重视同类对象和同一对象的不同方面、不同部分之间的比较。比较分析的内容首先是共同点的比较。确定事物或对象的共同点包括两个方面：一是找出共同性质，即同类事物的“同类”性；二是找出调查对象表现出来的共同特点。其次是差异点的比较，这是比较分析主要的和重要的工作。确定差异点，就是找出调查对象表现出来的不同特点。

☞【案例分析】

互联网巨头相逢养猪场

“2018年是互联网养猪元年，阿里提出了AI养猪，京东入局智能养猪。”影子科技首席执行官何京翔博士表示，消费互联网正向产业互联网转型，互联网的下半场已经悄然来临，纵观农牧行业，互联网化程度远远落后于其他传统行业，如何真正解决养猪业的痛点和问题，让养猪变得更简单，养猪行业如何利用互联网、大数据、人工智能，将成为未来养猪业竞争的问题。何京翔表示，影子科技运用FPF(Future Pig Farm)未来猪场，通过智能手机APP、猪脸识别技术等将猪场搬上互联网，给猪建立档案，实时监控每只猪的成长状态。武汉大学崔晓辉教授在“区块链在农业物联网和食品安全上的应用”主旨报告中提出，未来，通过区块链技术有望实现猪肉生产企业全产业链管控：买肉时扫描二维码就能追溯从养殖到出栏到屠宰到运输全过程，猪吃的是什么以及养殖员是谁都一清二楚。

☞【案例思考】

1. 请结合本案例，说明一下互联网AI技术会给比较分析方法带来什么变化？
2. 你认为互联网技术会给大学生社会实践带来什么变化？
3. 请你说一下，如何在大学生社会实践活动中应用互联网技术？

3. 选择和制定精确的、稳定的比较标准

定量比较的计量单位应选择精确同一的标准，如长度基本单位使用米，重量基本单位使用千克，溶剂基本单位使用升，等等。比如，家庭生活水平主要看人均水平，用人民币为基本单位。定性比较的标准应具有相对稳定性，只有选择和制定精确的、稳定的比较标准，比较分析才有章可循，得以坚持。

费孝通教授以他对中国农村的研究为例说明了如何运用以及为什么要采用类型比较法。他写道：

“怎样才能去全面了解中国农村，又怎样从中国农村去全面了解中国社会呢？这就是怎样从点到面，从个别到一般的问题。中国有千千万万的农村，而且都在变革之中。我没有千手万眼去全面加以观察，要全面调查我是做不到的。同时我也看到这千千万万个农村，固然不是千篇一律，但也不是千变万化、各具一格。农村的社会结构并不是一个万花筒，随机变化出多种模样的，而是在相同的条件下会发生相同的结构，不同的条件下会发生不同的结构。条件是可以比较的，结构也可以比较。如果我们能对一个具体的社区，解剖清楚它的社会结构里各方面的内部联系，再查清楚产生这个结构的条件，可以说有如了解一只麻雀的五脏六腑和生理运作，有了一个具体的标本。然后再去观察条件相同和条件不同的其他社区，和已有的标本作比较，把相同和相近的归在一起，把它们和不同的和相远的区别开来。这样就出现了不同的类型或模式了。这也可以称为类型比较法。”

“应用类型比较法,我们可以逐步地扩大实地观察的范围,按着已有类型去寻找条件不同的具体地区,进行比较分析,逐步识别出中国农村的各种类型。也就是由一点到多点,由多点概括更大的面,由局部接近全体。类型本身也可以由粗到细,有纲有目,分出层次。这样积以时日,即使我们不可能一下认识清楚千千万万的中国农村,但是可以逐步增加我们对不同类型的农村的认识,步步综合,接近认识中国农村的基本面貌。”

二、实践中调查研究的方法

理论只有联系实际,才能从实际出发,指导实际生活;理论一旦脱离实际,就会变成僵化的教条。调查研究是人类社会实践的重要形式,是人们正确认识世界和改造世界的重要途径和科学方法,是辩证唯物主义认识论在实际工作中的具体运用。调查研究是人们在有目的、有意识、系统地、直接地搜集有关社会现象的经验材料基础上,通过对资料的分析、研究,从而科学地阐明社会现象状况及其规律的一种认识活动。

调查研究作为科学的认识方法和工作方法,体现了各个方面的有机结合和统一。一是实践性和理论性的统一。其实践性表现在它是以客观实际为研究对象的,与社会生活、社会实践紧紧地联系在一起,并且调查研究过程本身就是一种认识客观世界的实践过程。其理论性表现在调查研究活动要在理论原则的指导下进行,并对调查研究结果做出新的理论概括和总结,形成新观点、新理论。二是普遍性与特殊性的统一。其普遍性表现在调查的范围和内容的广泛,从生产到生活、从社会到家庭、从国家到企业、从城市到农村,等等,就是说客观世界的各个方面都需要进行调查和研究。而且,调查研究所涉及的问题,都与其他问题有这样或那样的联系,不是孤立存在的。其特殊性表现在每项具体的调查研究活动,又都是限于特定的人物、具体的内容,从一般中找到特殊,又从特殊上升为一般。三是主动性和被动性的统一。其主动性表现在,调查者是否具备把握事物本质的能力,是否努力探索,其结论是大不一样的。其被动性表现在客观条件又影响调查结果,某种社会现象的产生与发展是不以人的意志为转移,调查课题受客观条件的制约。

社会调查研究方法可以分为三个层次,即最高层次的方法论、中间层次的基本方式和低层次的具体方法。社会研究调查方法就是由方法论、基本方式和具体方法这三个不同层次的研究社会及其社会现象的方法所组成的一套方法体系,是人们的思想方法和科学的一般方法在社会调查研究中的体现和应用。

(一)方法论

社会调查研究的方法论是指指导研究的一般思维方法或哲学方法,它提供了调查研究的指导思想,主要探讨研究的理论公式、基本假设、研究逻辑、原则规则等哲学社会科学的方法论问题。

任何研究都要以一定的理论和方法作为指导,它提供了调查研究的理论指导。当然,方法论是与一定的哲学观点和学科理论相联系的。不同的理论学派有不同的方法论;不同的学科也有不同的方法论。在社会调查研究中应遵循何种方法论,这是一个实践的问题。研究社会现象有各种可供选择的方法论、研究途径和判断标准，这就要对具体现象作具体分析。

(二)基本方式

社会调查研究的基本方式也称研究方式，它表明贯穿于研究全过程的程序步骤和操作方式。研究方式表明研究者主要是通过何种手段和途径得出研究结论的。研究方式可以从各种角度划分为不同类型，每种类型在具体操作上都有其不同的特点，同时各种类型的分类也仅就其纯粹形态而言，任何实际的调查研究中都会有相互联系和作用。

调查研究的基本方式可以分为文献研究、社会调查、实践研究三大类，这与社会研究的基本分类是一致的，当然作为研究方式之一的社会调查是从事调查研究的最主要的方式，并且依据研究需要，可以进一步从定量与定性研究角度，从研究对象角度深入分析考察。

从定量与定性研究角度考虑，社会调查可分为问卷调查、实地研究和混合调查。这三种分类反映出调查研究中实证主义方法论和人文主义方法论、定量方法和定性方法这两种主要的不同倾向之间的区分，以及定量和定性方法的结合；同时也反映出在调查对象、调查方法、分析方法、资料特点等调查研究的过程的主要区别。当然，它们也呈现相互结合的趋势。全体调查、抽样调查、典型调查、个案调查则是在社会调查研究中依据调查研究对象的范围而区分最常用的搜集资料的方法。

(三)具体方法

社会研究的具体方法是指研究各阶段使用的具体方法技术，包括资料搜集方法、资料分析方法和其他技术手段或工具。它一般更多地应用于社会调查研究中，在社会研究中有着独特的作用。(1)问卷调查是学术性调查研究的基本方法，用这个方法，可以推动社会的调查研究。问卷设计的一般程序采用以下步骤：确定调研目的、来源和局限—确定数据搜集方法—确定问题回答形式—决定问题的用词—确定问卷的流程和编排—评价问卷和编排—获得各相关方面的认可—预先测试和修订—准备最后的问卷—实施。(2)在线调查。随着互联网技术的逐渐发展，通过互联网接触民众进行社会调查、民意测验和市场调查已经越来越多被研究者及研究机构认可和采用。按照调查者组织调查样本的行为，在线调查可以分为主动调查法和被动调查法。按照在线调查的技术可分为电子邮件法、站点法、随机 IP 法和视讯会议法等。

三、价值观引领中知行合一的方法

党的十八大以来，习近平同志关于培育和践行社会主义核心价值观的重要论述，对培育和践行社会主义核心价值观具有重要的方法论意义。在党的十九大报告中，习近平同志从新时代坚持和发展中国特色社会主义的基本方略的高度，进一步强调了“坚持社会主义核心价值体系”的内容，对培育和践行社会主义核心价值观具有新的方法论启示，体现了习近平新时代中国特色社会主义思想的重要内容。

(一)国家、社会、个人相统一的思维方法

社会主义核心价值观是从国家、社会和个人三个层面分别阐述的统一整体。《关于培育和践行社会主义核心价值观的意见》指出：“富强、民主、文明、和谐是国家层面的价值目

标，自由、平等、公正、法治是社会层面的价值取向，爱国、敬业、诚信、友善是公民个人层面的价值准则，这24个字是社会主义核心价值观的基本内容，为培育和践行社会主义核心价值观提供了基本遵循。”

这就明确了国家、社会和个人是培育和践行社会主义核心价值观的三个重要层面和主体。对此，习近平同志高度重视：“核心价值观，其实就是一种德，既是个人的德，也是一种大德，就是国家的德、社会的德。国无德不兴，人无德不立。”社会主义核心价值观蕴含着个人的德、国家的德和社会的德等层次丰富的内涵，同时在三个层次上都有其重大意义，“这个概括，实际上回答了我们要建设什么样的国家、建设什么样的社会、培育什么样的公民的重大问题”。在区分层次的基础上，要“把涉及国家、社会、公民的价值要求融为一体”。在推进培育和践行社会主义核心价值观的过程中，党和国家从不舍弃或者偏重“三个倡导”中的任一层面，而是始终将这三个部分作为统一的整体来要求，体现了国家、社会、个人相统一的思维方法。

习近平同志深受中国传统优秀文化的影响，有着强烈的家国情怀。这种将国家、社会和个人作为统一整体的观念常常在他的相关论述中体现出来，比如：“中国梦是国家的、民族的，也是每一个中国人的。国家好、民族好，大家才会好。”“人民有信仰，民族有希望，国家有力量。”习近平同志认为，社会主义核心价值观传承和体现了这种思维方式。他指出：“从某种角度看，格物致知、诚意正心、修身是个人层面的要求，齐家是社会层面的要求，治国平天下是国家层面的要求。”社会主义核心价值观把国家层面的价值目标、社会层面的价值取向和个人层面的价值准则融为一体，正是国家、社会、个人不可分割的整体理念深深渗透在中华民族血液之中的体现。社会主义核心价值观在形式上区分为国家、社会和个人三个层面，分层次反映国家、社会和个人的价值诉求，分别从理想信念、价值取向和行为规范上来说明其意义和效用。在国家层面倡导“富强、民主、文明、和谐”的价值目标，在社会层面倡导“自由、平等、公正、法治”的价值取向，在个人层面倡导“爱国、敬业、诚信、友善”的价值准则。这种区分仅因各层次的侧重点有所不同，而绝无对抗性的矛盾，其本质是一致的。国家层面的价值目标是主导，为社会价值取向和个人价值规范提供目标指引和方向；社会层面的价值取向是保障，为国家价值目标的实现和个人价值规范遵循提供制度和环境支撑；个人层面的价值准则是基础，个人是国家和社会的小细胞，个人践行价值准则，形成良好的个人素养，进而推及社会，选择和坚持正确的价值取向，最后成就国家的价值目标。

国家层面的价值目标、社会层面的价值取向和个人层面的价值准则将统一于中国特色社会主义建设的实践之中。培育和践行社会主义核心价值观是一项全国性、整体性的战略任务，任何一个层面的缺失都无法顺利完成，需要国家、社会、个人三个层面协调推进，互相促进。

(二)主导性与兼容性相结合的思维方法

习近平同志关于培育和践行社会主义核心价值观的论述，充分体现了知行合一的思维方式。他不仅一直坚持培育和践行社会主义核心价值观的一体表述，而且在培育和践行的方法上再三强调知行合一的重要性。2013年5月4日，习近平同志在《在实现中国梦的生动实践中放飞青春梦想》讲话中指出："广大青年要把正确的道德认知、自觉的道德养成、积极的道德实践紧密结合起来，自觉树立和践行社会主义核心价值观，带头倡导良好社会风气。"2014 年 5 月 4 日，习近平同志在《青年要自觉践行社会主义核心价值观》的讲话中指出："道不可坐论，德不能空谈。于实处用力，从知行合一上下功夫，核心价值观才能内化为人们的精神追求，外化为人们的自觉行动。"2014 年 5 月 24 日，习近平同志在上海考察时提出："培育和践行社会主义核心价值观，贵在坚持知行合一、坚持行胜于言，在落细、落小、落实上下功夫。"他还在党的十九大报告中指出，培育和践行社会主义核心价值观要"强化教育引导、实践养成、制度保障"，教育引导侧重培育"知"的部分，实践养成侧重践行部分。这些关于培育和践行社会主义核心价值观应当重视认知和实践相结合的论述和指导，正是知行合一思维方式的体现。培育和践行社会主义核心价值观，体现了"知行合一"的思维方法，"培育"与知行合一中的"知"，"践行"与知行合一中的"行"互相呼应，"培育和践行"既强调社会主义核心价值观知识和理念的习得，也强调身体力行的价值观实践。培育和践行社会主义核心价值观这一战略任务本身蕴含着双重逻辑，即思想的传播、占领和实践的规范、施行。一方面重视社会主义核心价值观认知的重要性，深刻而全面地认识社会主义核心价值观的内涵、意义，促进全民的认知认同，内化于心，将社会主义核心价值观作为个人的价值遵循和行为准则，为践行社会主义核心价值观夯实思想基础；另一方面突出践行社会主义核心价值观的重要性，在认知的基础上外化于行，把社会主义核心价值观的思想观念付诸日常生活的实际行动，在落细、落小、落实上下功夫。"知"是前提，"行"是关键，知行合一，在培育社会主义核心价值观的过程中践行，在践行社会主义核心价值观的过程中感悟，志存高远也脚踏实地，"培育"和"践行"不可偏废任何一方，而应紧密结合，互相促进，在实践活动中合二为一。

第二节　社会实践坚持问题导向的意识

问题导向意识是由马克思主义哲学做理论指导，并且符合时代发展的需要。在社会实践过程中，要根据实际需要，因时因地制宜，构建问题导向的社会实践育人模式和育人机制，满足社会实践的需求。

一、问题导向的马克思主义哲学依据

"问题导向"这一概念由 20 世纪科学家波普尔在问题理论中提出。他指出，科学的发展就是不断地发现问题、解决问题，继而又发现新的问题的过程。马克思主义作为指导我们认识世界和改造世界的强大思想武器，之所以拥有科学的世界观和方法论，就是因为能够不断地发现问题、认识问题和解决问题，通过实践探索来总结经验教训，进行与时俱进的发展创新。马克思曾深刻指出："问题就是公开的、无畏的、左右一切个人的时代声音。问题就是时代的口号，它是表现自己精神状态的最实际的呼声。"因此，坚持问题意识、回

答时代问题，是马克思主义理论创新发展的必然要求，也是新时代立足中国实际、实现中华民族伟大复兴必然要坚持的马克思主义哲学方法论。

“坚持问题导向是马克思主义的鲜明特点”，从马克思主义哲学的角度分析问题意识具有重要的唯物论和辩证法依据。马克思主义发展的历程，就是不断地解决社会存在的重大历史问题的过程。问题意识作为马克思主义理论发展的源头活水，对其产生、发展以及深化提供了不竭动力，也是习近平新时代中国特色社会主义思想的马克思主义方法论之一。

（一）时代发展需要问题意识

问题的产生离不开特定的时代，准确把握时代问题意识产生于实践的需要，但问题的产生不是我们的目的，改造世界才是我们的归宿，因此，批判性是问题意识的另一个本质特征。马克思能在看似没有问题的事物中发现问题，在前人认为完美的地方寻找出问题，就是凭借着强烈的问题意识，在总结吸收前人理论成果的基础上，立足于实践，对时代状况进行有效的批判。除此之外，马克思的批判性还在于对自己原有理论的不断修改完善、创新探索，以更好地适应人类社会发展的需要。马克思主义哲学之所以拥有强大的生命力，不仅仅体现在理论上，更体现在它与时代同行。

☞**【案例分析】**

华为公司的成功

Mate20 Pro 被英国科技媒体 Stuff 授予“2018 年度最佳智能手机”称号，在 AI、性能、续航、充电、拍照、外观设计等方面引领行业创新，上市两个月全球发货量超 500 万台，在欧洲定价历史性突破 1000 欧。这一连串的成绩再次夯实了华为手机超越苹果跻身全球第二大销量手机的地位。

华为 Mate20 系列凭借麒麟 980 处理器、徕卡三摄、40 W 超级快充、无线反向充电等在众星中脱颖而出，如今取得的成绩也是终端用户对华为手机技术、功能创新最有力的认可。

在多数人的印象中，华为狼性文化里蕴含着野性和拼搏，事实上狼群在作战时并非只靠勇气和力量，狼性中同样饱含着理性和睿智，这一点从华为 30 年的创新变革中同样能体现。

回想当年华为手机下定决心采用自研芯片，从创新理念到产品揭开华为的创新内核。在八年中芯片不断迭代，逐渐实现赶超，取得今日的成绩离不开创新研发的魄力和远见。但仅靠创新显然是不可能的，成功更多来自华为在研发过程中的战略思考。

☞**【案例思考】**

1. 请你结合本案例举例说明什么叫问题导向？

2. 在本案例中，华为公司研发过程的战略思考与问题导向有什么关系？

3. 社会实践活动是否要坚持问题导向，为什么？

问题意识作为马克思主义关注现实的方法论，作为马克思主义理论发展的源头活水，体现着马克思主义哲学逻辑，不仅能促进马克思主义理论的丰富发展，而且对人类的现实生活具有重要的指导作用。同时，问题意识作为习近平新时代中国特色社会主义思想的马克思主义方法论，对于创新发展中国特色社会主义以及实现中华民族伟大复兴都具有直接的现实意义。

（二）问题意识的认识论依据

认识世界和改造世界是哲学的使命，正确地认识世界是改造世界的前提，只有符合客观实际的思想认识才能有效发挥主观能动性。首先，问题意识作为人的意识之一，属于人脑的机能，是对物质世界的反映，这种反映就是对客观物质世界的辩证的不断深化的认识。另外，在不断发现问题、研究问题、解决问题的认识活动过程中，问题意识本身的认识活动过程，也是一个主体对客观存在的能动的反映，这个反映促进了实践的发展，从而实现了主观与客观的辩证统一。我们可以把孟子的“生于忧患，死于安乐”理解为问题意识，即对事物或社会的发展趋势具有一定的预测性和前瞻性，防止产生不必要的问题危害社会和人类，这种认识在一定程度上可以说是社会实践发展的向导。马克思主义认识论强调，认识具有反复性、无限性、前进性和上升性。问题意识的产生往往基于特定的时代条件与特定的社会发展阶段，问题是复杂多变的，其本质的暴露和发现有一个过程，因此就受到了一定客观条件的限制。加之，作为认识主体的人会受到一定的知识水平和社会经验的影响，造成对问题认知不足的主观条件的限制。所以，问题意识具有反复性和无限性的特征。社会的发展是无限的，我们对问题的认识也是无限的，也就是说，追求真理是一个永无止境的过程。但同样，随着科学技术的进步和人类认识的不断提升，我们对于问题的认识是一种波浪式前进、螺旋式上升的过程。这种问题意识将会对实践具有积极的反作用，指导我们探索物质世界的奥秘，并不断满足人类对于美好生活的需要。

（三）问题意识的矛盾论依据

问题源于现实的矛盾，一定程度上，问题意识即矛盾意识。根据马克思主义矛盾论的阐述，矛盾具有普遍性和客观性，旧的矛盾解决了，新的矛盾又会产生。所以，矛盾的普遍性就要求我们具备问题意识，正确理解事物的矛盾性质，揭露矛盾的根源，全面分析矛盾，合理解决矛盾。同时，矛盾具有特殊性，对于问题不能一概而论，需要具体问题具体分析，问题意识要求我们在分析具体矛盾时，应把握好矛盾的普遍性和特殊性之间的关系，遵循从一般到特殊，再从特殊到一般的相互转化原则。问题意识要求我们运用马克思主义唯物辩证法的矛盾观点来认识问题，进行哲学反思、总结规律。在实践中善于找到时代发展过程中的矛盾，尤其是影响事物全局发展的主要矛盾，以及主要矛盾的主要方面，对矛盾进行有效的解决，为国家和民族的发展扫清障碍。主要矛盾的主要方面对事物的发展起着决定性作用，影响着新时代社会发展的进程。我国进入新时代后，除了主要矛盾的变化，还出现了一系列新矛盾、新问题，对社会的发展起着举足轻重的作用，也正是通过问题意识的作用，才可以在理论和实践中发现更多的矛盾问题。所以，如何树立强烈的问题意识并坚持问题导向，是我们需要解决的一项重大课题。

马克思在《关于费尔巴哈的提纲》中指出，“社会生活在本质上是实践的”，习近平也提出“时代是思想之母,实践是理论之源”,理论诞生的源头无一不来自于反复的实践活动,因此实践是认识的来源。理论通过在实践中提炼总结,形成科学的系统的体系,再去指导实践,所以实践也是认识的目的和归宿。同样理论也需要实践的检验,实践是检验认识真理性的唯一标准。只有经过实践的检验,吸收实践所反馈的信息,理论才能发挥它的指导作用,所以理论也不是一成不变的,而是不断完善、与时俱进的。马克思主义哲学的实践观坚持从实践出发,面向现实,在实践中发现问题、解决问题,在实践中发现真理、深化对规律的认识。质言之,实践性是问题意识的本质特征之一,解决问题的根本就在于人的实践活动。只有充分发挥主观能动性,提高认识的能力和水平,坚持实事求是的原则,才能更好地为社会发展扫清障碍。同时,要善于创新。对于原本存在的问题的认识不能故步自封、止步不前,应该在反思和批判中寻找更好的解决方法。问题意识要求我们一切以时间地点条件为转移,尊重客观规律,在创新中形成关于事物的正确认识。最后,要具备主动担当的意识和精神。空谈误国,实干兴邦。我们必须以问题为导向,强化自己的责任意识,勇于担当新时代的大任。

二、问题导向的社会实践模式架构

习近平强调:“改革是由问题倒逼而产生,又在不断解决问题中而深化。”同理,思政课实践教学要想找准改革方向,必须抓住自身的问题所在。大学生处于“三观”的养成时期,面对国家、社会、个人等各方面必然会产生各种思潮与困惑。因此,思政课实践教学必须以大学生学习、心理和思想行为中存在的问题为导向,发现问题,找准规律,引发大学生的兴趣,激发大学生自主参与的意识,使大学生对思政课产生思想与情感的认同,从而接受教师的引导,让正确的“三观”入脑、入心。以问题为导向的思政课实践教学模式的架构可以从以下几个方面进行:

(一)针对不同层次大学生,实施差异化教学

不同家庭背景、专业、兴趣的大学生具有不同的思维方式与思想倾向,其“三观”认识亦有很大的差异,因此,对大学生进行分层教学很有必要。在思政课理论课教学过程中,分层教学是很好地解决大班授课“低头率高、抬头率低、到课率低”这一短板的有效方法。在思政课实践教学中,以分层为手段,采用问卷或访谈等方式,针对大学生专业、兴趣、能力、心理问题、学习习惯、家庭背景等存在的天然层次,让大学生根据其共同的特点分成不同的群体,采用不同的教育手段和实践活动,能更为精准地帮助大学生解决其思想行为问题。

(二)围绕时代特性、专业课程、人文特点设计教学模块

当前,大学生思政教育与时俱进发展不足、与专业教育融合不够、与地方人文结合不紧。这些模块化教育的不足是影响思政课教学质量的又一重要短板。通过对前期问题的归纳和总结,将大学生分为不同类型的群体,结合理论课程内容的重点与难点,在融入时代特点、地方特色、专业特点与大学生需求的基础上,由专业教师将实践课程设计成主题鲜明的实践教学模块,并在每一个模块下设计一系列贴近学校教育宗旨、符合社会需求的活动环节,提升大学生的理论联系实际能力和现实问题解决能力。

(三)强化高校部门合作,为思政课实践教学提供支撑

目前,高校思政课教学普遍是由思政教研室独立实施的,这在主观上割裂了高校思政教育的一体化推进,导致思政教育与大学生个性、专业特性难以深度融合。高校是一个有机整体,任何实践教学任务的有效实施和完成都是各个部门通力合作的结果。在以问题为导向的思政课实践教学模式中,除了要求专业教师在实践教学过程中设计教学环节和监控环节实施,更需要高校内各个相关部门及专业相近的优势教育主体能够群策群力、积极参与,形成有效助力,共同保障实践教学任务顺利完成。

三、基于问题导向的高校思想政治理论实践教学模式的创新

(一)构建教学问题体系

基于问题导向的高校思想政治理论课程,首先需要构建教学问题体系。高校思想政治理论课程通过教材形式或者是知识体系将教学内容展现出来,使思想政治教材体系能够朝着教学体系方向转化。高校将思想政治理论课程体系转变成教学体系,其实是将思想政治理论知识结构转变为教育结构,教师制定出具有科学性、合理性的教学方案,将教育结构展现出来。因此,构建思想政治教学问题体系首先应从问题导向的不同角度进行分析,例如教师的问题意识角度、学生的问题意识角度、现实的问题意识角度、教材的问题意识角度,对教师的教学思想、学生的学习思想,教学手段、教学设施进行优化与整合,转变传统教学结构及教学层次,将多种教学要素紧密地联系在一起,实现优势互补,使教学体系更加具备完整性、统一性与整体性。

(二)正确解答现实问题

将思想政治理论教学内容问题化,是当代高校思想及政治教育的主要发展方向,正确解答现实问题是高校思想政治理论课实践教学模式的重要环节,是高校教学发展的必然趋势。在新课程改革的要求下,注重教学氛围的营造,调动学生对学习的积极性与主动性,提高学生实践应用能力,是高校教学工作的重点内容。因此,在高校思想政治教育工作中,应将现实问题有机地融入其中,例如国民经济、社会建设、民生舆论等问题,使大学生能够端正个人思想态度,认识到学习思想政治教育理论知识的重要性,关注时事政治及民生问题,注重理论联系实际,树立正确的价值观、人生观与世界观。教师对现实问题进行正确、积极的解答能够避免教学内容空洞、教学过程僵化,使教学内容更加贴近生活、贴近实际,激发学生的学习热情,培养学生发现问题、分析问题、解决问题的能力,促进大学生全面发展。综上所述,基于问题导向的高校思想政治理论实践教学模式创新,首先应以思想政治教学的教学要求与主要教学内容为基础,准确把握思想政治教学难点、重点以及学生在学习中所存在的问题,充分调动学生课堂学习的积极性与主动性,使学生能够善于发现问题、分析问题、解决问题,形成一个完整的教学问题体系;教师应正视学生在学习中所遇到的问题,对不同的教学问题进行分类、整理,将具有典型性与代表性的问题逐一罗列出来,并将其与思想政治教学内容进行连接,使教学问题具有真实性;遵循一定的逻辑思维,划分教学问题的层次关系与逻辑关系,使思想政治理论课教学更具有效性、合理性与科学性。

第三节 社会实践应该注重创新的探索

社会实践为了避免单一重复的模式，必须在传统的架构上，进行突破，取得创新。首先要有创新的思维方式。在观念上有创新理念，坚持立德树人、育人为本的实践育人理念，以及坚持学生主体、教师主导的实践育人理念。其次，在社会实践活动模式以及社会实践内容和形式以及措施上都要有所创新。

一、社会实践活动观念的创新

建立大学生社会调查和社会实践基地、开展“三下乡”活动，这与20世纪六七十年代“以群众运动方式组织师生下厂、下乡进行生产劳动”的运动有本质的不同。如今在吸取过去历史教训、总结正反两方面经验的基础上积极开展社会调查和社会实践活动，才是新时期青年学生理论联系实际，走与工农群众相结合的成才之路。

（一）坚持立德树人、育人为本的实践育人理念

理念即思想和认识。党的十八大报告强调指出，把立德树人作为教育的根本任务，培养德智体美全面发展的社会主义建设者和接班人。要全面实施素质教育，深化教育领域综合改革，着力提高教育质量，培养学生社会责任感、创新精神和实践能力。因此，大学生社会实践要不断更新实践理念，坚持“立德树人、育人为本”的思想，牢固树立实践育人的理念，把提高大学生思想政治素质作为首要任务，将实践锻炼贯穿于人才培养的全过程，引导学生积极投身社会实践，让学生在基层一线砥砺品质，锤炼作风，在实践中发现真知、运用真知、在解决问题的过程中增长才干，不断提高学生的实际动手能力、创新创业能力，从而提高人才培养质量。因此，高校必须高度重视实践育人工作，加深对实践育人的认识。通过修订完善教学计划和人才培养方案，把大学生社会实践活动纳入学分，建立并完善实践教学体系，确保每个大学生在校期间都能参加社会实践。坚持理论与实践相结合，让学生在实践中感受知行统一，在实践中培育与人民群众的感情，在坚守中坚定理想信念，使实践育人理念深入人心。作为实践育人核心的大学生，应该深刻认识大学生社会实践的重要意义，自觉主动地参与社会实践，真正在实践中受教育、长知识。

（二）坚持学生主体、教师主导的实践育人理念

发挥学生主体性观念即尊重学生主体地位，促进学生主动发展的观念。具体来说就是把学生作为社会实践教育的主体，尊重学生的主体意识，突出主体性教育，倡导和发挥学生自我教育的主动性、积极性和创造性。以往的一些社会实践，不仅从时间、地点、内容、方式、经费到人选，都是由教师提前联系好，而且在具体实施阶段，指导教师主导，学生只是按老师的安排和要求被动地开展工作。这种社会实践，学生失去了主体地位，没有了主动性，他们的才华和优势发挥不出来，也体验不到实践的快乐，更谈不上培养实际操作与应变能力，从而使社会实践流于形式。要克服和避免社会实践中的这类现象，关键在于

更新观念,把学生放在主体地位上,让他们根据自己的知识、能力、兴趣、特长,在社会这个大课堂中展示自己,培养自己独立的人格和自主精神。在活动的组织方式上,应采取组织与自发相结合、分散与集中相结合以及点面结合并存的方式。在社会实践形式和方案的确定上,充分发挥学生的主体性。在社会实践活动的过程中,充分发挥学生自我管理、自我教育的潜能,培养学生的独立思维能力,让学生学会做人、学会做事、学会学习、学会发展,使精神升华。

二、社会实践活动模式的创新

(一)大学生社会实践活动模式创新的原则

创新社会实践活动要突出知识性、实践性、服务性的原则,体现社会实践活动的目的,要突出时代性、科学性、自主性的原则,这是社会实践活动不断适应社会发展的要求及青年学生成长成才的需要所决定的。大学生的主要任务是学习知识,要向书本学习、向实践学习、向社会学习。21 世纪是知识经济的时代,社会需要知识型的劳动者,所以大学生社会实践活动突出知识性至关重要。

(二)大学生社会实践模式创新的特点

大学生社会实践模式创新最突出的特点是变"主题式"社会实践为"主题式"加"模块式"社会实践。

"主题式"社会实践是上级有关部门对全国高校社会实践的一般性要求和号召,它依据当时国家的政治、经济形势和思想政治教育的重点提出统一主题。如 1996 年全国大学生社会实践的主题是"科技、文化、卫生三下乡",2004 年全国大学生社会实践的主题是"传承'五四'报国志,落实科学发展观",2018 年全国大学生社会实践的主题是"推普脱贫攻坚"。"主题式"社会实践的优势是声势大、影响大,将参加社会实践的大学生集零为整,唤起大学生的责任感、使命感和奉献精神,让大学生在"长才干""作贡献"的同时"受教育",使社会实践在产生社会效益和经济效益的同时产生育人效益。

"模块式"是社会实践新模式的突出特点。它以大学生社会实践模式创新的指导思想和原则为依据,以现有的可以利用的校内外各种社会实践资源为依托,设计出若干个具有本校特点的、既有内在联系又能相对独立、内容丰富、结构合理的大学生社会实践"模块群"。如参观考察类模块、勤工助学类模块、专业实习类模块、志愿者活动类模块、社团活动类模块、挂职锻炼类模块等。

"模块式"社会实践的优势在于:第一,实现了共性与个性的统一。第二,具有开放性和发展性。"模块群"只是相对稳定而非一成不变,各高校可以根据需要定期对"模块群"中的各个模块进行更新和优化,使其在动态中不断趋于合理和完善。第三,结构的合理性。如果把"模块群"比作"自助餐",把大学生比作就餐者,"模块式"规定了大学生不能凭兴趣只在一个模块中挑选食物,而必须在每个模块中选择适合自己的食物,以保证大学生摄入的食物既适合个体的"口味"又营养均衡。第四,制度的约束性。将应修社会实践学分分解到社会实践的各个模块,规定每学年每个学生必须要修满的社会实践学分。

在当前条件下,确定"主题式"加"模块式"社会实践新模式是克服社会实践局限性的最佳选择，是强化社会实践育人功能的最佳选择。新模式可以使社会实践同时兼具社会与个人、统一与多元、集中与分散、质量与数量、精英与大众、教师主导与学生主体、国情民情与校情等多重意义。在这个组合模式下，各高校既可根据上级单位提出的当年的社会实践“主题”，指导大学生根据本校的社会实践“模块群”构建和调整自己的“模块”组合，又可以以“模块群”为依据，通过一定的方式，在一定的周期内考核和掌握每一名大学生的社会实践状况。既能够较好地实现组织者的意图，发挥组织者的设计和指导作用，保证社会实践健康、有序、持续地发展，又能够吸纳和督促所有的大学生有计划、有步骤、有选择地参加不同形式的社会实践，使社会实践真正成为每个大学生在校期间知识转化为能力并内化为素质的必然选择。

(三)大学生社会实践活动模式创新的方向

首先，大学生社会实践模式创新必须实现三个转变：

1. 实践形式的转变

一方面，大力宣传，激发热情。共青团组织学生干部在学校、学院领导下，负责对大学生社会实践活动进行大力宣传，鼓励各学院、各专业、各班级、各团(总)支部、各学生社团积极参与，鼓励各社会实践小分队结合学校、学院专业特色，勇于探索，自主创新。通过项目化的形式，使各社会实践活动小分队的活动更加具体务实。另一方面，深入基层，扩大范围。社会实践需要务实、深入，不仅要关注周围社区，还要深入周边区县、乡镇，开展深层次的社会调研和社会服务，保证社会实践充分接触社会。在社会实践的过程中，提高参与队员的积极性，锻炼他们团结一致、不怕吃苦的精神。

2. 运行模式的转变

要求各社会实践小分队由学生党员或学生干部担任队长，以确保各社会实践活动项目的学术性和安全性。此外，在出发前，校团委、院系团总支要专门召集所有参与社会实践活动的同学组织开展必要的培训。通过培训，既进一步提高参与学生对于社会实践活动的感性认识，又能够保证社会实践活动的开展质量。

3. 实践成果的转变

社会实践最好能够密切联系所学专业，推动专业知识与社会实践的有机结合，将理论知识应用于实际生活，既全面提高学生的知识和技能，又让学生进一步了解本专业的学习内容及其就业方向。大学生社会实践活动不能为追求短期效益而做表面文章，要着眼于长远的发展，真正做到“受教育、长才干”。

其次，推进“三化一体”建设。

1. 思想上加强重视

学校领导必须对大学生社会实践活动给予高度重视，加强对实践队伍及队员的培训，从中评选出社会实践先进集体和个人予以表彰，鼓励各小分队根据自身特点开展丰富多彩的社会实践活动，联系专业，加强创新，并以社会实践调查报告及各小分队的整体表现为主要考查内容，科学合理地进行社会实践活动效果的总结和评价。

2. 充分准备，完善政策

在社会实践活动中，要进一步注意活动形式，做好充分的动员和准备。一方面注重结合专业特点和学生特点，另一方面加强与实践合作单位的沟通联系，确保社会实践活动具体进行的可操作性和实效性。

3.“基地化”建设

在大力拓展大学生社会实践活动过程中，学校要大力发掘和整合各类社会资源，加强与优秀校友、有合作关系的企事业单位、政府相关职能部门、当地街道社区、合作县市联系，争取政府、企事业单位、社区、乡镇、学生家庭等多方面的支持和配合，建立和巩固一批相对稳定、符合需要的社会实践基地。

三、社会实践内容和形式的创新

(一)与时代主题相结合

大学生社会实践活动坚持社会实践活动与时代主题相结合要取得实效、得到社会的认同、产生较大的社会影响，就必须针对社会热点、难点问题开展工作。把社会实践活动与时代主旋律相融合，围绕党政的中心工作，客观反映大学生成才的内在需要，社会实践活动才能被赋予新的活力，充分发挥其应有的作用。当前，要把社会实践活动与落实“四个方面”、实现“中国梦”相结合，与社会主义新农村建设相结合，使社会实践活动面向经济建设主战场，立足于培养青年学生的创新精神和实践能力，不断开创社会实践活动的新形式，拓展社会实践的新领域。

(二)与专业相结合

将社会实践活动与专业学习相结合是大学生社会实践活动的重要立足点。在开展社会实践活动过程中，大学生应结合自身专业的特点，不断在社会实践活动中检验巩固所学的知识，将知识优势转化为实际应用的技能优势，提高自身适应社会的能力。这种结合是大学生社会实践活动得以持久深入和向高层次发展的基础，只有实现了这种结合，才能使成才教育收到实效，才能真正服务于社会。

(三)与校园文化活动相结合

校园文化活动是大学生社会实践活动的主要阵地。首先，以实施科学文化素质教育为基础，以建设优良的校风、教风、学风为核心，以优化校园文化环境为重点，以树立正确的世界观、人生观、价值观为导向，积极组织开展丰富多彩、健康有益的文体活动，使学生在文明、积极、向上的校园文化熏陶中健康成长。其次，要紧紧抓住具有纪念性意义的节日，通过校园宣传栏、广播站等形式，弘扬青年人爱党、爱国、奋发向上的主旋律。最后，通过第一课堂，如党校、大学生艺术团、各种社团协会等进一步提高其综合素质，努力使大学生成为适应社会的实用型人才。坚持社会实践活动与勤工助学、青年志愿者活动相结合的原则。勤工助学、青年志愿者活动是社会实践活动最直接、最有效的形式。一方面，大学生可以获得劳动报酬来支付日常学习和生活的费用；另一方面，可以磨炼学生的意志，使大学生尽早地了解社会、适应社会，懂得如何学习与生活。学校、政府相关职能部门要为大学生参加勤工助学创造条件，建立规范有效的勤工助学管理制度，鼓励大学生在完成学业的同时，积极参加勤工助学活动，培养大学生艰苦朴素、勤俭节约的精神，增强他们热爱生活、自立自强的信心和勇气。

四、大学生社会实践坚持措施的创新

(一)拓展时空,统筹运作

创新大学生社会实践的内容、形式还应注意对时间和空间界限的拓展,统筹各个方面的要素,整体化进行运作。拓展时空是注重大学生社会实践的时间组合和保持实践时间的持久性,同时注重实践活动空间的广泛性。统筹运作是指统筹各个方面的要素,形成合力,避免"单打独斗"和"各唱各的调",团结协作,整体推进,提升社会实践的整体效能。"拓展时空",社会实践应纳入学校教学的整体规划,将社会实践同专业实习、科学研究、就业创业、社团活动等有机结合,拓展社会实践的领域与时限。一是合理安排大学生活。大学学习是课堂教育与自主学习相结合的一种学习方式。大学生拥有丰富的课余时间安排自己的课余生活。大学生应该对自己的生活做出合理的规划,如利用课余时间开展社团活动和课外科技活动,利用假期到农村去开展体验式活动,科学合理地分配自己的业余时间,通过社会实践等形式来丰富和完善自己。二是学生依据自身实际选择合适的项目。如有的地方关于大学生社会实践活动的政策文件中,明确规定带薪实习应重点安排家庭困难的学生,这样既有利于解决学生的实际困难,又培养了学生正确的劳动观念。而来自农村的学生可以选择到党政机关实习和到社区服务,这样有利于开阔视野、增长见识。"统筹运作",要求高校统筹社会实践的各要素,结合学校自身的定位和人才培养目标,选择与本校人才培养目标相符合的社会实践形式,重点打造一种或几种优势项目,形成以优势项目为主、其他形式的项目为辅的社会实践模式,突出学校特色。政府和学校应积极主动地为大学生社会实践提供物质、政策和服务支持,为大学生社会实践提供宽松和谐的环境。

(二)需求导向,多元选择

整体推进社会实践的内容、形式丰富多彩,有军事训练、社会调查、生产劳动、志愿服务、公益活动、科技发明等。由于学生的个体差异,学生的需求也具有多元化,因此,大学生社会实践要注重以需求为导向,整体推进。首先,要以学生的需求为导向,开展大学生喜闻乐见的实践活动。大学生社会实践的拓展要适应"90后"大学生的思想特征,满足他们成长成才的需要。如"90后"的大学生喜爱追求新鲜感,接受新鲜事物的能力强。学校可以利用这一特点,建立大学生创业孵化园,引导大学生开展创意创业类的实践项目。另外,结合"90后"大学生心理承受能力差、常常容易产生孤独感的特征,可在大学生社会实践活动中融入生命教育的元素,以培养大学生坚强的品质。其次,要加大引导力度,开发更多适合大学生需求的实践项目。小学、初中、高中到大学,这是绝大多数大学生的成长轨迹。大学前的主要时间都在学校度过,成长经历相对简单;同时,由于我国经济社会发展差异性和大众观念的限制,社会实践的资源存在着不平衡性和有限性,导致不能同时满足多数学生对于同一种实践内容和形式的需求。因此,可能造成大学生对自身的需求认识模糊,对社会实践内容和形式的选择随意性强,不能根据自身的特点选择合适的实践内容、形式,容易导致学生选择的盲从性,以至于影响到社会实践的效果。高校、指导教师要给予学生积极的引导,结合学生自身的特点和优势,尊重学生的个性化需求,以学生成长成才为目标,开发出更多适合学生个性化需求的实践内容和形式。最后,要整体化推进,共同发挥新旧社会实践形式的育人功能。实践育人是一项系统工程。社会实践的主体具有多样性，需要各地方、各部门的积极参与，社会实践各种形式之间也存在着各种联系。社会实践形式会随着时代的发展、社会的发展而不断丰富。现有的社会实践形式，是经过思想政治教育工作者和广大学生多年的去粗取精、去伪存真而积累下来的。每一种社会实践形式都有其特殊的教育功能，它们对学生的成长成才都发挥着各自的特殊功能。因此，应该充分发挥每种社会实践形式的特殊功能，注意实践形式之间的相互联系。同时，在尊重以往社会实践形式的基础上，应结合时代特征，不断开拓新的实践形式，以适应不断发展的形势的需要，也增强对大学生的吸引力。总之，两种类别的社会实践形式，要统筹思考，整体推进，共同发挥育人作用。

(三)媒体引导，网络建设

信息化和网络化时代的到来，使得大学生的生活方式和思维方式发生了巨大的变化，网络已成为人们日常生活的重要内容。加强互联网和社会实践的融合研究，创新社会实践的内容和形式，必须给予高度的重视和积极的探索。

一方面，社会实践形态的网络化是未来大学生社会实践活动的新趋势。大学生网络社会实践活动是对课程学习中的社会实践活动、校园社会实践活动以及校外社会实践活动进行吸收与重构，形成与上述三种社会实践活动相互补充、相映成趣、相互作用的一种崭新的社会实践活动形态。它主要包括网站建设、网络在线训练、情景模拟、虚拟实验室、网络游戏等内容。这种网络实践活动基于对现实生活中实践场景及其活动进行模拟仿真，把现实社会实践活动的环境建立在实验性的概念上，从而为大学生提供了一片理论与实际相结合的新天地，这无疑也是大学生社会实践活动新的尝试和突破。另一方面，充分发挥网络在大学生社会实践管理工作中的积极作用。各高校应建立专门的实践网站，对实践活动功能、内涵、内容、基地、成果等进行系统梳理，为学生日常学习和浏览提供方便，并积极构建一个信息发布、网络学习、交流互动的综合性平台。努力增强新媒体对学生的吸引力，增强学生利用网络资源的能力，如定期发布最新的通知公告和活动新闻；规定网络学习时数，要求不同年级必须完成相应的学时；举办各类网络评选活动，如实践活动的“感人语录”评选、“实践达人”卡通形象设计比赛、博客大赛等；建立校级和院级官方微博，构建一个信息交流的实时互动平台，扩大社会实践工作的辐射面，增强渗透力。

思考题

1. 高校社会实践的主要思维方法有哪些？
2. 如何认识社会实践中知行合一的思想方法？
3. 问题导向意识的马克思主义哲学依据是什么？
4. 如何理解价值观引领中的知行合一？
5. 社会实践活动可以从哪些观念进行创新？

第三章　大学生社会实践的领导与组织

大学生社会实践的领导和组织，是根据社会实践教育预设目标，对社会实践活动的全过程和全要素实施有效的规划、组织、监督、检查的过程。其主要内容包括社会实践的思想引领、体制建立、指导提升三方面内容。思想引领是指确立社会实践目标、社会实践原则以及社会实践思路；体制建立是指大学生社会实践领导机构的建立、规章制度的制定和运行方式的筹划；指导提升是指教师对大学生社会实践活动的指导、评估和调整完善。

第一节　大学生社会实践的指导思想

大学生社会实践要以马列主义、毛泽东思想、邓小平理论、“三个代表”重要思想、科学发展观和习近平新时代中国特色社会主义思想为指导，全面贯彻党的教育方针，坚持理论与实践相结合，遵循大学生成长规律和教育规律，以稳定的实践基地为依托，通过开展形式多样的社会实践活动，使学生在实践中受教育、长才干、做贡献，并树立正确的世界观、人生观和价值观，努力成长为中国特色社会主义事业的合格建设者和可靠接班人。

一、高校大学生社会实践育人目标

大学的根本任务和中心工作是立德树人，大学生社会实践是实现立德树人这一根本任务的重要手段。大学生社会实践是始终以实践方式开展的学习活动，其教育过程将专业学习、思想政治教育和服务社会有机结合起来，提升思想觉悟、增长专业才干、实现社会和自我价值就是大学生社会实践要达成的主要目标。

提升思想觉悟。大学生社会实践育人目标首先表现为培养学生思想政治素质与心理健康素质，让学生在社会实践中强化和内化社会主义核心价值观，提升学生思想觉悟。思想政治教育作为一种“实践理性”，不单是知识教育，更多的是实践教育。高校学生的世界观、人生观及价值观尚未完全形成，对于社会道德标准、行为规范等方面的认知尚不全面，社会责任意识还不够强烈，在学校接收到的理论知识需要经过实践的磨炼才能进一步领会和体悟。大学生通过参与社会实践，观察国家建设现状、经验社会人情世故、体悟职业生活艰辛，才能将理想信念、社会主义核心价值观内化于心、外化于行。学生在亲身实践过程中能够增强社会责任感和公民意识，并深刻体会志愿精神和奉献精神，升华个人修养。按照心理发展规律，高校学生仍处于性格波动期，面对失败与困难的心理应对能力较弱,这些都需要通过社会实践来磨炼提升。学生通过参与大学生社会实践,直接面对复杂的人际关系网络,在现实的复杂人际交往过程中,通过老师的引导、同学的示范和自我的反思,促使学生价值观的转化,提升大学生的心理素质和交际能力,增强大学生面对挫折克服困难的信心。

增长专业才干。大学生社会实践育人的第二个目标是使大学生在社会实践中增长才干。大学生参加社会实践可以巩固和深化课堂知识,提升专业知识的应用能力,增长解决实际问题的才干。大学生开展社会实践,应将社会实践与个人发展紧密结合起来,将社会实践与个人所学的专业知识、技能有机结合起来。这样才能使学生在实践岗位上充分发挥专业优势,真正实现学以致用,培育学生的社会责任感,增强学生的职业认同感。为了达成增长学生才干的目标,社会实践要将思政课程和课程思政结合起来,根据不同专业的特点来设置实践主题,通过建立合理的体制机制,使专业课教师和思政课教师合作,共同指导大学生社会实践。如清华大学将专业课与思政课相结合,组织发动艺术系学生开展思政主题的艺术创作社会实践;再如北京科技大学发挥本校学生的专业优势,组织学生开展大运河的调查研究社会实践;等等。实践证明,这种融入大学生专业知识的社会实践,学生会有强烈兴趣并能取得良好实效,对提高学生思想政治素质和提升专业技能都能产生良好效果。

实现社会和自我价值。大学生社会实践是在奉献社会和提升自我价值的基础上来开展学习的,它的第三个育人目标就是为社会做贡献的同时,实现人生的自我价值。大学生社会实践,一方面是大学生学习的机会,大学生在实践中受教育、长才干;另一方面,大学生在社会实践中可以充分利用自己的学识奉献社会,并在奉献社会中增强获得感和社会责任意识。大学生是整个社会成员中最积极、最富有朝气的新生力量,他们掌握着现代科学文化知识和技能,是某一方面的专业人才。因此,他们可以通过参与社会实践,运用自己所掌握的知识和技能为社会服务,帮助实践所在地的企业、民众排忧解难,奉献社会、利益他人。学生通过奉献社会感受到自己的人生价值,从而增强自身的社会责任意识和奉献精神。我国高校长期以来开展的大学生暑期“三下乡”、“大学生服务西部计划”、“青年志愿者”等社会实践活动,就非常重视将奉献社会和提升自我有机结合,已经取得了良好的成效。这些实践活动一方面为实践所在地的物质文明和精神文明发展做出了重要的贡献,另一方面也对完善和发展学生的人生价值观产生了重大的影响。如在大学生“三下乡”社会实践活动中,大学生下到工厂、农村、社区,宣讲党的路线方针政策、支持农村教育事业、普及农业实用技术、普及法律知识,在帮助民众提高思想文化科技素质的同时,也大大提升了自己的价值获得感和社会责任感。

二、大学生社会实践育人原则

大学生社会实践要取得良好的效果,需要在社会实践活动中,遵循主体性、引领性、系统性的原则。

(一)主体性原则

主体性原则是指大学生要成为真正的实践活动主体。开展大学生社会实践教育活动，要让大学生以主体形式参与到实践中去，高校实践育人要尊重学生的主体地位。首先，学生是社会实践活动方案制订和执行的主体。一旦学生选定了某一实践项目，学生就要自主地制订实践方案，主动地完成实践任务，老师在整个实践活动中是辅助和引导作用。其次，大学生要成为社会实践反思的主体。大学生社会实践是大学生通过社会实践主动学习的过程，这种实践不是一个简单的工作过程，而是要求学生对整个实践过程进行记录和反思，在实践中不断完善工作方案，提升工作效果。学生要在实践活动结束之后，写出总结报告和心得体会，提升思想觉悟和认识水平。再次，大学生要成为社会实践的创新主体。大学生思维活跃，创造力强，在大学生社会实践活动中，要充分尊重大学生作为实践主体的话语权，允许青年学生在实践中充分表达他们的真实想法，并对实践内容和方式作出创新，激发青年学生的创新活力。只有这样，才能充分调动大学生参与社会实践的积极性。

（二）引领性原则

引领性原则指的是在高校社会实践育人过程中要注重对实践主体的思想价值引领和专业指导，要充分发挥学校党委在实践育人中的领导作用，确保党委在实践育人过程中的政治核心地位。大学生社会实践是在教师指导下的社会实践，既需要在实践中充分发挥学生的主体性作用，也需要在实践中发挥教师的引导性作用。在社会实践过程中，学生要定期向指导老师汇报社会实践开展的状况，碰到问题要及时主动向指导老师反映和请教。指导老师也要加强与学生之间的沟通与交流，准确把握学生的特点和参与社会实践的动机，并根据学生的特点和内在动力，充分调动实践主体的主观能动性，激发学生参与实践活动的热情。指导老师要在实践活动开始前，做好课业知识讲解与课程回顾，引导学生制订一份详细的社会实践学习计划方案。在实践活动中，师生之间要经常性地进行交流沟通，及时发现问题，引导学生主动去解决问题。在实践完成后，老师要引导学生做好实践总结，使学生将感性认识上升为理性认识，将外在的感知升华为内在的觉悟和行动，完成从理论学习到实践创造，再由实践创造到理论升华的转化。

（三）系统性原则

系统性原则是指在开展大学生社会实践时，要将社会实践中涉及的政府、学校、社会组织、企事业、家庭、学生等方面因素整合成一个有机系统，使社会实践获得最优效果。实践育人是一个系统工程，需要多方合作才能取得良好效果，其主要特征是资源的优化配置和资源的共建共享。首先，大学生社会实践要求将高校内部各种资源进行统筹协调、合理配置，构建一个党委领导、各单位负责、教师引导、学生参与的实践育人体系。校内各部门要在党委统一领导下合理分工，资源共建共享，精细化配合，实现社会实践育人的一体化效果。其次，在社会实践教学过程中，要注重协调理论教育与实践教育的平衡，注重行为管理和思想价值引领的平衡，积极推进大学生实践能力提升和社会主义核心价值观的培养，将社会主义核心价值观转化为实践主体的情感认同和行为习惯，最终实现内化于心、外化于行的教育理想状态。最后，要建立学校之间、校地之间、校企之间的协同合作，搭建实践育人的基地平台，促进平台、人才和实践成果的共建共享，最终形成高校负总责、政府指导支持、社会各方积极参与的良好实践育人格局。

三、大学生社会实践育人思路

通过推进大学生社会实践内容课程化、机制长效化、主题时代化、平台稳定化、参与全员化的“五化”建设，增强高校大学生社会实践育人实效性。

(一)大学生社会实践内容课程化

大学生社会实践课程化，是指把社会实践纳入人才培养方案，按照高校教育教学总体规划和教学大纲的要求，规定具体学时和学分，安排任课教师负责社会实践课程的开设、指导和考核的举措。2004 年文件《中共中央、国务院关于进一步加强和改进大学生思想政治教育的意见》已经明确提出：“社会实践是大学生思想政治教育的重要环节，高校要把社会实践纳入学校教育教学总体规划和教学大纲，规定相应的学时和学分。”文件出台后，许多学校响应中央文件精神，将社会实践纳入专业培养方案，社会实践成为有学时学分规定的必修课程。如北京科技大学在 2005 年就将大学生社会实践设为必修课，纳入本科生教学计划，初步设计了教学大纲、出版了相关教材、建设了实践网站、规范了相关的实践环节，并从运行体系、制度建设、师资队伍和评价机制构建等方面进行了大胆探索，取得了极佳效果。进一步完善社会实践内容课程化的体制机制，是解决当前大学生社会实践存在的重视程度不高、教师指导不深入、学生参与不积极、专业结合不紧密、考核评价不完善等问题的重要举措。社会实践的课程化，可以使社会实践按照高等学校课程开发的要求来加以建设、管理、推进和规范，使大学生社会实践克服随意性与盲目性，规范社会实践教学过程、教学方法和评价方法，提高社会实践活动的实效。

(二)大学生社会实践机制长效化

只有建立良好的体制机制才能使大学生社会实践长效化。其一，创建大学生社会实践活动的校、院两级协调联动机制。成立大学生社会实践活动领导小组，领导小组下设活动办公室，负责组织和协调日常工作。各院系成立对应的社会实践领导小组，院系团总支负责社会实践的日常组织和协调工作。其二，构建良好的激励机制。比如浙江大学就非常注重社会实践激励机制的建立。学校在二级单位年度考核办法的顶层设计中，注重健全大学生社会实践和教学实践激励机制。浙江大学将各院系组织学生参加社会实践活动的成效作为学生工作、教学工作考核的重要指标。学工部、校团委等部门把大学生参加社会实践的成绩记入“大学生素质拓展证书”，作为对学生进行综合考评、奖学金评定、评优评先及确定入党发展对象、推荐研究生、推荐创业就业的主要依据。人事处加大教师指导社会实践的激励力度，把教师指导学生社会实践活动情况作为教师考核、职务晋升、职称评定、工作业绩等方面考评的重要依据。其三，完善保障机制。学校加强社会实践教育工作制度保障，从实施、保障、评估等方面建立相应细则，以保证学校社会实践活动在总的方针、政策指引下良性运转。例如北京科技大学高度重视大学生社会实践保障机制建设，建立了非常齐全的社会实践保障制度，加大社会实践活动的经费投入，对“三下乡”、带薪实习、勤工助学、创业竞赛等社会实践活动安排专项经费。同时，该校还建立了大学生社会实践安全保障制度，与企事业、政府机关、社区街道等实践基地签订大学生社会实践合作协议，把大学生参加社会实践纳入了校方的责任险范畴。

(三)大学生社会实践主题时代化

大学生社会实践活动具有鲜明的时代特征,只有顺应时代发展,才能增强大学生社会实践的针对性和实效性。改革开放以来,大学生社会实践活动大致经历了“兴起—广泛开展—规范化发展—深入发展”四个阶段,每个发展阶段都有那个时代的社会实践主题。比如,1980 年,清华大学学生提出了“振兴中华,从我做起,从现在做起”的口号,全国许多高校顺势开展了“学雷锋,做好事”“五讲四美三热爱”等主题实践活动;2001 年以来,实践主题先后紧紧围绕“三个代表”重要思想、西部大开发、社会主义新农村、社会主义荣辱观、科学发展观、和谐社会等理论和时事焦点问题展开,使大学生社会实践活动打上了深深的时代烙印。习近平提出实现中华民族伟大复兴的“中国梦”,具有深刻而丰富的内涵,有着重大的理论意义和现实意义,理所当然应是当前大学生社会实践的时代主题。广大青年学子要“到基层和人民中去建功立业,让青春之花绽放在祖国最需要的地方,在实现‘中国梦’的伟大实践中书写别样精彩的人生”。广大教育工作者也要承担起历史使命,扎实推进实践育人工作,为实现中华民族复兴的“中国梦”提供坚实的智力支持和人力资源支撑。

(四)大学生社会实践平台稳定化

社会实践基地是大学生开展社会实践活动的主要阵地,建立一批稳固的基地,可以为实践育人工作提供稳定的社会支持,确保实践活动持续、健康开展。通常意义上的社会实践基地,主要包括党政机关、城市社区、农村乡镇、企事业单位、社会服务机构等。根据社会实践内容的不同,社会实践基地可以划分为社会调研实践基地、社会服务实践基地、学习考察实践基地等几种类型。目前,高校普遍开展的“三下乡”社会实践活动,是一种服务类型的社会实践,已经产生了广泛的社会影响,其不足之处在于,社会实践基地的频繁变动以及社会服务实践时间的短促。因此,高校需加大社会实践基地建设力度,建立稳定可持续的社会实践基地。高校应充分利用党和国家对大学生社会实践的政策支持,主动出击,顺势而为,广泛吸收各种资源,争取社会各界配合,统筹规划,加大对社会实践基地的建设力度,进一步提高实践育人效果。

(五)大学生社会实践参与全员化

大学生社会实践全员化,就是社会实践活动覆盖到全体学生,使每个学生参与社会实践活动。社会实践内容的课程化、机制的长效化、平台的稳定化以及主题的时代化,是实现大学生社会实践活动全员参与的重要基础。大学生社会实践作为一门必修的课程,其建设难度要比普通课程高,必须以建立完善的制度作为前提和保障。通过管理制度建设,保障各部门各司其职,互相配合,形成合力;通过导师制度建设,为各社会实践团队配备专门的指导教师,加强对社会实践活动的指导;通过财务制度建设,保障社会实践活动的经费开支;通过安全制度建设,加强对学生的安全保障;通过评价制度建设,确保社会实践的质量和效果。在学校提供制度、经费和安全等方面保障的同时,要采取措施调动大学生主动参加社会实践的积极性,使学生以实践主体身份全身心投入到社会实践中去,并在实践中坚持学习和思考,以便于达成实践育人目标。

第二节　大学生社会实践的组织运行

社会实践活动的组织运行要发挥学校党政领导班子、共青团组织、指导教师、学生组织的作用，大力推进社会实践项目化、基地化、机制化建设，引导社会实践活动规范化开展，建立社会实践活动良好运行的长效机制。

一、构建大学生社会实践领导组织

社会实践要高效有序地进行，必须进行科学的组织管理。2005 年，中宣部、中央文明办、教育部等联合发布的《关于进一步加强和改进大学生社会实践的意见》要求，各高校要成立由主要领导牵头的实践育人工作领导小组，由领导小组对社会实践活动作出统筹安排，制定社会实践育人的年度工作计划，出台各项规章制度，建立社会实践的长效机制并抓好落实。

大学生社会实践与其他理论课程相比，其覆盖的学生是全校性的，人数多，专业多，实践场所分散，因而，其组织管理难度较高，需要成立校级层面的领导小组，对社会实践活动进行统一组织和管理。浙江大学是我国最早开展大学生社会实践活动的高校之一，自 20 世纪 80 年代末至今，多年获得“全国大中专学生暑期‘三下乡’社会实践活动先进集体”称号。2017 年 7 月，浙江大学出台了《关于进一步加强和改进大学生社会实践的意见》，在全校层面成立了大学生社会实践领导小组，该领导小组由校党委、行政领导牵头，成员包括党办、校办、组织部、宣传部、团委、学工部等部门分管领导。社会实践领导小组负责学校社会实践活动的规划和具体计划，研究和解决社会实践活动中的重要问题。领导小组下设办公室。各院系相应成立社会实践领导小组，做好本院系社会实践组织、发动工作。学校将各院系大学生社会实践工作的组织活动情况纳入学年学生工作的重要考核体系，对表现优异的学院进行表彰。北京科技大学在长期的办学历史中形成了“学风严谨、崇尚实践”的优良传统。2016 年，北京科技大学贯彻落实中央文件精神，下发《关于将大学生暑期社会实践列入教学计划的通知》，在全国高校中率先将学生暑期社会实践纳入全体本科生的必修课程之中。北京科技大学将社会实践由一项活动转变为一门课程，建立由校领导任组长的“大学生社会实践”课程领导小组，负责整个课程的顶层设计以及整体推进。其“大学生社会实践”课程领导小组下设两大指挥系统：一是思想政治教育指挥系统；二是实践活动指挥系统。前者主要是由马克思主义学院提供师资力量支持，为社会实践出谋划策和保证社会实践思想政治教育功能发挥；后者由校团委来实施，主要是为社会实践提供统一的组织和管理工作。此外，各学院均由院团委实践部来具体协调学院层级的社会实践工作。

二、大学生社会实践运行程序

大学生社会实践领导小组要根据学校的办学目标和社会实践课程的育人目标，规划社会实践的运行流程，指导和督促各环节的合理运行。大学生社会实践程序可以分为三个阶段：前期准备、中期行动、后期评价。这三个阶段中，前期注重在实践中学生学什么、教师怎样做、社区如何配合，中期注重社会实践课程如何实施，怎样进行保障和开展反思，后期注重如何评价社会实践，三个阶段各有侧重，但又整齐划一，构成一整套完备的社会实践实施程序。

（一）前期准备与培训

大学生社会实践要求在活动开始之前，有目的地进行系统的规划、设计和培训，明确社会实践育人的目标，这是社会实践的重要环节。这一环节需要进行社会实践的准备和培训两方面活动。

准备工作主要包括评估资源、调研需求、选定主题与设计方案等。评估资源是指对学校、教师、学生和社区的各项资源进行前期的有效调研和评估。包括对学校的政策、财力等资源的评估，对于可参与社会实践的教师和学生数量，以及师生可提供的社会实践服务能力的评估，对于社区人力资源、硬件设施以及社会机构赞助等情况的调查和沟通。通过准确掌握资源状况，为合理制订学生社会实践方案打好基础。调研需求是指通过调研和有效沟通掌握学生的学习需求和社区的服务需求，为实现社会实践目标、设计满足各方利益的社会实践项目奠定基础。有效的社会实践必须是建立在对学生的学习需求和社区的服务需求相结合的基础之上的，学生在社会实践的项目中想要获得什么样的体验和提高，社区要通过学生的社会实践解决怎样的社区问题是调研的关键所在。基于严格准确的评估资源和深入细致的调研需求，可以快速、准确地选定社会实践的主题。在选定主题方面，我们要抓住满足学生学习目标这一核心进行设计，力求在主题选定方面最大限度实现学生的学习目标和解决社区的现实问题。社会实践方案是整个社会实践活动开展的实施纲领，具有指导意义。社会实践方案是基于已选定的主题，由教师与学生根据课程目标共同设计的。完整的社会实践方案应该包括社会实践项目的目的、与相关课程之间关系、社会实践的具体环节、实施社会实践的团队、方案实施的保障措施以及对活动的反思和评价方式等内容。

为了使学生社会实践高效有序地开展，需要对师生进行适当培训。教师的培训可以通过挂职锻炼、开设培训班、召开年度会议等形式，提升教师的实践指导能力。对学生的培训主要是帮助学生了解社会实践的内容及过程，提高学生社会实践技能。对学生的培训内容主要分为通识培训、技能培训和理念培训三种类型。通识培训的内容主要是向学生介绍社会实践的组织设置、参与人员、项目计划、活动类别、规程要求、注意事项等。学生对社会实践的管理体制了解得越多，他们在从事社会实践时就越能够与组织配合，就越能为社会实践项目的实施做出贡献，进而从中获得最大的收获。技能培训的内容则针对特定岗位的社会实践要求，通过讲解和示范提升其社会实践技能。理念培训主要注重学生精神层次的培养，以此来提升学生参加社会实践的精神境界。

(二)中期行动与反思

行动与反思是具体开展社会实践的核心环节。行动是在课程化的基础上实施社会实践项目,并通过必要的措施来保障社会实践的顺利开展。反思则是通过知识的运用对知识和技能进行深化。整个行动与反思的过程是相互结合、相互渗透、相互促进的。在社会实践过程中反思贯穿准备、实施和评价等各个环节,特别是在实施环节,实现了从理论到实践,再从实践到理论这样循环往复的过程。

实施就是把实践方案付之于行动。在做好充分准备之后,按照实践计划的设计实施实践活动,并在实施过程中做好诸如组织、资金等方面的后勤保障。社会实践推进的过程是所有参与者共同协作的过程。这时离不开教师的指导和监督,社区的积极配合和响应,学生的积极参与和服务。只有所有参与者密切配合,社会实践活动才能有效地实施。反思是社会实践的核心环节,是指学生对社会实践活动的全过程进行记录、思考、讨论和反馈的过程。反思环节包含分析、自省、批判、建构和验证五个部分,这五个部分之间是逐渐深入、逐层递进的。首先,学生通过反思将社会实践中获得的知识和经验与自身的知识体系保持较好的连续性和系统性,再通过分析社会实践中遇到的问题、困惑,与同伴和老师交流探讨,发展自己的批判性思维能力和解决实际问题的能力,不断反省自身的态度、信念、期望、行动、影响等,加深对社会实践的全面了解,发展对自我设计和未来发展的思考。最后,学生把反思的成果加以转化,如提交建议、调研报告、数据分析等,一方面验证了社会实践给学生带来的学习成效,激励学生进一步努力,另一方面则实现了服务于社会的发展、为社区建设和社会进步做出贡献的目的。

(三)后期评价与激励

评价是对社会实践活动的系统总结,是参与者之间互动提高的过程。有效的评价对于激发参与者的热情,提高社会实践的质量和效果,总结经验教训都具有重大的意义。评价是指主体按照一定的标准对客体的价值进行判断的过程。教育评价是针对教育价值的。所谓教育价值,是指教育能够满足人和社会需要的程度。教育评价就是指在系统、科学和全面地搜集、整理教育信息的基础上,对教育的价值做出判断的过程,目的在于促进教育改革,提高教育质量。社会实践的评价是指评价者对社会实践方案、过程、结果的一种价值评价活动。社会实践的组织管理,要重视对社会实践的评价和激励。每个社会实践项目结束后都要进行及时的总结,许多高校通过召开表彰大会的方式开展总结,目的在于肯定学生的成绩、表彰表现突出的团队或个人,培养学生的自豪感和荣誉感,为学生继续参加社会实践活动奠定基础。社会实践的参与者在表彰活动中充分地意识到社会实践的重要性,享受合作伙伴间的相互信任、相互支持和帮助的喜悦,互相表示感激。所有参与者共享社会实践的成果,接受来自学校和社区的表彰和奖励,提升自我价值和社会责任意识。

三、大学生社会实践的运行机制

大学生社会实践的运行机制,是高校为了实现实践育人目标而制定的一套具有长期效用的大学生社会实践运行方式、机构和制度。大学生社会实践运行机制的建立对大学生社会实践活动科学合理开展具有基础性的、根本性的作用,是大学生社会实践活动深入、持久、健康、稳定开展下去的保障。根据大学生社会实践运行机制的作用及功能,将大学生社会实践运行机制归纳为:保障机制、评价激励机制等。

(一)保障机制

为使大学生社会实践长久、稳定、良性地运行,学校要建立科学的管理制度,提供政策、经费、人员、基地和安全方面的保障。第一,政策保障。学校制定相关文件、规定及配套措施,做到大学生社会实践活动的规范化和常态化。如出台全校性的大学生社会实践工作管理规定,制定大学生社会实践活动目标考核细则、大学生社会实践奖励制度等政策文件,保证社会实践工作有章可循,有序开展。第二,经费保障。大学生社会实践活动的开展,需要经费开支。学校社会实践工作领导小组应事先做好经费规划,单独列出经费预算,确保大学生社会实践活动经费的正常开支。第三,人员保障。在社会实践的组织中,要选派优秀的教师作为大学生社会实践指导教师,充分调动专业教师的积极性,对专业教师参与学生社会实践工作作硬性规定和要求,如与教师职称评定、年终考核、评优等挂钩等,确保每一项学生社会实践活动都有专业教师、管理人员参与指导。第四,基地保障。大学生社会实践基地是大学生走向社会、接触社会、了解社会、服务社会的桥梁。实践基地建设是开展好大学生社会实践活动的工作平台以及基础保障。大学生社会实践领导小组要主动与城市社区、农村乡镇、爱国主义教育基地、企事业单位、部队、社会服务机构等联系,本着合作共建、双向受益的原则,从地方建设发展的实际需求和大学生锻炼成长的需要出发,建立"创业实践""志愿服务""专业实践""科技服务"等多种形式、相对稳定的社会实践基地。第五,安全保障。要加强安全教育,制定安全预案,确保师生安全参加社会实践。

(二)评价激励机制

评价是加强和改进大学生社会实践的重要手段,通过合理的评价,能够起到对社会实践的引领、导向、筛选及激励作用。大学生社会实践活动,需要有一套客观、科学的教育评价机制来加以引导和激励。评价是通过多方面收集大学生社会实践活动信息,并对这些社会实践活动信息进行定量和定性分析,形成对大学生社会实践效果的价值判断。学校要制定科学合理的社会实践评价机制,使得被评价对象获得全方位的自我完善机会。指导教师要根据评价结果,对学生的社会实践进行引导,向学生提出改进社会实践的方向和途径,发挥考核评价的诊断、反馈和指导功能。科学合理的评价也能帮助学校认清学生社会实践的现状,总结成功经验,找出差距,不断完善社会实践组织领导工作。对大学生社会实践进行科学合理的评价,要坚持内容全面、过程动态和主体多元的原则。首先,评价内容要全面。不仅评价大学生在知识、能力、智力等认知因素方面的发展,也同样评价其在情感、个性、人格等非认知因素方面的发展。其次,要动态地评价大学生社会实践。社会实践本身是一个动态的过程,评价是对整个社会实践动态发展过程的总体评价。最后,评价主体多元。由学校和社会共同对大学生社会实践进行评价。大学生社会实践活动是在学校教师和社会导师共同指导下完成的,学校、家庭、社会交互作用明显,因而,可以由多元主体对学生的社会实践进行评价,保证评价的公正合理。

大学生社会实践激励机制，就是运用多种手段，充分调动大学生参与社会实践的积极性和创造性，为推动大学生社会实践活动提供强大的精神动力。其实质就是通过影响大学生的需求和动机，达到引导大学生参加社会实践完成实践任务的目的。它既包含了内源性激励和外源性激励，也包括了物质性激励、精神性激励和竞争性激励。学校要制定社会实践奖惩制度，根据对学生社会实践的考核结果对学生给予一定的奖励或惩罚。制定的激励措施要求奖惩公平公正，能引导学生更加积极地参与社会实践活动。

第三节 大学生社会实践指导与考核

高校学生社会实践是一种以教师为主导、学生为主体的实践教学活动。实践教学效果的好坏一定程度上依赖于大学生社会实践的指导和考核机制。加强指导教师队伍建设，完善社会实践的考核机制是提升社会实践效果的重要举措。

一、大学生社会实践指导教师

没有高素质的社会实践育人师资队伍，很难带出一批高素质的应用型人才。所有高校教师都负有实践育人的重要责任，建设一支高素质的实践教学指导队伍是提升实践教学效果的关键举措。

（一）建设优秀的校内实践育人师资队伍

社会实践的目标在于使学生在实践中受教育、长才干、做贡献，这对指导老师提出了较高的要求，指导教师必须政治强、理论深、业务精。培养一支具有本校特色、有极强实践育人能力的实践育人师资队伍，是提升社会实践育人工作效果的必然要求。各高校要制定和完善实践育人政策，加大教师培训力度，鼓励教师增加实践经历，参与产业化科研项目，积极选派相关专业教师到社会各部门进行挂职锻炼，不断提高教师实践育人水平。对教师的培养可以从两方面来说，一是学校层面对教师的培训，二是教师层面的自我发展。学校层面对教师的培训主要指学校出资或提供机会支持教师的校内外培训与交流，以便于帮助教师提高实践育人的认识水平和指导能力。第一，通过培训学习提升指导教师的思想政治素养。通过常态化培训、伙伴式学习，帮助教师掌握思想政治教育的内容体系，理解基本内涵与逻辑，使其在提升自身思想政治素养的同时，逐步具备思想政治教育的基本能力与素养，这是指导教师“胜任”社会实践指导工作的前提和基础。第二，通过培训学习掌握思想政治教育的特征、规律和话语，帮助指导教师在社会实践指导工作中，以合适的方法开展思想政治教育。第三，通过对指导教师的培训，推动指导教师将思想政治教育与专业课程有机对接，使指导教师能够基于思想政治教育的核心原则和要求来指导学生开展社会实践，帮助学生通过社会实践提升思想政治教育水平和专业技能。教师通过自觉参与社会实践实现自我发展是提升教师指导能力的一个重要途径。学校可以通过选派教师挂职锻炼等实践活动，激发教师的自我发展潜力，让老师实实在在地投入实践中，通过实践提升自己的政治素养、专业技能。这样才能使教师发展成为有政治觉悟和专业技能的高端人才，为指导学生社会实践奠定扎实的基础。

（二）加强实践育人社会导师队伍建设

社会实践育人需要学校层面的师资队伍，也需要社会层面的导师队伍。为了提升社会实践效果，高校需要聘请各行业具有丰富经验的社会人士来担任大学生社会实践导师，包括学生实践所在地的政府机关公务员、企事业单位或非政府组织中的专门技术人员、创新创业教育专家等。社会导师对大学生的实践指导形式包括一对一或一对多的教育引导，目的在于通过有丰富阅历的社会导师的指导，提升大学生专业技能，使学生建立起对社会的整体认识，增强学生的社会服务能力。创建拥有地方声望、实践经验和专业技能的专家型导师队伍是提升社会实践育人效果的必要措施。高校在与地方共建创新创业社会实践基地时，需要通过多种方式建设一支稳定的专家型社会导师团队。高校在培养专家型社会导师队伍时，一方面需要利用社会导师现有的专业技能，另一方面也需要对社会导师进行培训，提升社会导师的政治素养与政治教育能力。

二、大学生社会实践指导方法

社会实践育人是教育者有组织、有计划地对大学生施加教育影响，促进大学生形成和发展社会要求的思想政治品德的过程。社会实践的有效开展离不开教师的指导，指导的方法主要包括传授、引导、渗透和激发等。

传授是指老师把理论、经验直接传授给学生，让学生在社会实践中少犯错误，提升社会实践的服务效果。大学生作为受教育者，完全自发地形成社会要求的思想品德是很困难的，必须由教育者从外部进行输入，帮助他们理解掌握并应用社会规范。在大学生社会实践中传递思想观念、道德规范和职业技能的主体包括三个群体：校园教育者、社会教育者、朋辈教育者。校园教育者指高校教师，包含了专业教师、思想政治理论课教师、团学工作者、辅导员、班主任等师资和管理服务岗位教师。他们在传授思想政治品德知识过程中发挥着核心作用。社会教育者包括在实践活动过程中大学生接触到的企事业单位、社区街道负责人等，他们在传输知识过程中发挥着“助推器”的作用。朋辈教育者是指积累了一定的社会经验，参与组织实施社会实践活动的大学生，他们更多的是学生骨干、高年级学生、学生党员等。他们已掌握了一定的知识和技能，能起到示范和榜样作用。

引导是指充分发挥学生的主体作用，通过合适的途径和方法调动学生的积极性。社会实践本质上就是发挥受教育者的主体能动作用，具有情境性、互动性的学习过程，这一过程中教育者、受教育者之间应该是一种民主平等、双向互动、主导与主动的关系。教育者作为教育主体，在确定教育目标、制订实践计划后，应尽可能地发挥受教育者的主体性，通过受教育者的自我教育，提升教育效果。教育者作为教育活动的主导方面，可以对受教育者给予经常的、有效的指导和帮助，引导大学生对教育内容的遵从。教师的引导表现为教师在社会实践主题的选择、实践方案的制订、团队的组建、实施过程的控制等环节对学生进行引导。首先，引导大学生找准发展方向，充分认识和理解理论联系实际的重要性。其次，引导大学生能动、自觉地参与社会实践，自主建构社会要求的思想政治品德。最后，引导大学生深刻认识和理解自我教育的重要性，在社会实践中深入进行自我教育。

渗透是指教育者将社会要求的思想政治品德规范隐性地而非显性地、间接地而非直接地传导给受教育者，使受教育者在潜移默化中形成优良的思想政治品德。渗透具有非强制性、间接性、渐进性的特点。非强制性体现在，渗透方式不是采取生硬的方式要求人们如何做、怎么做，而是把思想观念、道德规范通过载体的传递、氛围的感染不知不觉影响受教育者，强调让人们在思想不设防的心理状态下自然地接受教育内容，达到教育效果。比如，教育者采取公开招标领办社会实践项目，受教育者是在自主自愿的状态下进行申报参与的，在这一过程中，团队成员对所研究领域的资料收集、政策解读等就是接受教育的过程。间接性表现为，渗透式教育不是公开直接体现教育者的意图，而是通过载体所承载的思想倾向，对受教育者产生影响。如，在社会实践活动启动前的准备阶段，组织参加过实践活动的高年级学生现身说法，向低年级学生介绍相关经历、收获和自身变化，学长用形象化的手段和自身亲历的故事去感染低年级学生，发挥实践育人作用。渐进性表现为，社会实践教育是一项长期而渐进作用的过程，通过实践活动引导和调动受教育者独立思考，使他们在真与假、善与恶、美与丑的对比中，一步一步提升技能、深化理论，达到水到渠成的效果。教师通过渗透的教育形式使大学生在社会实践中实现知识、技能、方法、行为的迁移。

激发是指教师运用评价等方式，对大学生施加教育影响，让大学生感受到自身与社会要求之间、与教育者要求之间的差距与不足，正视“理想的我”和“现实的我”之间的矛盾，产生对自身的不满态度，引发现实需要，唤起并激发出提升自己的要求和愿望。激发的根本目的在于促进人对自身优势和潜能的充分认识，增强自信心，调动从事某项事业的积极性。最常用的激发手段是目标激发。在社会实践过程中，指导教师根据大学生的知识储备基础，设定实践活动任务要求，使他们明确自身的前进方向，并向实现这一奋斗目标而努力。这里所说的目标包括两个方面的内容：一方面是教育者要求或帮助受教育者所设定的围绕实践活动的工作目标，即相关实践方案所确定的工作内容，包括调研要求、实践活动具体任务等；另一方面是指教育者要求或期望受教育者所达到和践行的综合素质能力、思想政治品德，如团队协作精神、意志品质、吃苦耐劳的品格等等。运用这一手段应注重目标的针对性、适度性和阶段性。针对性就是要根据大学生思想、心理、自身能力方面的差异以及实践活动实施的难易程度进行设定；适度性则指，目标要视大学生的具体情况和能力而定，做到“猴子跳起摘桃”的效果，既不是触手可及，也不能高不可攀；阶段性就是说，在教育者的指导下，社会实践的目标设定应分为总体目标和阶段目标，实现“由易到难，步步为营”，将整体目标分解为若干个子目标，这有助于通过完成一个个子目标来接近总目标，从而逐步坚定大学生完成总目标的信心。

三、大学生社会实践指导机制

所谓指导机制就是在社会实践的组织运行过程中，教育者在启动、实施、评价各阶段，对参加社会实践的大学生施加教育影响，向着预设目标发展的机制。建立合理的指导机制，有助于规范大学生社会实践行为，督促大学生深入思考，帮助大学生答疑解惑，促进实践育人实效的提升。

建立全程指导机制。大学生社会实践存在的主要问题，是在社会实践过程中缺乏教师的全面指导，有限指导大多停留在启动阶段的培训、工作部署、方案制订等环节和评价反馈阶段。指导老师较少能够与大学生一同走出校园，不能“手把手、点对点、面对面”地指导社会实践活动的实施，这就直接影响到社会实践育人效能。全程参与指导就是指，教育者要将社会实践作为育人的重要内容和途径，遵循社会实践育人机理和大学生成长成才规律，全过程组织和实施大学生社会实践活动，从启动、实施到反馈三个阶段，均发挥育人主体作用。尤其是实施阶段，做到与学生“同行、同住、同吃、同劳动”，引导大学生提升实践成才的意识，指导大学生正确进行实践，及时疏导大学生因现实困难造成的各种心理困惑。

强化过程有效指导机制。教育者的指导是否有效，关键要看过程是否有效，即在教育者指导下，大学生社会实践过程按照既定计划、方案有序实施，为育人机制的实现创造条件。有效指导，就要求教育者分级、分类、分层次、分阶段开展指导。“分级”指导就是根据参加社会实践活动大学生的年级特点进行指导。例如，针对低年级大学生思想、学习、心理等方面调整、过渡、转变频率、节奏相对较快的特点，实践经验不足、相关经历欠缺的实际，将指导工作重点放在实践意识的培养、方法技能的培养上。而针对高年级的大学生，因其经历了或多或少的实践活动，具备了一定的实践经验，则应该将指导重点侧重于提高他们的社会实践质量，形成较高水平的实践成果上。“分类”指导就是根据社会实践中大学生选取的不同形式的实践活动进行指导。例如，针对进行社会观察、开展社会调研的实践团队和大学生个体着重进行调研方式方法、数据获取、调研报告的撰写等方面的指导，对于开展志愿服务、公益活动的团队重点进行前期物质准备、服务方式方法方面的指导。“分层次”指导就是根据大学生开展社会实践的组织形式进行差异化的指导。其中，对于团队实践，应根据团队组成结构、规模、实践项目的选择，进行针对性指导。例如，对于团队成员结构合理，有高年级且具备一定经验学生骨干带队，成员规模较大的实践团队，指导的重点放在实践成果的形成与转化上。对于经验不够丰富、规模相对较小的团队，指导重点要集中在项目的选取、计划方案的设计、团队建设、规范实施过程上。对于以个人形式开展社会实践的大学生，指导重点是引导他们开展具有实际意义，对自身成长有帮助的实践活动。“分阶段”指导就是根据大学生社会实践准备启动、组织实施、评价反馈阶段的不同特点，为化解各阶段内在具体矛盾进行的指导。在准备启动阶段的指导重点是，灌输教育内容，帮助大学生进行实践活动的知识准备、实践计划方案的制订、实践团队的组建和内部建设。组织实施阶段的指导重点是开展实践活动的方式方法。评价反馈阶段的指导重点是实践成果的形成与转化、实践收获的巩固与提升。

四、大学生社会实践的考核与评价方式

不断提升实践育人质量，需要对社会实践进行科学、合理、有效的考核评价。评价与激励机制作为社会实践运行管理中的最后一项机制，既是一个完整运行机制的“终点”，又是下一期运行系统的“起始”和“依据”。只有建立和完善合理的考核激励机制，加大表彰

力度，才能激发学生参与实践的自觉性、积极性，充分发挥学生在实践育人中的主体作用。

(一)强化信息反馈

反馈的目的在于对决策的执行情况做出评价，既要看到成绩和优点，也要找出差距和不足，还要总结经验和教训，为完善优化决策、强化推进实施提供依据，同时也为实施评价与激励提供可靠依据。信息反馈过程在施教过程中起着承上启下的作用，表现在教育者通过信息反馈掌握施教过程的运行情况、大学生的现实表现，总结得与失。没有足够、准确、及时的信息反馈，就难以全面、准确地对大学生社会实践过程进行完整、充分的评估和评价。有效的反馈机制包括建立反馈体系、注重及时反馈信息、加强反馈协商等三个环节。信息反馈必须及时准确，建立良好的信息反馈体系，才能做到信息反馈及时准确。对大学生社会实践进行有效控制，组织实施社会实践的各单位各部门必须要协调沟通，构建协商机制，形成实践育人合力。社会实践系统是由各单位各部门各自发挥职责作用，相互联系，资源互补，协调推进的有机整体。社会实践领导小组各成员单位、部门和承担教学任务的各院系在明确责任分工的前提下，要建立一套行之有效的协商机制，处理好横向的各个部门之间的协调关系，才能使大学生社会实践活动规范、有序进行。具体措施包括：定期召开领导小组会议，研究部署相关工作，听取各部门工作进展情况的汇报介绍，对存在的问题、出现的情况进行分析研判，及时调整工作安排，优化实践过程。

(二)规范评价过程

大学生社会实践评价，就是通过社会实践过程中的信息反馈系统收集全面准确的信息，全面科学地评估社会实践的实施效果。评价的有效开展，有利于学校从实际出发来组织管理社会实践活动，保证社会实践高效地开展。良好的评价机制包括确立完整的评价标准，坚持科学的评价原则，形成全面的评价内容，建立规范的评价程序等。社会实践的评价标准主要看是否达到育人目标，是否实现社会效益目标。评价原则包括客观性原则、全面性原则和科学性原则。坚持社会实践的客观性评价原则，使评价做到公开、公平、客观、充分、真实、准确。坚持社会实践的全面性评价原则，要求在评价时，要看整体效果。坚持社会实践的科学性评价原则，要遵循社会实践育人机理，选择科学、合理的指标体系进行评价。科学评价要求将定性评价与定量评价相结合，将静态评价和动态评价相统一，评价时要建立科学的评价指标体系。由于社会实践是一项过程性与成果性并重的教育活动，因此，需要对社会实践进行多渠道、多视角、全方位的评价。其评价内容主要包括对社会实践组织情况的评价，对社会实践参与和执行情况的评价，对教师指导社会实践情况的评价等内容。对院系组织开展社会实践评价应从组织领导、相关投入、队伍建设、计划安排、具体实施等全方位进行考核。社会实践团队完成实践情况应着重以团队成果的质量为评价视角。对参加社会实践的大学生个体进行评价时，应从定量和定性两个方面综合考量，主要从参加实践活动的态度、成果的形式和质量等方面进行评价。对指导实践活动教师的评价，主要从教师指导大学生社会实践的广度、深度、力度、效度四个维度进行设计。为了保证评价的合理性与科学性，要求建立规范的评价程序，包括成立考核评价组织机构，严格考核评价实施步骤，注重考核评价结果的引导作用等。在运用考核评价结果引导社会实践时，要注重发挥评价结果的警示或激励作用。对于不能完成规定要求的学生给予一定的惩戒措施,刺激其积极参与社会实践并向合格标准看齐迈进;对于表现优秀的团队或个人,给予一定的精神和物质奖励,通过对先进、优秀团队或个人的奖励表彰,树立示范和榜样,带动整体发展。

(三)提升激励效能

激励机制是社会实践系统有效运行的动力,对于加强和改进社会实践工作,不断提升社会实践育人效果具有重要作用。完善激励机制是提升激励效能的重要途径。首先要准确把握激励原则,坚持激励的公开性、契合性、层次性、适度性原则。激励形式公开,才能很好地发挥惩戒和示范作用;激励契合需求,才能调动激励对象的内生动力;激励区分层次可以调动大多数激励对象的积极性;激励适度才能发挥动力作用。其次要综合运用多种激励方法。社会实践激励方法要根据不同学生的需求和特点来进行选择,做到内在激励与外在激励相结合,精神激励与物质激励相结合,正向激励和负面惩戒相结合,个体激励与集体激励相结合。要适当运用榜样激励法,用身边的人和事感染、鼓励大学生积极开展社会实践活动。在对学生进行激励的同时,要切实加强教师激励。制定鼓励教师参与社会实践的相关制度和政策,明确具体工作职责,把参加和指导大学生社会实践计入教师工作量,在晋升评优和职称评定等方面把指导社会实践作为必要条件,对优秀指导教师给予物质和精神上的全面鼓励支持。最后,要通过增加激励强度、提高激励频度、增强激励时效、建立约束机制提升激励效果。要通过提升激励层次,增强激励力度,增加激励的适用范围等手段来提升激励强度。可依据社会实践的具体形式,增加激励内容和次数来提高激励频度。要在社会实践活动结束后集中力量进行深化总结和考核评价工作,把握有利时机,提升激励效果,增强激励时效。“奖惩并重”是实施激励机制、提升激励效果的重要方法。只有激励,没有惩罚,只能唤起一部分激励对象的积极性和对社会实践的参与意识,而且奖励激励的覆盖相对有限,大部分学生实际上享受不到激励,这将影响社会实践的整体育人效果。在社会实践中构建激励机制既要运用和推广以奖励为主的正面激励措施,也要适当引入以惩戒为主的负面激励措施,也就是惩罚措施。对于没有认真投身实践活动,甚至从来不参加实践活动的学生,做到及时批评和引导,对于表现极端恶劣的要进行迅速处罚。只有采用激励与约束并重的方式,才能真正调动全体学生参与社会实践的积极性,提升社会实践育人的成效。

思考题

1. 高等学校社会实践育人的目标是什么?
2. 高等学校社会实践的活动包含哪几个环节?
3. 如何合理考核评价大学生社会实践活动?

第四章　大学生社会实践基地建设管理

大学生社会实践基地具有目标明确、机制联动、专业相关、功能互补、持续发展等基本特征,包括体验教育基地、社会服务基地、见习训练基地、就业创业基地等主要类型。同时,推进大学生社会实践基地建设,蕴含加强和改进大学生思政教育工作、培育和塑造大学生正确角色意识、加快和促进大学生角色的社会化等功能,有利于社会资源的有效利用、高校建设的改革发展、提高大学生核心竞争力。因此,要秉持层次性原则、服务性原则、教育性原则,不断完善大学生社会实践基地的建设体制、管理机制,借此强化和推进大学生社会实践基地的选择与管理。一方面,建立高校与基地单位双向受益体制、教学科研与生产相结合的体制、政策引导机制和全程淘汰体制、社会实践基地的资金支撑体系;另一方面,健全以专项工作人员为核心完善基础管理机制、以项目指导教师为力量提升育人功效管理机制、以合作单位为纽带打造发挥社会功能的管理机制、以大学生为本建立符合时代发展潮流的管理机制。

第一节　大学生社会实践基地建设的内涵

《教育部等部门关于进一步加强高校实践育人工作的若干意见》指出:“实践育人基地是开展实践育人工作的重要载体。以加强实践育人基地建设为依托,积极调动整合社会各方面资源,形成实践育人合力,着力构建长效机制,努力推动高校实践育人工作取得新成效、开创新局面。”因此,大学生社会实践基地建设,在实践育人中有着重要的地位,是大学生社会实践工作中的一个重要环节,是大学生社会实践活动顺利开展的重要保障。

一、大学生社会实践基地的概念界定

大学生社会实践作为一项科学化、系统化的教育活动,主要通过有计划、有目标组织大学生深入社会,进一步完善大学生的知识结构,切实提高其思想道德素质、科学文化素养、应用创新能力,实现理论学习与实践教育的有机结合。因此,大学生社会实践包含了实践、服务两个过程,实践是个体角色的社会学习过程,服务是个体角色的价值实现过程,两者都是大学生的社会化渠道,它们相互依存、彼此促进。

社会实践基地是高校根据人才培养目标,为大学生开展社会实践教育活动提供持续稳定的重要场所,既体现政治、法律、道德权威性,又具有知识技能传授的促进者、社会生

产管理的工作者、社会主义文化价值观念的拥护者、个性发展的启蒙者等职能。应该看到,稳定的社会实践基地能为大学生社会实践提供一定的人力、物力和财力支持,同时促进大学生社会实践的连续化和常态化。因此,持久、稳定、有效地开展大学生社会实践教育活动,促进社会实践的内涵式、可持续发展,离不开实践基地的重要作用。可以说,实践基地既是对大学生进行思想政治教育的有效途径,也是大学生社会化的最佳场所。

社会实践基地化建设是指以某个单位或地区为中心,建立大学生开展社会实践活动的基地,通过社会实践基地的科学化、专业化、制度化操作,对大学生的社会实践行为予以组织、整合、规范。大学生社会实践基地是指高校按照高等教育目标的要求,对在校大学生进行有组织、有计划、有目的地深入实际、深入社会,参与具体生产与社会生活,了解社会、增长知识、磨炼品质,全面提高素质与能力的教育的稳定场所,是开展大学生社会实践活动的稳定载体。由此可见,大学生社会实践基地具有明确的计划和目标,时间、内容、场所较为固定。

二、大学生社会实践基地的基本特征

大学生社会实践基地的内容丰富、优势突出,具备目标明确、机制联动、专业相关、功能互补、持续发展等基本特征,能够为大学生的成长成才提供很好的实践平台。

(一)目标明确

实践基地蕴藏着形形色色的教育方法,既有大张旗鼓进行思想政治教育模式,也有润物无声进行表率示范教育优势,使当代大学生能够迅速提高改造主观世界的能力。同时,大学生社会实践基地教育的内容丰富多彩,可以根据各个主题开展前后连贯、自成一体的社会实践教育活动。大学生社会实践基地是一个相对完整的结构性系统,包含教育源、文化场、教育体系、实践机制等,据此促进大学生德智体美劳全面发展,并形成正确的政治观、社会观、道德观、知识观、科技观。

换言之,培育人才是大学生社会实践教育活动的核心目标,实践基地作为高校人才培养工作的重要组成部分,自然要为这个终极目标服务。因此,大学生社会实践基地建设,是争取社会各方对社会实践工作的认同和支持,进一步挖掘社会资源满足大学生实践需求,对社会实践活动进行社会化整合,创造良好社会环境的有效措施。大学生社会实践基地要体现人才培养目标,按照培养德智体美劳全面发展的社会主义事业建设者和接班人的目标进行建设,这个建设目标也体现了国家、社会、时代的要求,为培养新时代高素质人才提供服务。

(二)机制联动

“打一枪换一个地方”的游击式社会实践活动,往往无法起到持续育人的良好效果。经常性、制度化开展大学生社会实践活动,是深化大学生思想政治教育、提升大学生综合素质的必然要求。实现学校教育社会化,充分利用各种社会教育力量来加强对大学生的思想政治教育和业务知识技能训练,这是社会实践的最根本途径。实现大学生社会实践基地的科学化管理、规范化建设,一个基本前提条件是要有足够可持续的人力、财力、物力保障,这就需要建立校内外合作的长效联动机制,共同培养合格的社会主义建设者和接班人。

社会实践基地建设应该以提高实效性和长效性为目的，而不是为了挂牌应付检查、流于形式。大学生社会实践基地建设，需要多方联合协作，构筑专人指导、专项经费、配套设施、管理服务等保障体系，使得大学生社会实践基地建设与发展形成制度、创新机制。高校与用人单位在基地建设中，应明确规定双方的责任和义务，将接收学生的时间、数量、实践内容、条件、双方责任等作明确规定，立足长远，在实施过程中互相监督，真正实现学生、用人单位和高校多方收益，建设长效机制，这是打造大学生社会实践精品基地的制度保障。以此为指导，要逐步建立健全大学生社会实践基地的体制机制，主要包括运行管理体制、双向受益机制、产学研用机制、政策引导与淘汰机制、人力物质资金支撑体系等。

(三)专业相关

相对于学校而言，大学生社会实践基地具有高校无可替代的功能与作用，但是实践基地的建设要遵循专业相关的原则，方能弥补高校课堂教学之不足，达到共育人才的核心目标。大学生社会实践基地还为大学生成长成才提供了强大的社会教育力量，以潜移默化、润物无声的方式，加快大学生的知识结构与工作能力之社会化进程，从而促进其角色的社会化转变。

各类大学生社会实践基地的选择与建设，并不是盲目随从、毫无目的地进行，而是必须与大学生培养目标紧密关联，以此实现理论与实践相结合。换言之，大学生社会实践基地建设，要与高校的办学定位、发展特色、教学目标、学科体系、培养模式相适应，既能满足高校相关专业人才培养要求，又能为大学生社会实践活动提供条件、设备、场所，更能实现高校与社会的双向互动、合作共赢。在此过程中，高校加强对大学生社会实践基地的建设、管理，确保在专业相关性上紧密联系、有机结合。

(四)功能互补

不同的大学生社会实践基地，具有不同的育人功能，它们之间能够实现优势互补、协同育人的目标。社会实践基地建设既能够满足大学生专业实习需求，也能够满足大学生志愿服务、社会实践需求，使得一个实践基地满足多种教育需要。大学生社会实践基地不仅可以为大学生提供志愿服务等实践机会，也能为大学生提供实习锻炼等教育机会，实现实践与教育的相互促进、协同发展。

目前大学生社会实践基地已经改变了单一化功能，能够针对人才培养总目标、具体实践分目标进行育人服务，最大限度发挥实践基地的应用性、效能性。有的实践基地是大学生了解时代、国家、社会的窗口，有的实践基地是大学生完善知识、提升能力的场所，有的实践基地是大学生走出校园、走向社会的桥梁。因此，只有把不同的实践基地结合起来，才能更加全面、充分发挥大学生社会实践活动的育人作用。

(五)持续发展

规范化管理是大学生社会实践能够长期、有效运转的保障，是实现大学生社会实践基地可持续发展的基础。社会实践基地作为大学生素质教育的重要实体，是由一系列、各类型基地组成的育人系统，具有相对稳定性、持续发展性。高校与基地保持着长期稳定的合作关系，大学生社会实践要有相对稳定的发展环境。因此，大学生社会实践基地建设要发挥其自身教育功能，基于持续发展的角度考量，进行长远规划，出台专项计划，制订实施方案，不断完善实施大学生社会实践的保障体系。

此外，高校与大学生社会实践基地如果仅是单向输出，就会使得接收大学生社会实践的单位逐渐失去对这项工作的热情，因此，技术合作与人才培养成为大学生社会实践基地共建的重要互利机制。大学生社会实践基地应制定建设协议，明确工作方案、工作机制、建设制度、建设体系，着力围绕课题研究、技术攻关、咨询管理、志愿服务、人员培训、挂职锻炼等内容与主题，开展形式多样、持续深入、互利共赢的交流合作。

三、大学生社会实践基地的主要类型

中共中央、国务院发出的《关于进一步加强和改进大学生思想政治教育的意见》指出："要积极探索和建立社会实践与专业学习相结合、与服务社会相结合、与勤工助学相结合、与择业就业相结合、与创新创业相结合的管理体制。认真组织大学生参加军政训练、社会调查、生产劳动、志愿服务、公益活动、科技发明和勤工助学等实践活动，使大学生在社会实践活动中受教育、长才干、作贡献，增强社会责任感。"基于研究需要，结合实际情况，将大学生社会实践基地分为体验教育基地、社会服务基地、见习训练基地、就业创业基地。

（一）体验教育基地

高校建立社会实践基地，不是为了经营创收，也不是为了寻找度假村，而是为了联合社会力量开展育人工作，实现教育社会化、现代化，因此需要建设体验教育基地，增强教育尤其是思想政治教育的辐射力和感染力。体验教育实践基地是大学生按照教育主题，有目的、有计划进行参观访问、调查研究，以此了解社情民意、历史事件、时代风云，由此使大学生不断调整思想行为、形成正确"三观"，并帮助大学生增长了解社会、认识国情的能力，锤炼学团干部、入党积极分子和党员的党性修养。

从这个角度而言，革命纪念地、历史博物馆、烈士陵园、各类社区，都可以成为大学生体验教育的实践基地。这种类型的大学生社会实践基地，主要利用各种社会情境对大学生进行思想教育、政治教育、道德教育和知识教育，并内化为自身的生活习惯与行为规范。在此过程中，大学生社会实践的体验教育基地建设，要落实"全员育人、全过程育人、全方位育人"的基本方针，整合所有资源，对大学生广泛、深度进行思想政治教育。

（二）社会服务基地

社会服务基地是大学生利用知识优势、文体特长、特殊技能，开展知识咨询、技术服务、科技指导、专业培训、文艺演出等实践活动，或以进行义务劳动、志愿服务等公益方式，达到服务社会、锻炼提升的目标。当然，还可以通过智力输出、劳务输出等取酬方式开展社会实践，着力进行科技服务、管理咨询、产品营销、成果转化等，既能够缓解大学生尤其是贫困学生的经济压力，又可以在劳动中培养自立自强、艰苦奋斗的精神与品格。

这类基地主要是为了帮助大学生提高服务社会能力，着力开展教育文化帮扶、新农村建设服务，这些都是属于大学生素质教育的重要内容。例如，大学生通过参加军政训练、生产劳动和勤工助学等活动，培养百折不挠的意志、坚忍不拔的毅力和不畏艰险的吃苦精神，掌握军事技能、生产劳动技巧和生活本领，坚定信念、增强素质、加速社会化；通过参加

“三下乡”、“四进社区”和志愿服务等活动，接受和传播先进思想与先进文化，满足人民群众的多样化需求，受教育、长才干、做贡献，增强社会责任感和使命感。

(三)见习训练基地

随着经济社会发展和高等教育改革持续深化，高校与社会、企业的关系越来越紧密，大学不再是远离社会的“象牙塔”，而且大学生如果脱离社会则很难成长为社会主义事业的合格建设者与可靠接班人。见习训练基地是大学生迈向社会、进入职场的前沿哨所，是他们开展集体锻炼和岗位实践的见习性排练舞台。在见习训练过程中，大学生充分接触市场的平等性、竞争性、残酷性，强化其学习危机感、紧迫感和珍惜感，从而起到努力学习、锻炼提升、激发潜能的作用。通过培养学生适应社会制约的意识和能力，最终使得大学生从容面对社会生活，把在高校学习的知识贯通到社会实践中去，在社会实践中不断完善自己。

尤其是伴随着我国高等教育进入大众化阶段，高校毕业生的就业压力日趋增加。换言之，积极推进高等教育改革，密切高校与社会的联系，增强大学生的竞争力，建好大学生见习训练基地，不失为改善就业状况的根本出路之一。除此之外，用人单位可以利用大学生社会实践解决用工荒问题，并提前从在校生的社会实践中有针对性地培养所需人才；在校大学生应提早明确职业生涯规划，根据职业性格测试，加强对自身的了解，并根据职业目标在大学学习中完善知识结构，培养自身相关技术才能。在此过程中，为了加强学生创新与实践能力培养，不断塑造创新性应用人才，主要开展具有专业特色的科技攻关、科技产业孵化、地方生产生活技能提高培训等工作，推进产学研的紧密结合。

(四)就业创业基地

在“大众创业、万众创新”的社会背景下，就业创业实践基地是大学生锻炼职业能力、进行创新创业的重要场所，具有现代性、技术性、创新性等特征。就业创业实践基地可以通过提供商务服务、增值服务、运作服务等全过程体验，帮助大学生深入掌握就业创业所需的思维方式、专业知识、应有技能、实践经验，增强大学生的动手操作、组织协调、心理承受等能力，全方位提升其创新创业素养。当然，除了在校外建立就业创业实践基地之外，高校还可以把校外与校内社会实践基地建设统一规划，在校园绿化、食堂餐饮、校内保洁等方面建立灵活的校内社会实践基地，实现大学生社会实践与专业实践、志愿服务和勤工俭学、专业学习与就业创业相结合。

除此之外，将毕业生的就业服务工作做好，关系到学校的发展以及整个全面小康社会的建设，对每个家庭来说也产生非常重要的影响。高校所采用的大学生社会实践基地，让每位大学生们都可以得到充分的锻炼，有这些锻炼经历的学生在就业时可以发挥较大的作用。由此可见，大学生社会实践的就业创业基地建设，主要面向大学生进行创新创业、就业认知、职业发展的系列实践，使其具有现代职场所需的基本素养、综合素质，达到提早融入职场、做好创新创业准备的多重目标。

第二节　大学生社会实践基地建设的作用

大学生社会实践基地建设，是指以某一地区或某一单位为中心，为大学生开展社会实践活动而建立的基地，它既是大学生社会实践规范化的基础，又是其科学化的载体，同时它也是其趋于社会化的媒介。大学生社会实践基地建设，已成为当前各高校在社会实践管理研究领域中的重要内容之一，通过其规范化、科学化、制度化的操作，组织、整合、规范大学生社会实践活动。基地的建设不仅需要争取社会各方对大学生社会实践工作的支持和认同，更要深入挖掘社会资源以满足大学生社会实践需求，要不断整合社会资源，增强社会实践的有效性。大学生社会实践基地的建设，不仅可以提升大学生综合素质、促进大学生成才、提高大学生核心竞争力，还将起到课堂教学难以发挥的作用。

一、大学生社会实践基地的现状分析

长期以来，大学生在校期间，往往因过于注重书本知识传授，而忽视实践环节的教学，造成对实际工作岗位和经验缺乏了解，对于自身将来的就业很难准确定位，这也严重影响了用人单位的积极性。近年来，各高校下大力抓好大学生社会实践基地建设工作，旨在提升学生综合素质，探索“应用型”人才培养模式，从而进一步提升就业率。社会实践基地的形式得到不断创新拓展，除了“三下乡”目标任务式基地，还有经济教育主题式基地，也有见习实习等专业型基地。此外，与政府联合建设的复合型基地、创业创新基地、博士生队伍基地、社区服务基地等社会实践基地建设也取得了一定的成效，积累了丰富的经验，为迈出理论走向实践奠定了坚实的基础。

（一）大学生社会实践基地建设的现状调查

调查研究表明，在实践基地建设过程中，学生们还存在一些模糊认识。

（1）有些学生不知道有长期跟学校合作的校外实践基地；尽管有相当一部分学生到过实践基地，但他们并不知道那是学校的合作基地，大多数人认为实践基地是学校安排的临时参观和见习场所；对于高校实践基地的具体数量，学生知之甚少。

（2）实践基地提供的岗位专业针对性不强，学生专业对口的实践机会不多。一般前往基地参观，都属于介绍较多，学生很少能够通过参加野外实践来获得相关知识，最终未能获得技能的成长。

（3）对于大学生实践基地的建设与推广，企业的重视程度、校方的宣传推广以及大学生的积极主动性还存在许多短板。所以，这就造成了学生对于学校实践基地的构建以及实际落实情况满意程度较低的现象，学生普遍希望有校外专业技能强、经验丰富的导师，可以帮助他们了解和联系相关行业，确定个人的从业兴趣与未来的择业方向，学生表现最为强烈的就是对专项技能培养和增加实践基地数量以获得更多实践机会的需求。

(二)大学生社会实践基地建设存在的问题

虽然高校实践基地建设跟往年相比取得了不错的进展,但目前基地建设的数量和质量仍存在许多隐患,造成很难促进学生投身、参与实践,真正提高个人能力,在岗位上发挥至关重要的作用。

1.数量不足

一些学校对实践教学重视力度不够,在投入分配上往往忽视了实践基地的建设。随着高校规模的不断扩大,学生人数逐年增加,对软硬件资源配置提出了更高的要求,但是没有更多的投资实践基地,这对于每个学生来说就少了更多的实践机会。

2.缺乏专业针对性

许多企业只是为了在社会上获得良好的信誉才参与大学生实践基地的共建,名义上的合作固然没有那么高效,多在形式,少在实际,对促进学生实践能力的培养其实没有起到真正有效的作用。

3.缺乏内容深度

当前各高校组织学生参加相关专业实习其实大多采取的是参观聆听、讲座授课等形式,单方面地接收企业传递的信息,缺乏学生自我的反馈和交流。学生对企业、行业、产业的需求只有一个浅面的认识,企业也很难从学生身上得到有利于自身发展的改进方法和建议,从而失去了校企合作的真正意义,学生的受益也非常有限。

4.校企合作不够紧密

目前,高校教学理论与实践、科研与生产还存在着或多或少的脱节现象,政府和学校也缺乏有效的推动,校企合作一直未能形成共建互赢、有机融合的长效机制,当前的合作模式难以为企业带来相应回报,这也是企业积极性不高、不够重视基地建设的主要原因之一。对于学生到工厂实习学习,企业往往会以生产任务重或其他原因推托;有的企业只是在遇到人手不够、不能按时完成任务这类紧急情况时,才通知学生参加实践,安排的工作又大多比较简单,与专业关系不大,学生直接参与企业日常生产经营的实际机会很少。

5.教师不当牟利

还有少数靠带队教师个人的关系建立的“不挂牌”实践基地,缺少规范化、制度化建设,稳定性差。他们中的一些人还以“学费”的名义向学生收取高额费用,这完全偏离了人才培养的初衷。

(三)加强大学生社会实践基地建设的建议

为了强化大学生社会实践能力,有效促进就业竞争机会,政府、企业和学校应当根据目前的社会现象、就业形势,从诸多方面入手,采取各项有效措施,进一步加强社会实践教学基地建设。同时,学生应充分认识到自己的理论和实践能力的问题,要更加积极主动地参与到社会实践中去,积累社会经验。

在政府引导社会资源配置的背景下,应高度重视高校社会实践基地的建设,将其作为促进高校毕业生就业、促进社会稳定的重要途径,并且在实践基地建设方面提供人力、财力、物力和更多政策上的支持。

(1)政府要充分发挥主导作用,因地制宜,根据地方实际经济结构调整和产业升级的需要,制定高校社会实践基地建设规划,为高校深度合作实践基地搭建坚固的桥梁,下大力增加就业岗位,拓宽大学生就业渠道,营造规范有序的就业环境。

(2)政府也应制定相关配套的金融和经济政策,如建立基地专项资金拨付,合资企业税收优惠等政策,鼓励企业投身参与高校实践基地建设,做好正确导向,为大学生社会实践提供有效渠道。

(3)政府在倡导建立应用型本科的同时,应加大对高校实践教学经费的投入,促进人才培养,更好地满足社会经济发展的需要。

在企业层面,协议企业更要用长远发展的眼光去重视和支持高校应用型人才的培养,与大学建立社会实践基地进行共建合作,为学生创造动手的机会,帮助他们将自己所学的理论知识运用到实践中去,最终实现更大的社会效益和经济效益。在时间和岗位分配的实践中,企业应在生产条件允许的情况下,尽可能满足学生的专业发展和就业需求。学生实践活动的内容不应只有参观、做学徒、听报告的形式,而应为学生接触实质性工作创造实践条件。对于密切合作企业,尝试建立"企业校外导师制",安排有丰富经验的员工有针对性地教学,对专业知识、技能进行指导和培训,弥补在校大学生知识点的空缺,建立社会实践学习的诊断、反馈和补偿机制,提高大学生的社会实践质量。同时,将创新创业教育纳入基地是加强基地内涵建设的重要举措,尽可能地邀请成功的企业家现身说法,让学生了解他们的创业经历、道路和感受,积极鼓励大学生创新创业,拓宽未来发展道路。

当然,作为培养人才的主要方法,高校要把大学生社会实践基地的建设作为一个重要手段,促进高等教育的改革,高度重视实践教学在提高大学生就业质量中的核心作用,充分利用高校的科研优势和社会影响力,在互利共赢的基础上与企业深入开展合作,共同推进高校社会实践基地建设。一方面,高校应积极寻求政府和社会各界的人力、财力和物力的支持,同时,在资金分配上也应偏向实践教学。另一方面,如果资金紧张问题尚未缓解,那就要充分利用企业现有的设施设备和场所,以提高人才培养质量和效益为出发点,以强化实践教学环节推进教学模式改革,在机制、管理等软件建设上下功夫,组织开展与专业相关的各种实践活动,让学校的教学内容和方法、课程设计和毕业设计的题目更贴近行业、企业的需求。比如,某学校商学院的很多教学内容在实验室无法验证,实践活动需要以市场为基础,建设一个全方位的实践基地显然是不现实的,因此必须不断创新实践教学模式,如在培养计划中设置创新实践学分,组织学科竞赛、科研实践训练、模拟公司经营等活动,使学生在提高专业实践能力的同时,也能够提升沟通能力、语言表达能力,培养团队意识,用内涵建设来扩充实习基地所带来的作用和意义。

此外,在选择企业共建校外实践基地时,还要注重以学生能力的提高和专业发展为第一标准,对于企业规模等方面就不必考虑太多,因为企业对于人才的需求不一定与其规模成正比。一些中小型企业由于人员流动性较大,经常有空位,更愿意接受专业对口或附近的学生来实习,学生也有更多的机会直接参与商业活动,相比于简单地听个讲座和参观见习等做法,学生更容易得到实战锻炼的机会。对于关联性强、交叉性强的专业学科实践基地,可以共建基地群,实现相关学科的共享,既可避免资源浪费和重复建设,还可促进相关专业学科、教师、企业研究人员之间的交流与联系,进一步构建为教学、科研、大学生就业、产业发展服务的综合基地群。此外，学校应结合实际情况，制定配套的优惠政策和管理措施，鼓励教师利用个人社会资源与企业建立合作关系，为学生提供更多的实践和就业岗位。

对于大学生来说，有一个对社会就业形势的认识尤为关键。他们要对自己有一个正确的定位，不要好高骛远，要妥善处理个人的期望和现实可能性的关系。想在激烈竞争中脱颖而出，就要具体了解所需具备的优良品质和专业技能，除了掌握书本知识外，更要注重社会实践，提高个人综合素质和就业竞争力。大学生应积极参与实践活动，打好理论基础，珍惜每一次锻炼的机会，避免理论在实践中不能跟上形势，从而导致降低实践教学的效果。此外，大学生应结合自己的专业知识结构、兴趣爱好及个性特点，对未来的择业进行全方位的选择，重点选择实践机会更多的岗位，有针对性地运用实践理论，使自己的综合素质与实际工作能力得到不断提升。

二、大学生社会实践基地建设的功能和意义

《中共中央、国务院关于进一步加强和改进大学生思想政治教育的意见》中指出："高校要在抓好大学生理论教育的前提下，将社会实践作为人才培养的重要环节，要注重加强社会实践基地建设，充分发挥社会实践基地在育人方面的思想政治教育功能、专业技术提升功能、创业就业指导功能、创新能力培育功能和社会知识丰富功能。"大学生社会实践基地的丰富功能表明，它对加强和改进大学生思想政治教育具有重要作用。

（一）整合社会资源，加强和改进大学生思政教育工作

大学生培养要充分发挥社会、学校和家庭"三方共育"综合作用，通过大学生社会实践基地建设，既能充分发挥社会实践在未来工作平台中的实际作用，也有利于社会资源的有效利用。在基地，学生可以学以致用，将他们已经学会的知识点应用到社会实践中去。社会实践基地平台要全面为大学生开放，让大学生在成长过程中，既能更好地发挥社会实践平台的作用，又能更加有效地整合利用好现有的社会资源。社会实践基地大致可以分为三种类型：研究型实践基地、养成型实践基地、服务型实践基地。在研究型实践基地中，学生可以参加丰富的活动，如学习专业知识，培训专业技能，通过参与科技服务、调查研究、社会实践等多种活动，改善知识结构，提升知识素养，增强创新创业能力。在养成型实践基地，大学生可以通过参加军政训练、勤工助学和生产劳动等活动，掌握军事技能、生产劳动技能和生活本领，培养百折不挠的意志品质、坚韧不拔的毅力和不畏艰险的吃苦精神，坚定信念，提升素质，加快社会化。在面向服务的基地的做法，学生通过参加"三下乡"、进社区、进学校和志愿服务等活动，接受和传播先进思想文化，满足群众多样化需求，接受教育，增长才干，努力做贡献，进一步增强社会责任感和使命感。

可见，没有大学生社会实践的基础，这些教育效果将难以实现，加强和改进大学生思想政治教育将失去支持，降低效果。

（二）促进高校发展，培育和塑造大学生正确角色意识

随着高等教育的大众化以及全民教育的普及，高校的发展必须跟着社会形势的发展进行体制机制改革，把培养理论与实践相结合的复合型人才作为主要目标。大学生社会实践基地是大学生开展社会实践活动的重要场所，它可以为大学生实践能力培养提供一

个稳定的平台，使学校教学与社会发展相结合，能促进学生理论联系实际，促进高校培养社会所需人才，增强高校竞争力。

大学生由于各种主客观因素的影响，并不觉得有社会制约力量的存在。社会制约是指社会或社会团体、组织对其成员行为的引导、约束或制裁，同时也是指社会成员之间的相互影响、相互监督和相互批评。当前，随着高校改革的不断深化和社会经济的飞速发展，大学生们的工作基础、工作方式、工作环境和工作对象也随之发生了巨大的变化，如果从社会和社会制约中脱离，就不可能成长为社会主义事业的合格建设者和可靠接班人。然而，单纯的课堂教育与社会现实还存在一定的差距，社会制约机制相对脆弱。所以，社会实践基地为大学生的成长提供了强大的社会制约力量。在基地，大学生和其他人交流，努力建立与各类社会组织的广泛联系，让自己主动去适应社会制约，并在社会主义文化行为方式和价值观的监督和评价下，使得个体社会化完成。通过重视和培养大学生适应社会制约的意识和能力，使得大学生步入社会时，能够从容面对社会生活，把在高校学到的知识和能力融入社会实践，在社会实践中不断提升自己。

因此，社会实践基地为大学生社会实践提供了多层次的社会制约力量，对大学生的人生观、价值观和世界观的形成有着积极的影响，能够积极地培育和塑造大学生正确的角色意识。

(三)提升核心竞争力，加快和促进大学生角色社会化

随着经济和社会的快速发展，提升学生的综合素质是应对日益严峻的就业形势的必然要求。通过大学生社会实践基地的建设，可为大学生的实践提供更多的平台，提高大学生的社会实践能力。大学生通过理论与实践教育相结合，把理论知识转化为经验，在实践过程中锤炼意志、磨砺品质。提高大学生的社会适应能力与就业创业的核心竞争力，可进一步促进大学生全面、自由、个性化、和谐发展。大学生可通过学习先进的科学文化知识和技能，与社会各界不断接触，融入社会，适应社会，服务社会。随着我国市场经济的逐步完善和对外开放的不断扩大，高校与社会的“围墙”逐渐消失，高校人才培养日益社会化。

社会实践基地为大学生成长提供了强大的社会教育力量。社会教育力量以渗透的、潜移默化的方式影响着大学生，它比灌输教育更加自然，不具有强制性，因此，更容易被大学生接受和吸收。大学生的社会实践不仅可以促进其知识结构和工作能力的社会化，更可以促进其身份角色的社会化。

第三节　大学生社会实践基地选择与管理

大学生社会实践基地十分重要，然而部分学校在实践基地建设过程中，往往会追求全面而忽视特色，出现结合发展定位及人才培养需要不够紧密，对社会实践基地选择原则把握不准确，产生社会实践基地建设效果不好的现象。因此，高校在选择社会实践基地建设时，必须与高校的办学定位、人才培养目标相结合，与大学生个体的成长成才相结合，坚持层次性原则、服务性原则、教育性原则，建立大学生社会实践基地的管理机制，并注意建立高校与基地建设单位双向受益等机制。

一、大学生社会实践基地的选择原则

高校在大学生社会实践基地的选择上应遵循以下原则。

（一）层次性原则

不同的大学有不同的办学层次，它主要是指一所大学在高等教育系统中所处的位置，体现在办学水平、办学条件和办学特点三个方面。按照我国高校的办学水平等大概分为研究型、教学研究型、应用技术型三个层次，对应的学术水平、人才培养条件、对社会服务的能力也不尽相同。按照高校办学层次，科学选择大学生社会实践基地，对推进大学生社会实践的深入开展具有非常重要的现实意义。研究型高校应当凸显自身的研究特色，积极探索建设面向社会开展科技服务、创新创业服务、自愿服务、公益服务等的社会实践基地；教育研究型高校应当凸显本身的教学与科研特色，积极探索建设面向社会的专业教育服务、科技服务、自愿服务、公益服务等的社会实践基地；应用技术型高校该当凸显自身的应用技术优势，积极探索建设服务生产第一线的专业生产实践、产业技术服务、实用技术服务、自愿服务等的社会实践基地。与此同时，不同层次的高校还应积极扶植校内共建的实践基地，引导大学生参加军政训练、勤工助学等，不断丰富大学生社会实践活动。

（二）服务性原则

高校在选择大学生社会实践基地时必须服务于社会发展和经济建设，服从于大学生的发展和成才。这是由社会实践的目的所决定的，社会实践不但可以提升大学生服务社会的广度和深度，帮助大学生更好地投身社会、拓宽实践范畴、丰富社会阅历、构建相对完善的实践锻炼体系，而且，通过参加社会实践活动的大学生可以把学到的专业知识运用于实践，服务于社会和人民，从而得到社会的承认，发现自我价值实现的成就感，这类感情将鼓励大学生加倍努力学习，加倍回馈社会，最终顺利地完成社会化。所以，大学生社会实践基地的选择要以服务性为原则，就是要联系学院专业特色和学科优势，服务和服从于学生发展成才和经济社会发展的需要，就是要坚持受教育、长才华、作贡献的主旨，切实发挥社会实践的服务功效。但是以往的社会实践活动大多停留在一般层面，服务层次较低，服务内容单一，这不符合服务性原则的要求。据调查，近九成的理工科学生更愿意到与自己专业相关的企业进行观摩实习，约有 90%的社科类大学生也更愿意到机关、社区进行实践锻炼。因此，选择社会实践基地必须紧密结合学校的专业特点和学科优势，结合学生实际需求，结合行业特点和基地生产实际，努力实现专业对口服务。如工厂企业应侧重选择理工科学生，部队社区则应侧重选择社科类学生，使学生在服务中学以致用，在服务社会的同时巩固专业知识，并为学生就业搭建平台。

（三）教育性原则

学生的社会实践要以教育为目的。教育与生产劳动相结合是党的教育方针的重要内容，理论教育和实践教育相结合是大学生思想政治教育的基本原则。把社会实践活动作为思想政治教育的有效途径，让大学生在实践中学会做人、学会做事，促进大学生良好思想道德品质的形成,是目前全国高校全面实施素质教育的首要任务。大学生思想道德品质的形成,从根本上讲是人的思想道德意识与思想道德实践互动的进程,同时也是社会占主导地位的法律制度、道德规范为大学生所认同,并得以具体化、个性化的成果。马克思主义认识论告诉我们,来自社会实践的教导,其深刻性、丰富性、持久性是校园环境所没法替代的。所以,在社会实践选择过程当中,必须坚持教育性原则。

在实践工作中,要选择充满教育意义的实践内容,将实践活动融入社会发展和经济建设的主流,唱响时代强音,在弘扬社会正气、服务经济发展中使学生受教育。要充分发挥基地教育功能,在思想素质、知识技能、价值观念、行为规范等方面引导大学生成长,并且以潜移默化的方式发挥影响,时时处处对大学生进行着感染、引导、激励和教育。社会教育比灌输式教育更加自然,不具备强制性,更加具备思想教育的有效性和影响力,更容易为大学生所接受。思想教育活动必须借助于实践基地,跳出高校"单打独斗"的模式,构建新的运行机制,优化资源配置,实现大学生思想政治教育的社会化。

二、大学生社会实践基地的管理机制

大学生社会实践基地建设,要重点完善以下社会实践基地管理机制。

(一)完善培训、评价及责任人管理机制

大学生社会实践活动管理的核心组织包括学校团委、学生辅导员、学生干部等专项工作人员,他们往往承担着较为重要的管理角色。

1.要完善专项人员培训机制

高校团学系统作为大学生社会实践活动的主要管理方,其工作形式、工作能力毫无疑问左右着大学生社会实践活动的管理成效和运行成果。一是要加强大学生社会实践活动的管理指导队伍,要以团学部门为核心,吸引政治素质好、责任心强、业务水平高的专业教师、合作单位负责人以及具有组织能力的学生干部来从事学生社会实践活动的组织指导工作,建立一支由共青团干部为主,专业教师、社会各界人士广泛参与的社会实践管理指导队伍。二是开展必要的培训课程。建立定期的培训交流机制,开设相关讲座或者邀请有经验的团学老师来分享经验,以满足大学生社会实践活动管理的工作需求,提升参训人员在指导、管理大学生社会实践活动的成效。

2.要健全实践活动评价机制

高校实践育人工作已经得到高校及社会各界的广泛重视,对大学生社会实践活动如何增强社会服务能力、提升科技创新能力、推进文化传承创新等提出更高要求。高校团学部门应当在下放权利的同时,依照构建评价标准的五大依据:教育目标、相关政策与法规、有关的科学理论、实践中积累的经验、评价对象和条件,结合高校社会实践工作的背景与经验借鉴,设计指标体系,包括一级、二级指标与相应的评价标准,制定合适的考评标准,保障大学生社会实践活动公平、公开、公正地管理运行,同时也能提升大学生对于高校组织管理的认可度。

3.制定项目负责人责任制度

各项目负责人要切实加强组织领导,强化对项目运行的管理规范,制定《项目负责人

管理手册》,内容上不仅包括活动目标、活动要求、活动时长等内容的落实,还要包含人员上岗情况、突发事件处理等事务的监管。对象上不仅包含大学生社会实践活动各项目的负责人,还要涉及校院两级负责大学生社会实践活动的团学负责人。

(二)加强指导教师队伍建设管理机制

通过加强项目指导教师的队伍建设、建立规范的选拔制度、健全与重视项目指导教师的激励机制以及与学生的沟通途径等管理机制,增强项目指导教师在大学生社会实践开展过程中的自主性,促进社会实践活动的育人成效。

1. 高度重视指导教师队伍建设

组建优秀的项目指导教师队伍,不但要组织热心于学生社会实践活动、专业基础扎实、专业技术能力强的专业教师来担任指导教师,还需选拔对思政工作有经验的辅导员和在思政专业领域突出的思政课教师来担任指导教师。在社会实践活动项目开始初期,应对项目指导老师进行思想动员,宣扬社会实践育人观念,让其充分认识到社会实践对于大学生成长成才的必要性和重要性。同时还要注重开发校外指导教师资源,利用合作单位、校友等社会资源,聘请外校的、专业领域的专家担任大学生社会实践指导教师。

2. 建立项目指导教师的选拔制度

大学生社会实践活动的指导教师应当是由有专业背景和相关知识的教师个人提出申请。学生申报项目经立项后,经项目与教师的专业匹配后,通过"双向选择"进行指导配对。大学生社会实践活动中,指导教师不仅担负着培养、指导学生的重要职责,还需对合作单位提供专业服务,更要培养学生的热心奉献,服务他人的精神。

3. 重视项目指导教师的激励机制

要建立社会实践项目指导教师的激励制度,把指导大学生社会实践活动的成效纳入教师的考核指标体系,要求全体教师参与指导大学生社会实践,可以把教师指导大学生社会实践的成果作为职称评定、评奖评优的必要条件。通过设置多样化的奖励机制,增强指导教师工作的自主性,形成高质量的实践育人成果。

(三)建立与合作单位共同育人的管理机制

在社会实践活动中,要与社会实践活动合作单位建立共同育人的责任意识,与合作单位共同探索总结大学生社会实践教育的有效性。

1. 树立共同育人的责任意识

高校在大学生社会实践中应当充当组织者和引路人的角色,以合作单位为代表的社会力量需要在大学生社会实践中充当呵护者的角色。作为大学生社会实践期间接触最多的组织,合作单位必须树立共同教育培养大学生的责任意识。大学生由于自身的社会经验、专业技能有限、身心素质还未完善,在社会实践中难免会有错误产生,合作单位应当宽容对待大学生并且积极给予指导和鼓励。

2. 采用科学多样的实践形式

在开展社会实践活动时,高校应当将大学生参加社会实践的服务时间、排班安排转交予合作单位。由合作单位视不同情况、不同岗位的需求,以及经项目负责人沟通报名大学生的实际情况后进行科学化、可行性强的排班设置,以便更全面系统地安排大学生社会实践工作。

3. 共同选拔参与实践的学生

作为合作单位，对于来参加社会实践活动的大学生是否积极参与社会实践，是否具有服务精神，有着最直观的感受。因此，要与合作单位共同选拔参与实践活动的学生，要与合作单位共同制定社会实践内容，根据实践内容共同招募适应实践项目的大学生。在此基础上，细化实践项目及社会实践的详细活动，明确对参与实践活动大学生的实践工作要求，共同做好实践前的培训工作。

4. 共同探索实践教育的实效

要加强与合作单位的合作，努力探索总结大学生社会实践教育的有效性，不断提高大学生社会实践教育的实效。要与企事业单位加强合作，建立实践基地，通过增强合作单位对于大学生服务评价的重要性，提升大学生责任意识，努力投身社会实践服务，增强社会责任感，提高大学生服务社会的思想认识与服务能力。

三、大学生社会实践基地建设的注意事项

为了建立大学生社会实践基地建设的长效机制，要注意完善高校与实践基地单位双向受益体制，注意做到社会实践育人与地方发展、生产发展相结合，注意建立社会实践基地的资金与资源支撑体系，建立长期建设实践基地的理念。

（一）建立高校与基地单位双向受益机制

高校与大学生社会实践基地单位双向受益的机制，就是指高校与社会实践基地单位在合作建设大学生社会实践基地的过程当中，高校及其师生与基地单位在建设大学生社会实践基地的过程中，两边均能取得收益，实现共赢。大学生社会实践基地的成立可以加强高校与基地单位的合作，形成校地、校企合作的桥梁。借助高校的人力资源和科研，实践基地单位可以取得校方的科技支持、人力支持、文化服务、科研信息、自愿服务等，进一步提升企事业单位和地方的发展空间。高校则获得企事业单位和地方在人才培养方面的实践支持，在科学研究、服务社会方面获得很好的载体。

为此，在成立大学生社会实践基地时，要本着互惠互利、互助共赢的原则，基地单位要积极为大学生供给固定的实践基地，配备优秀的指导人员，配套相关的装备，提供相关保障条件。高校也要积极地支持基地单位的事业发展，为基地单位提供智力支持和人力资源服务，提供科技服务，精选联合项目，联合开发新产品，优先、优惠让渡科技成果，推荐优秀毕业生到基地单位就业，使两边互助互利关系不断加强，推进共同发展，实现双向受益，互助共赢，提高实践育人成效。

（二）建立教学科研与生产相结合的机制

教学、科研与生产、地方经济发展相结合，这不仅是人才培养与建设规划的实际需要，也是科学研究的前提基础，更是企业生产、生存的迫切需求。教学与科研相结合，这既为科学研究提供了强有力的人才支撑，也能扎实提高高校人才培育质量。教学与生产、地方经济发展相结合，既为企事业单位提供了丰富的人力资源，又为在校大学生提高综合素质搭建了良好的平台。科研与生产相结合，既有利于高校科学成果实现产业化，又有利于企

业科技创新和技术进步。因此，教学、科研与生产相结合的机制，是区域科技创新的根本路径，是发挥高校科学研究、学科建设服务地方经济发展的重要机制，是鞭策企业发展的强劲动力和不断源泉。

在社会实践基地建设中，必须坚持教学与实践相结合、高校与社会相结合、大学生社会实践与生产实际相结合。必须强化教学、科研和生产三结合的运行机制，才能使大学生社会实践基地更好地成为大学生学习知识、培养品质、发展智能、提高能力的重要阵地，更好地成为高等教育与现代化建设相连接的桥梁和纽带。高校与企事业单位之间必须克服条块分割的现状，进一步增强合作，努力实现资源共享、优势互补，形成校企之间的良性互动，共同建立健全大学生社会实践基地的高效协同运行机制。

(三)建立社会实践基地的资金与资源支撑体系

要努力完善社会实践基地的资金支撑体系，要不断扩大大学生社会实践资金来源，努力提高资金利用效益。大学生社会实践基地建设离不开资金的投入，要构建多元化资金投入系统，多渠道筹集和吸引社会资金。

(1)国家要不断完善资金投入制度，要在教育经费和科技经费中增添用于支持大学生社会实践基地建设的专项经费，以生均教育经费和科技项目经费的规定比例投入社会实践基地建设。要形成经费投入的监督制约机制，教育行政经费每年要按计划核拨大学生社会实践基地专项经费，建立实践基地专项经费分配监督机制，并列入对教育行政部门的考核项目，切实保证专项资金的使用效益。

(2)高校要进一步拓宽大学生社会实践经费的投入渠道，在国家支持和社会捐助下，增加社会实践经费的付出，减轻社会实践给大学生带来的经济负担。高校要探索社会实践的有偿实习机制，在老师指导下，发挥高校人力资源和科技的优势，力所能及地为实践基地所在单位服务，争取能够解决实际生产科技问题，通过有效的科技服务获得大学生实践经费的支持。

(3)社会实践基地所在单位要积极看待大学生社会实践所带来的收益，充分考虑高校及学生在社会实践经费上的实际困难，努力提供各方面支持，尽可能在生活条件保障方面提供优惠。同时，要成立实践基地管理人员，积极支持大学生社会实践，确保大学生社会实践基地健康、持续发展。

阅读材料

阳光学院与中国船政文化博物馆共建实践基地

一、基地建设目标

阳光学院借助地域优势，通过与中国船政文化博物馆联合培养人才新机制，建立多方向、多需求的实践教育基地，为高等教育人才培养、实践教学方面带来了改革求新的契机。基地建设目标如下：

（一）成立爱国主义教育基地

中国船政文化博物馆成为阳光学院的爱国主义教育基地，全院思政课的实践教学中安排4课时参观博物馆，使学生能够结合理论，深入历史，从中体味近代中华民族伟大复兴的艰苦历程。

（二）搭建船政主题实践平台

阳光学院各专业学生可以以实践教学基地为平台，以船政文化为主题，结合闽台特色习俗、音乐、服饰等文化特点，通过融说、唱、跳、方言等为一体的活动强化专业知识。

（三）创设联合培养新机制

这类结合培育新机制对其他高校专业设置、人才培育和实践讲授具备示范作用，有利于首创高校高等教育实践教学改革新模式；有利于高校人才培养向"半工半读"成长；有利于高校专业教育向产学研标目标成长；有利于大学生更早更多接触社会实践，进行职业规划。

（四）形成任务导向新形式

以老师为主体的实践示范，转化为以学生为主体的"任务型"实践演练，从项目的创意策划到项目创作、市场推广、项目管理，无不让学生参与其中，使学生收获知识、开阔眼界，丰富并活跃学生的创意思维，加深对理论知识的理解掌握，进而在实践中对理论知识进行修正、拓展和创新。

（五）提高区域文化服务能力

通过学生的实践项目运行，能有效提高学院的知名度和美誉度，收获长期广泛的社会效益，增强学院的办学优势和办学实力，有利于学院更好地为区域文化、区域经济服务。

二、基地建设重点

以提高本科生的实践能力为目标，促进在本科生培养过程中理论知识与实际操作技术的结合，遵循人才培养规律。阳光学院建立人才培养新机制，注重大学生创新意识的启发，与中国船政文化博物馆合作，树立互惠互利的合作观，共同开发、配置教育资源，联合建立能为区域文化提供服务的实践基地。双方实训指导教师总结合作经验，加强合作理论研究，共同开展船政文化研究、船政文化产业化研究，打造公共研发平台，互利共赢，进而更好地指导合作实践。两边强化实践育人，打造“理论学习—实践查验—深化理论熟悉—进一步提升综合本领”四位一体的校企互助人才培养模式，提升实践育人的良性效应。

基地培养重点为实行使命驱动型讲授模式，强化实践育人，以使命激起大学生学习热度。经由过程仿真实训项目的运行，实行项目负责制，激起师生的主观能动性，加强学生的职业适应本领，重视学生职业道德、团队精神、社会责任感、就业本领等方面的培育。建设“项目型”、“开发型”“体验型”“顶岗型”模块组合的实践课程体系，以就业为导向，深化课程体系和教学方式改革，建构多功能校外人才培养新平台。

三、基地管理运行机制

(一)实践基地的运行模式

实践讲授基地在实训基地指导委员会的领导下，拟定实训基地发展规划，选拔实习管理人员，确定指导老师，双方共同建设教学体系，商定课程设置，制定教学大纲，打造“三明治”式人才培养模式和任务驱动型教学模式，成立虚拟文化传播公司，设置文化项目任务，教师指导学生完成项目任务，通过多元学习评价体系以及激励机制，强化实践效果，培养学生创新能力与就业能力，形成学校、博物馆、学生三方共赢局面。

(二)实践基地的管理体制

进一步完善管理体制，旨在提高学院船政教育基地的建设和管理质量，使之更好地成为广大师生进行爱国爱乡教育、弘扬改革创新精神的重要场所，充分发挥其教育功能。

1. 师生参观制度

(1)船政实践基地是面向全校师生开展以船政文化教育为重点的活动场所。以中国特色社会主义理论为指导，不断创新内容、形式及体制机制，努力提高工作水平，更好地为实施船政文化教育服务，为弘扬和培育民族精神以及以改革创新为核心的时代精神服务，为青少年思想道德建设服务。

(2)实践人员不得对在实践过程中知晓的中国船政文化博物馆财务数据及其他内部资料擅自外传。借阅资料应按照有关规定进行，摘录资料的内容应取得中国船政博物馆同意。

(3)师生进入船政实践基地要爱护基地展出的各种展品、各种软硬件设备。

(4)学生进入基地参观学习要遵守各项规章制度，不大声喧哗，保持良好的秩序。

(5)基地工作人员需要做好基地展品的维护和更新工作，不断丰富基地作品的内容和形式，提升船政基地的教育功能。

(6)教师带领学生来基地参观学习时，需要进行精心的组织和管理，引导学生进行思考，提升教育的效果。学生对设备、资料进行拍照时，须经有关负责人的批准后进行。

2. 知识产权相关制度

(1)订立技术合同必须要按照关于技术合同管理的相关规定，明确规定科技成果有关权益的分配等。任何个人未经同意，不得以实践基地的名义对外签订技术合同。

(2)对在知识产权构成、庇护、办理及科技成果转化工作中有突出贡献的，或对避免侵权、保护实践基地知识产权合法权益成绩显著的职员，将根据有关具体规定，给予包括发放物质奖励、评定嘉奖等物资和精神方面的嘉奖。

(3)属于本实践基地的技术成果在实施或转让后的收益，按有关规定进行分配。该项职务科技成果的发明人、设计人可按划定取得嘉奖。

3. 学生安全相关制度

(1)为了确保学员的平安，实践基地在实践进行实践带动中开展平安教育，指定专人去负责安全事项，拟定平安措施。

(2)学生要遵照实践基地单元的安全规定，严格遵照操作规程和劳动纪律。

(3)学生在实践中应进行安全知识培训，未经允许不得私自动用设备、仪器和车辆。

(4)学生要遵守公德，爱护公物，注意饮食卫生及用车安全，听从指挥，讲文明，讲礼貌，维护学校声誉。

(5)实践学生在实践途中乘坐车船，或在市内搭乘交通工具时，勿造成混乱和人员丢失，要保管好钱、物和证件。凡学生离队活动时，必须向负责人告假。

4. 实践基地开放共享相关制度

(1)积极推进本校与他校实践基地的资源共享。

(2)充分发挥已有实践基地的作用，在整合、优化并实现校内实践基地资源共享的基础上，面向其他高校开放实践基地。同时，做好相关资料的开放式办理，做到相关信息资源共建、共知、同享，深化资源的有效利用。

(3)构建相同实践基地的信息网。加强对现代化实践基地的推行和利用，加速实践基地的现代化。

(4)充分发挥实践基地人才培养作用，积极主动签订互助培养人才计划，拓展人才培养空间，增进教学水平。

☞【阅读思考】

1. 中国船政文化大学生校外实践基地的选择是否符合层次性原则、服务性原则、教育性原则？

2. 阳光学院与中国船政文化博物馆如何才能够做到共同建设实践基地，实行双赢？

思考题

1. 大学生社会实践基地的内涵与外延是什么？具有哪些基本特征？

2. 立足阶段主题，结合实际情况，对大学生社会实践基地类型进行举例。

3. 大学生社会实践基地建设的现状如何？应该如何做得更好？

4. 建设大学生社会实践基地有哪些功能和意义？

5. 大学生社会实践基地建设中，有哪些基地运行管理机制需要进一步完善？

第五章　大学生社会实践活动项目设计

社会实践活动是大学生思想政治教育的重要组成部分，其目的在于加强学生对基础理论的运用，提高大学生的综合能力和对社会的认识水平。为了保证社会实践顺利且有意义地运行，大学生必须了解社会实践项目设计的全过程，学会项目设计的基本方法。

第一节　大学生社会实践活动项目选题

大学生社会实践是一个系统性的活动，实践开始前的准备活动十分重要。确定社会实践主题，是开展高质量大学生社会实践活动的关键。同时，大学生社会实践活动是一种典型的以研究性活动为载体的学生思想政治教育形式，其课题的研究选择是一项关键的工作。社会中有很多亟待研究的问题，如何做出选择，是大学生和指导老师参加社会实践活动时必须面对的现实。选题不好，社会实践活动就失去了意义，就会如同“鸡肋”一般，食之无味，弃之可惜，大学师生就会在无意义的集体活动中浪费宝贵的时间。

一、社会实践项目选题的基本类型

（一）学术型社会实践活动

学术实践是指在专业知识的指导下，有计划地组织大学生参与社会实践活动或是大学生自发在社会中运用专业知识，了解、认识并服务于社会的一切操作性的行为，目的是锻炼大学生的综合能力，提高其综合素质，增强其社会责任感。[①] 大学生学术实践范围十分广泛，包括专业教学实践、实践基地建设、实践赛事参与、社会调查研究、学生自主创业等各种形式。例如，岭南师范学院“笠青”学术调研社会实践队开展的“湛江地区化肥农药使用情况对农作物种植的影响”；陕西师范大学文学院组织的“周秦文化——中国青铜器博物院、宝鸡周原博物院考察活动”等。或是学生组队参加“中国‘互联网＋’大学生创新创业大赛”和“‘挑战杯’全国大学生课外学术科技作品竞赛”等创新创业类学科竞赛。

（二）社团活动型社会实践活动

社团活动是学生为了实现会员的共同意愿和满足个人兴趣爱好需求，自愿组成的、按

① 冯艾．范冰．大学生社会实践导读[M]．北京：社会科学文献出版社，2005.

照其章程开展活动的群众性学生组织。学生社团活动以保证完成学生的学习任务和不影响学校正常教学秩序为前提,以有益于学生的健康成长和有利于学校各项工作的进行为原则。[①] 学生社团活动型社会实践的目的是活跃学校的学习气氛,提高学生自我管理能力,丰富学生课余生活。随着我国高等教育体制改革的不断发展,学生社团活动作为素质拓展的有效平台,以其自发性、灵活性和多样性的特点,迎合了大学生"重个性彰显、注个人发展"的取向。传统意义上以班级为单位的学生社团正在逐步淡化,取而代之的是立足于共同追求和共同兴趣爱好的新型学生社团,在促进大学生综合素质的提高、增强大学生的创造能力以及重视大学生心理素质培养等方面都起到了重要作用。例如,河南师范大学专注于"三农"问题的"小康之翼"新乡村建设学会;湖南师范大学致力于提高学生教师技能水平的"教师技能促进会";等等。

(三)志愿服务型社会实践活动

志愿服务是大学生参与社会实践的重要形式之一。志愿者是指在不为物质报酬的情况下,基于道义、信念、良知、同情心和责任感,为改进社会而提供服务、贡献个人的时间及精力的人和人群。志愿服务是指由志愿者参与的社会性公益服务,是一种非政府的组织和服务行动,是民间组织服务于社会的群体行为或个人行为,即民间组织或个人利用自己的知识、技能、体能或财富,通过各种服务性的行动去实现和体现对社会事业的服务与奉献,或实施和完成对有困难的社会群体及个人的服务与保障。在志愿服务的过程中,志愿者以自己的行动接受了社会的评价与检验,并获得了对自我价值的认同与升华。志愿服务所体现的核心精神是人道主义。例如,北京大学2020年"领航新燕"返乡志愿者社会实践活动,活动面向北京大学全日制在校学生,招募学生志愿者赴全国各地开展实践活动。山东师范大学、山东政法学院、山东传媒职业学院、新时代文明骑士联盟等120人联合参与"服务泉城交通助力文明创城"文明交通志愿者服务活动。还有大学生利用寒暑假,毕业前的实习时间,或者应届大学生毕业后直接参加国家支持西部教育计划,到贫困地区支援教育。

二、社会实践项目选题的基本要求

(一)实践育人的要求

教育与生产劳动相结合是党的教育方针的重要内容,理论教育和实践教育相结合是大学生思想政治教育的根本要求。让大学生在实践中学会做人、学会做事,促进大学生良好思想道德品质的形成,是高校全面实施素质教育的首要任务。因此,实践育人即指大学生社会实践要以育人为最终目的,大学生社会实践活动的选题设计,也要围绕着学生成长这一中心展开。

根据实践育人这一灵魂,大学生社会选题的具体要求如下:

1. 要做好社会实践活动总体规划

社会实践活动是实践育人的主要形式。高校要坚持把社会主义核心价值观融入社会

---

① 江萍.大学精神与我国现阶段高校学生社团的发展研究[D].苏州大学,2010.

实践育人工作的全过程，把实践育人工作摆在人才培养的重要位置，纳入学校教学计划，并合理设计实践育人教育教学模式，科学规划学时学分，合理分配社会实践课时，确保实践育人工作的顺利开展。

2. 要广泛开展社会实践活动的设计工作

通过把社会调查、生产劳动、志愿服务、公益活动、科技发明和勤工俭学等社会实践活动作为实践育人的主要载体。高校要把组织开展社会实践活动与组织课堂教学摆在同等重要的位置，与专业学习、就业创业教育等结合起来，制定学生参加社会实践活动的年度计划，确保每一位大学生都有机会参加社会实践活动。一般来讲，每个本科生在校期间参加社会实践活动的时间累积不应少于 4 周，每个学生在大学期间至少要参加一次社会调查，撰写一篇调查报告。要倡导和支持学生参加生产劳动、志愿服务和公益活动，鼓励学生在完成学业的同时参加勤工俭学，支持学生开展科技发明活动。要利用重大活动和时间、重要节庆日等契机或者寒暑假，紧密围绕一个主题，集中一个时段，广泛开展特色鲜明的社会实践活动。

3. 要与地方经济和社会发展结合

要选择充满教育意义的实践主题，避免形式主义，要将实践活动融入经济建设和社会发展的主流，唱响时代强音，在弘扬社会正气、服务地方经济发展的过程中使学生接受教育。高校要依托理论教学设计，紧密结合大学生思想政治课程，根据地域特色建立红色实践教育基地，如马尾阳光学院的船政文化实践基地，培养学生的社会责任感。亦可要求学生走进基层进行社会调查，培养学生分析社会问题、解决问题的能力。

4. 要充分发挥大学生群体主体性

大学生社会实践的选题，必须充分发挥学生的主体性。学生是实践育人的对象，同时也是社会实践活动的主体。选题要能激发大学生在实践育人中的主体积极性，还须设计好合理的考核机制，激发学生参与社会实践的自觉性、积极性和主动性。支持和引导班级、社团及学生会等组织学生自发地开展社会实践活动，发挥学生组织在实践育人中的自我教育、自我管理、自我服务作用。

5. 要充分发挥社会教育力量作用

社会教育力量来自社会主义现代化建设事业的方方面面，包括社会机构、社会新闻媒体等，这些力量可以在思想素质、知识技能、价值观念、行为规范等方面引导大学生成长。同时，这些力量以潜移默化的方式发挥影响，时时处处对大学生进行着感染、引导、激励和教育。要尽量避免高校单打独斗的局面，要解放思想，构建合理的协同育人模式，优化资源配置，充分引入社会教育资源，从而达到实践育人的目的。

（二）理论联系实际的要求

大学生社会实践活动在选题过程中，必须根据辩证唯物主义认识论的观点。学生掌握知识的过程，实质上是一种认识的过程，具有“从生动的直观到抽象的思维，并从抽象的思维到实践”的特点。而且，教学中学生的认识是一种特殊的认识过程。它是学生在教师指导下，以掌握人类历史上积累起来的书本知识为主的认识过程。这就决定了理论联系实际应该成为实践教学的基本要求之一。毛泽东曾将知识分为两种，即书本知识和实践知识,只有书本知识而无实践知识不能算完善的知识结构。然而,大学生从小到大接触的大部分是书本知识,缺乏实践经验,从这一角度看,大学生的知识结构是不完整的,而且缺乏动手能力。因此,大学生社会实践活动的选题必须符合理论联系实际的要求,引导学生在理论联系实践的过程中,掌握知识,培养能力,提高思想道德素质。

社会实践活动选题需将学习理论作为基本前提。理论联系实际,前提是要有理论可以联系。如果没有科学的理论立场、观点和方法,就不能算是理论联系实际。社会实践活动中的贯彻理论联系实际原则,最重要的是要正确处理好书本知识和实践知识的关系,关键在于确立了知识的主导作用。同时,在理论的知识指导下,使学生从事各种实践活动。教学的主要任务是传授和学习理论知识。基础理论知识反映了自然界和人类社会最普遍的规律,对社会实践具有广泛的适应性和指导作用。要在理论的指导下把教学和生活、间接经验和直接经验、观点与材料结合起来。结合理论知识的学习,让学生通过实践了解所学理论知识的意义,以便他们能更好地掌握理论知识,提高运用知识解决实际问题的能力。

(三)科学选题的要求

社会实践活动的选题必须具有科学性。选题的科学性是指以先进的科学理论作为指导,运用合理的技术手段来进行社会实践活动应遵循的基本要求。这些都是由实践活动的客观性和规律性所决定的。在大学生社会实践活动中,应坚持从学校实际出发,结合大学生不同专业和年级特点,设计合理的社会实践活动方案,科学安排社会实践活动内容,精心组织大学生社会实践活动,制定科学合理的质量评价标准,构建有效的社会实践活动模式,有针对性地开展社会实践活动。

1.社会实践活动选题要符合大学生的身心发展特点

高校要根据大学生成长成才的特点和规律来开展社会实践活动。低年级学生的社会实践活动重在认识社会、了解国情,增强建设祖国、振兴中华的使命感;高年级学生的社会实践活动则重在发挥专业技能优势,为社会经济发展贡献力量,在社会实践中受教育、长见识、增才干,同时,针对社会热点、难点问题,鼓励学生主动寻找适合自己身心发展特点的社会实践方式,积极探索与专业学习、服务社会、勤工俭学、择业就业、创新创业相结合的社会实践活动。

2.社会实践选题必须包含科学合理的质量评价标准

社会实践的效果评价是社会实践活动的重要环节。评价是否科学,能否为实践活动提供有益的建议和帮助,关键在于是否有一个科学的质量评价标准。当前,各高校在开展社会实践活动质量评价中往往把工作重点放在寒暑假社会实践或者各院系的社会实践小分队上,而对学生个人自主性的社会实践活动质量评价缺乏具体指导和有效措施,无法用客观科学的评价标准进行考核。只是通过文件通知,层层传递给院系团总支和支部,对学生怎样参与、社会实践的效果如何,简单采用定性评价方法,或者凭借一份社会实践报告来判定考核等级。实践的时间、质量和效果无从考证,存在弄虚作假、敷衍了事、抄袭拼凑等弊端。取得好成绩的社会实践报告未必真实,而真正有价值、有创新的实践报告却未必得到重视和肯定。这种缺乏科学性和规范性的社会实践活动会严重挫伤学生参与社会实践的积极性和主动性。

3.社会实践选题要包含有效的社会实践活动模式

要提高大学生社会实践活动的质量，还必须设计出行之有效的实践活动模式的选题。目前较常见的模式有：主题社会调查模式、生产劳动模式、公益活动模式、勤工助(俭)学模式、参观访问模式、军政训练模式、模拟实践模式、义务支教模式、以科学研究和技术发明为导向的专业渗透模式、以就业创业为导向的职业训练模式等。每一种模式都包含若干具体内容和具体方式。需要强调的是，每一种实践模式的运用，每一次实践活动的设计和实施，都必须围绕社会实践的主题，明确社会实践教学的目标，遵循社会实践教学的要求，以提高社会实践活动的质量和效果。

(四)选题的专业性要求

大学生社会实践选题还需具有专业性。大学生社会实践的专业性是指在社会实践选题过程中，让学生立足专业优势，紧扣教学科研，将专业知识落到实处，在实践中成长成才，实现课堂教学与生产实践的有效结合。近年来，团中央和其他有关部门先后发起了“全国大中专大学生志愿者暑期文化科技卫生三下乡社会实践活动”“大学生志愿者文体、科技、法律、卫生四进社区活动”等为主要模式，以理论宣讲、志愿服务、科技支农、社区共建、企业挂职、医疗服务、环境保护、支教扫盲等为主要内容的社会实践活动。这些社会实践活动都体现了社会实践选题的专业性原则要求。高校要与时俱进，强化资源意识，不断拓宽实践内容涉及领域，重视与社会资源优势互补，注重与大学生专业特点紧密结合，学以致用，提高社会实践的时效性。

1.组织学生积极开展专业性社会实践活动

紧密结合专业特点，积极组织并引导学生广泛、深入地开展专业性社会实践活动。要在深入推进专业实践活动过程中，不断细化专业性社会实践目标、落实专业性社会实践计划、建设专业性社会实践基地、扩大专业性社会实践形式、完善专业性社会实践考核，积极发挥社会实践对第一课堂的拓展功能，力争使每名学生都参与一项专业实践活动，记录实践过程，总结实践收获。例如，可引导广大青年学生特别是高年级学生赴实践基地见习实习、挂职锻炼，丰富职业经历，增加就业竞争力。或是组织学生积极开展科技、文化、卫生“三下乡”，充分利用所学知识，开展法律咨询、支教扫盲、环境保护等科技、文化、卫生服务等活动，为社会主义新农村建设做贡献。阳光学院不断深化校地帮扶合作，组织一百余名师生志愿者助力屏南北墘村第四届黄酒文化节的举办，志愿者充分发挥专业优势，分别参与场务、摄影摄像、传统文化表演、北墘文创产品设计等志愿服务活动，为当地经济社会发展献计出力，提高了大学生的科学素养，培养了良好的学术道德，弘扬了求真务实、开拓创新的科学精神。

2.加强开展学科专业性社会实践基地建设

高校要根据学科专业特色进行专业性社会实践基地建设。学生通过专业知识的运用与实践，既加深了对专业的理解与认知，使学习更有针对性，又在实践中增强了学习效果，提高了社会实践能力。以浙江某高校为例，2014 年 10 月，为了提高护理学专业人才培养质量，积极开拓校外专业实习基地，学校与某医科大学附属第二医院洽谈共建护理学专业实习基地有关事宜，并举行了护理学专业实习基地签约仪式。该医科大学附属第二医院为省属三级甲类医院，有 53 个病区，44 个临床科室，100 多个专科门诊，2000 多张床位，拥有 3 个研究所、18 个研究室和 8 个医学院级以上医疗中心，以及 2 个浙江省高校重点扶植学科（儿科学和麻醉学）。同时，该医科大学第二临床医学院承担临床教学任务，每年接收来自全国各地高等医学院校的本、专科实习人员。学校通过专业实习基地的建设，加强了双方的合作与联系，实现了资源共享，为学生提供了更好的专业实践平台，为提升学校人才培养质量、提高办学水平发挥了更大作用。

3. 科学有效构建专业性社会实践工作机制

在专业性社会实践活动中，高校要根据人才培养目标的要求，引导学生参与专业性社会实践活动，提高学生的专业实践能力，使学生在真实的职业环境中培养自己的创新精神和实践能力，提升学校的人才培养质量。同时，注意构建专业主任负责，辅导员、专业教师、企业教师具体落实的"三师并行"的社会实践育人工作机制，突出"工学交替，工学结合"的理念，在大学生思想政治教育、职业素质养成及行为规范管理等方面实现校企双方合作共赢，让学生将所学的知识在实践中得到检验，使学生真正做到知行统一。

（五）实践过程的安全要求

按照我国法律规定，父母有保护未成年子女人身安全的义务，学校有保障在校未成年学生人身安全的义务。大学生走出学校参与社会实践活动，学校对学生活动范围的控制力下降，而学生属于初学做事，危险预防能力较弱，发生人身伤害事故的可能性增大。因为没有劳动关系，学生也不能享受用人者的劳动保护。这些因素的叠加，使得大学生在参与社会实践活动时的人身安全问题显得更加突出和重要。在大学生社会实践选题过程中，需要兼顾大学生参与社会实践的安全性，要保证大学生在参与各类活动中的人身安全、财产安全等，即大学生参加各种社会实践活动过程所涉及的交通、财产、投宿、野外、交友、疾病预防、滋扰防范、饮食等方面的安全。大学生社会实践安全问题的发生，固然与社会治安形势，高校对大学生的安全教育实效性不够、管理制度不够健全等因素有关，然而大学生安全防范意识及自我保护能力的缺乏等自身层面的问题，也是不可忽视的重要因素。因此，设计社会实践活动，必须剔除那些具有潜在危险性的活动，要预设参与社会实践活动各方面的潜在威胁，要在选题过程中做好安全预案，要全面考虑大学生安全防范意识及自我保护能力的缺乏等自身层面的问题。当代大学生往往会出现自身的社会经验不足、自身安全意识较薄弱、安全防范技能不强、法制意识淡薄等问题。

三、社会实践项目选题的创新

大学生社会实践是高等学校围绕"立德树人"根本任务和人才培养目标，有组织、有目的并有计划地引导大学生主要利用寒暑期、节假日和课余时间深入现实社会，参加生产劳动和社会生活，提升思想政治品德及科学文化素质，实现社会化发展的教育活动。主要包括四种类型：社会观察类、劳动服务类、就业创业类与学习创新类。[①]

① 呼和. 大学生社会实践育人机理及运行机制研究[D]. 北京：北京科技大学，2018.

在此基础上，大学生社会实践的选题需要开拓思维，大胆创新，设计出更符合新时代高校教学方案和各地区经济基础的新型社会实践模式。

（一）融合乡村振兴的社会实践活动

党的十九大报告明确指出："中国特色社会主义进入新时代，我国社会主要矛盾已经转化为人民日益增长的美好生活需要和不平衡不充分的发展之间的矛盾。"这种不平衡不充分的发展体现在诸多方面，但主要集中体现在乡村发展方面。我国城乡发展的不平衡是不平衡的发展的突出表现。自2009年以来，尽管我国城乡收入差距在持续缩小，但目前，中国依然是世界上城乡差距较大的国家之一。同时，农村发展严重滞后也是最大的发展不充分。农村地区不仅居民收入和消费水平低，基础设施和公共服务也十分薄弱，尤其在一些贫困地区，农民生产生活条件仍相当艰苦。在当前决胜全面建成小康社会的关键时期，农村地区已经成为全面小康的最大短板；而在推进中国现代化建设的进程中，农业现代化则是薄弱环节①。因此，实施乡村振兴战略，加快推进农业农村现代化，将是加快破解发展的不平衡不充分难题的重要举措和根本途径。

在2033年之前，我国仍将处于城镇化快速推进的时期。随着城镇化的快速推进，农村人口将继续向城镇大规模迁移，这是一个不可阻挡的历史趋势。在快速城镇化的背景下，大量农村青年甚至整户迁往城市，带来了农村人口老龄化和村庄"空心化"，如果缺乏强有力的有效措施，很容易导致农村凋敝甚至衰败。所以，乡村人才短缺成为振兴乡村战略的首要难题。

高校作为地方文化、知识储备、人才集聚的重要阵地，肩负着推动乡村振兴的重要使命。习近平在多个场合强调，人才振兴是乡村振兴的基础和关键，"要创新乡村人才工作体制机制，充分激发乡村现有人才活力，把更多城市人才引向乡村创新创业"；"要积极培养本土人才，鼓励外出能人返乡创业，鼓励大学生扎根基层，为乡村振兴提供人才保障"。在众多高校参与乡村振兴战略的途径之中，高校实践育人作为主要途径，具有较高研究价值。高校开展实践育人活动的目标是遵循高等教育培养人才的规律，坚持理论联系实际，坚持立德树人，顺应社会发展需要。其中，以乡村实践为主题的实践育人活动对乡村振兴战略具有重要的意义。新时代，高校社会实践活动推动乡村振兴战略全面发展的路径必须针对乡村振兴工作遇到的新问题和新时代大学生出现的新特点，不断拓宽思路、提升质量，开创出新的振兴之路。

（二）融合红色文化的社会实践活动

文化是爱国主义精神的重要源头和母体，无论是广义和狭义，或是物质和精神的红色文化资源，都具有独特的育人功能。红色资源遍布全国各地，是社会实践育人取之不尽、用之不竭的教育宝库。红色资源在大学生爱国主义教育中发挥极其重要的作用，有利于激发大学生强烈的爱国情感。

红色资源是马克思主义中国化的文化形态。党的十八大以来，以习近平同志为核心

---

① 危旭芳，王会．略论新时代中国乡村振兴的内涵要义[J]．新疆农垦经济，2018(04)：4-9.

的党中央高度重视党史学习，强调要利用好红色资源、发扬红色传统，让青年一代学传统、爱传统、讲传统，传承红色基因，鼓励高校学习发展红色文化，为全社会传承红色基因起到积极推动作用。习近平曾先后到延安、井冈山等革命圣地考察，提到“长征精神、延安精神、沂蒙精神、抗战精神、井冈山精神、遵义会议精神”，反复强调要把红色资源利用好，传承好。十九大结束后，习近平带领中共中央政治局常委瞻仰了上海中共一大会址及浙江嘉兴南湖红船，从中解读中国共产党的初心，并表示要利用红船精神进行爱国主义教育，助力中国梦的实现。2018 年全国教育大会上习近平主席要求要在“厚植爱国主义情怀”上下功夫，高校作为向社会输送精英知识青年的主阵地更需要加强爱国主义教育。

因此，目前许多高校纷纷开展以红色文化为内容的社会实践育人活动。例如，福建高校开展奔赴闽西老区的大学生暑期下乡志愿者活动；江西省高校依托井冈山，开展户外素质拓展、团学活动和重走井冈山旧址等活动，深入学习井冈山精神。此外，近年来，随着“青年红色筑梦之旅”的开展，许多高校纷纷组织大学生深入革命老区，依靠自身专业知识，为革命老区提供智力支持，为革命老区发展注入了新鲜血液。

(三)融合地域优势的社会实践活动

大学生校外实践教育是高等教育的重要组成部分，是培养高素质复合型人才的重要场所，是完成跨世纪创新人才培养目标的重要依托，也是大学生提升实践创新能力的重要渠道，更是地方高校向应用型转变的有力抓手，探讨大学生校外实践基地的建设，为转型助力，非常有必要。

随着区域经济的不断发展，具有地缘特色的文化资源被深入挖掘，各地区出现了许多能够与各高校联动合作的校外实践基地。可简单分类为文化型实践基地、企业型实践基地、体验型实践基地。民办高校可利用自身办学机制灵活，办学力量社会化程度高等优势，积极开展校外社会实践基地建设。

以福建省福州市为例，福建省福州市位于福建省东部、闽江下游及沿海地区，是福建省省会，同时也是我国首批 14 个对外开放港口城市之一，海上丝绸之路门户及自由贸易试验区，不仅历史文化底蕴深厚，而且经济发展迅速。其中，马尾区是我国船政文化发祥地，是中国近代海军的摇篮。该地区虽然在中华人民共和国成立后没有得到充分发展，但正是由于这样的发展历史，使得福州地区农业和重工业比重较小，经济改革成本较低。因此，福州地区正以数字经济主体，大力发展高新技术产业，相关产业如雨后春笋般蓬勃发展。大量的科技企业为民办高校毕业生提供了足够的人才实践机会，符合民办高校应用型人才的培养方案。所以，该地区的民办高校积极与有实力的地方企业建立实践合作关系。同时这样的合作也能为提升民办高校的社会实践育人质量提供保障。

位于福州马尾的阳光学院依托地缘优势，就近与中国船政文化博物馆建立战略合作关系，定期组织学生参观中国船政文化博物馆，学习“精忠报国，自强不息”的船政精神。将船政文化和专业教育，船政文化和思想政治教育紧密结合，设计出一套高质量的社会实践育人方案，值得借鉴。

第二节　大学生社会实践活动团队组建

一、社会实践团队组建的内涵

高校社会实践团队是由学生和指导教师组成的一个共同体，它合理利用每一个成员的知识和技能协同工作，解决问题，达到共同的目标。团队的构成要素分别为目标、成员、定位、权限、计划。团队和群体有着根本性的一些区别，群体可以向团队过渡。一般根据团队存在的目的和拥有自主权的大小将团队分为五种类型：问题解决型团队、自我管理型团队、多功能型团队、共同目标型团队、正面默契型团队。① 在社会实践活动中，团队是以实践目标作为导向，以协作作为基础，在团队中有共同的规范和原则，团队成员在实践中存在知识、技术和技能上的互补。把团队成员凝聚成强有力的团体过程就是团队建设，其使团队能够顺利高效地完成团队的既定目标。

二、社会实践团队组建的原则

（一）团队成员凝心聚力

高校社会实践团队的组建，必须基于团队有共同的实践目的和价值取向。价值观对动机有导向的作用，人们行为的动机受价值观的支配和制约，价值观对动机模式有重要影响，在同样的客观条件下，具有不同价值观的人，其动机模式不同，产生的行为也不相同，动机受价值观的支配，只有那些经过价值判断被认为是可取的，才能转换为行为的动机，并以此为目标引导人们的行为。

目前，高校往往在开展社会实践组织学生队伍的过程中，忽视了学生参与社会实践的价值导向，大学生把参加社会实践视作老师布置的任务，盲目地投身实践。另外，指导老师在组建团队的过程中，对学生的价值需求不够重视。学生盲目地加入团队，参加实践，会严重影响学生参与社会实践的积极性，降低社会实践质量。因此，在组建社会实践团队时，要以考核实践目的作为重要标准，严格筛选团队成员。或是在完成团队组建之后，开展必要的思想教育，确保实践团队成员能够形成统一的价值取向，团结一致投身实践。

（二）合理组建实践团队

高校组建社会实践团队需要考虑团队的合理性。要充分考虑到社会实践内容的实践需要，突出主题团队组建的合理性，选拔品学兼优、具备一定科研能力的跨学科跨专业的学生组成一支实践队伍，保证这支社会实践团队中学生专业知识、技能等构成的完整性和高素质性。科学建团就是要发挥指导教师在大学生社会实践中的作用，充分利用指导教

---

① 张自敞.企业员工心智需求的影响因素与管理研究[D].上海：华东师范大学，2011.

师的专业知识及实际工作经验对社会实践项目的实施过程予以专业上的指导和帮助，解决遭遇的技术难题；由辅导员作为大学生社会实践项目管理者，对其进行有效的管理，确保社会实践项目的实施并达到预期效果。

（三）指导老师积极参与

大学生社会实践活动是高校思想政治工作的重要组成部分，实践团队指导老师充分利用专业知识和人生阅历言传身教，是社会实践成果的根本保证。参与社会实践活动的指导老师，要充分发挥理论与专业技术优势，提升第二课堂教育效果。在大学生暑假社会实践活动中，指导教师不仅在处理一些社会问题时要率先垂范、言传身教，用表率作用优化对学生的教育效果；在面对需要解决的一些技术性问题时，更应充分发挥理论深厚、技术娴熟的优势，通过示范指导与启发鼓励相结合增加学生独立解决问题的机会，提高其能力。这既使理论教学延伸，突显实践教学的优势，也可通过即时解决问题，增强学生自信心和创造、创新动力。

另外，加强大学生社会实践团队建设还要尤为注重发挥榜样的力量，通过选取树立和大力宣传社会实践先进榜样人物，充分发挥其模范带头作用，在大学生群体中引起广泛反响，激发和提高大学生参与实践、奉献社会、服务大众的热情和信心，在潜移默化中促使大学生形成和确立正确思想品德。

三、社会实践团队组建的模式

（一）组建校内实践团队

组建校内实践团队是最具普遍性的团队组建模式。一般来说，首先要在校内甄选出优秀学生作为队长。主要负责根据团队的具体情况撰写社会实践指导计划、指导内容和具体时间安排、安全责任书和应急方案等；确定实践团队实践主题、收集相关资料，并积极与实践地取得联系，以便于按时开展社会实践活动；实践活动团队出发前对团队全部成员进行思想动员，做好安全保障、交往礼仪、社会调查基本方法等方面的培训工作，并保证实践过程中团队成员的人身安全；热心帮助实践团队各个成员解决活动过程中遇到的各种问题，确保圆满完成实践任务。因此，队长必须具备明确的实践目标，强大的心理素质、组织能力和沟通能力，高尚的道德品质。其次必须配置一位新闻负责人，负责按照学校社会实践宣传的统一工作要求，按时、保质、保量地提交本团队的新闻宣传材料。及时通过微信、微博等网络平台进行实时报道和宣传，同时，尽最大努力积极联络当地各类新闻媒体，争取当地媒体对调研与实践活动进行报道，收集并保存好相关的报道证明，如报纸、网页等。最后，宣传员需要有较强的文字写作能力、图表制作能力，发挥团队队员的整体力量，在工作中关注细节，抓住新闻宣传的重点进行报道。

（二）组建跨校实践团队

组建跨校实践团队指的是高校与高校之间互相合作，开展社会实践。长期以来，高等学校追求规模大、实验室全、专业“大而全”的倾向，导致高校教师资源严重不足，实验室资源严重不足，专业发展缺乏特色，教学改革不够深入，科研创新不够灵活，社会服务能力不强等问题，这也是阻碍高等教育发展的瓶颈问题。因此，整合教学资源，建立区域高校联盟是国家高等教育改革的战略要求，是推动协同创新、合力服务和资源共享的需要，更是减少教学资源重复建设和加强实验室资源重点投入的迫切要求。

各高校在社会实践团队组建过程中，因考虑到自身专业设置，积极取长补短，勇于与其他高校共建社会实践团队。例如，2019 年，安徽科技学院以校学生会为主体与安徽工程大学跨校合作的社会实践团队共赴宁国市霞西镇，携手开展理论宣讲、科技支农、文艺下乡、乡村振兴战略调研等实践活动，受到宁国市霞西镇政府的热烈欢迎。团队成员将发挥学科专业特色与优势，积极响应乡村振兴战略，以“科技支农，智惠民生”为探究核心，助力乡村建设。另有 2014 年辽宁大学、沈阳航空航天大学、沈阳工程学院等沈北高校教学联盟的 688 名同学跨校完成了部分实习实践课程，沈北高校教学联盟在成立后的第一年初步实现了资源共享、优势互补。

第三节　大学生社会实践活动方案编制

社会实践活动是大学生思想政治教育的重要组成部分，其目的在于加强学生对基本理论知识的理解，提高学生的思想政治素质和观察、分析社会现象的能力。为保障社会实践活动顺利而健康地运行，大学生必须了解社会实践计划的制订，遵循社会实践活动的客观规律，学会社会实践项目设计及方案编制。大学生社会实践活动是提高大学生思想道德素质，加强和改进大学生思想政治工作，引导大学生健康成长成才的重要举措，是大学生接触社会、了解社会、服务社会，培养实践能力、动手操作能力和创新精神的重要途径①。

大学生社会实践方案，是实践者在开展社会实践活动前撰写的一份予以指导、规范实践行为的计划书。其除了对实践活动项目具有计划指导作用外，还是项目能否成功申报的关键因素。因此，大学生社会实践计划的撰写是社会实践开展前的关键一环。

在开展社会实践之前，认真做好实践方案，能够为社会实践活动指明方向，提高社会实践活动成功的可能性，提升社会实践活动的效率，提高各方面资源的利用率。

一、社会实践方案编制的内涵

(一)社会实践方案编制的定义

方案编制，是单位、部门或者个人，在未来一定时期内对学习、工作或是生活方面制定的目标任务以及其目标任务完成的时间、步骤、方法等的设计和安排，并用文字和指标等形式表达出来。在管理学中，计划具有两重含义，其一是计划工作，是指根据对组织外部环境与内部条件的分析，提出在未来一定时期内要达到的组织目标以及实现目标的方案

① 任伟.当代中国大学生社会责任感培养研究[D].济南：山东大学，2010.

途径。其二是计划形式，是指用文字和指标等形式所表述的组织以及组织内不同部门和不同成员，在未来一定时期内关于行动方向、内容和方式安排的管理文件。无论是计划工作，还是计划形式，都是高校开展社会实践工作前，必须认真研究的重要内容。

(二)大学生社会实践方案编制的特点

1.针对性

针对性体现在大学生社会实践方案是高校针对党和国家的方针政策、上级部门的工作安排和指示精神而定的，是针对本校的工作任务、主客观条件和相应能力而定的。指导策略是为了实现某一个目标，预先根据可能出现的问题制订若干对应的方案，并且，在实现目标的过程中，根据形势的发展和变化来制订新的方案，或者根据形势的发展和变化来选择相应的方案，最终实现目标。因此，制订任何一项计划，必须明确在一定时间内需要完成什么任务、获得什么效益。这也就成了工作的方向和依据。随着大学生社会实践活动关注度和普及性的提高，申请条件越来越严格，一些主题不明确、内容陈旧的社会实践项目必然会被淘汰。因此，社会实践必须基于社会热点、客观事实，并且要通过这些实践项目为社会做出一定贡献。

2.目的性

一般说来，无目的性的行为便无成果而言，确立明确的目的是顺利进行社会实践活动的首要前提。为什么要开展社会实践活动，进行社会实践活动要达到一个什么目的，学生心中首先要清楚这些问题，然后把目的通过一定的形式贯穿下去。那些无目的或有“模糊性”目的的社会实践活动非但不能产生多大的正面教育作用，反而会引起一些不应有的负面影响，随意性更是社会实践活动之大忌。社会实践计划是在社会实践活动前必须完成的工作。在社会实践计划的制订中，一项重要工作就是要明确社会实践活动的主题、目的及预期成果，让团队成员朝着既定目标共同努力。

3.预见性

这是编制方案最显著的特点之一。提前制订实践方案不是对已经形成的事实和状况的描述，而是在行动之前对行动的任务、目标、方法、措施所做出的预见性确认。但这种预见不是盲目的、空想的，而是以上级部门的规定和指示为指导，以本单位的实际条件为基础，以过去的成绩和问题为依据，对今后的发展趋势做出科学预测之后做出的。可以说，预见性是否准确，决定了计划编制的成败。

4.可行性

可行性是和预见性紧密联系在一起的，预见性准确、针对性强的计划，在现实中才真正可行。如果目标定得过高、措施无力实施，这个计划就是空中楼阁；反过来说，目标定得过低，措施方法都没有创见性，实现虽然很容易，却不能因而取得有价值的成就，那也算不上有可行性。因此，对未来的预测，应该建立在客观实际的基础上，以现有的条件为基础，以过去的成绩为依据来做出预测，并切忌盲目地、无根据地制订计划。这样才能使计划有可行性。社会实践计划不仅是参加社会实践所必需的，也是指导社会实践所必需的。它对整个社会实践活动起到的是引领作用。因此，社会实践计划应该具有可操作性，才能在具体实践过程中更好地实现它的作用。

5.灵活性

如果在计划执行的过程中,客观情况发生了变化,就要适时地予以修订。所以,计划既要有指导性,也要有可变性。同时,考虑到未来的变化,计划的制订还应该有弹性,可以预测未来可能的变化,辅以备选的多套计划。因此,“计划没有变化快”这句话有它的道理,但是它的意义不是叫你不要做计划,而是叫你做多套计划。正所谓:计划并不能保证你成功,但能够引导你为将来做好准备。社会实践计划是在活动开展前制订的,无论是活动日程安排、人员安排还是资金支出都是对实践活动的一种规划或者设想。因此,社会实践计划只是对社会实践活动的初步安排,具有不确定性。具体活动事项和细节要根据实际情况而定,当客观实际情况发生了变化,社会实践计划也同样要随着具体实际情况的变化而做相应的调整。

(三)社会实践方案的类型

1.学术调研活动方案设计

学术调研活动主要是针对当下的社会热点问题开展的一系列调查以及研究活动,具有鲜明的时代特色。在设计学术研究活动时,要注意分析以下问题:

(1)多方面了解所选课题的时代背景

对于学术研究活动而言,了解时代背景是非常重要的。在了解时代背景的过程中,我们要着重关注一些权威的媒体报道,如央视的各类新闻节目、各地区卫视的新闻节目、各大期刊的新闻报道等,从一些时事热点中发掘出一些有价值的东西。社会实践内容可以贴近民生,比如一些惠民政策的实施状况、一些民生工程的建设情况、老百姓对当地的经济发展与社会进步有什么看法与意见等。当然也可以是一些国家的重大热点难点问题,比如空气污染情况、水资源的开发与保护工程等。当确定了实践活动的主题后,我们要查找相关的文献资料,更深入地研究该课题的相关内容,此外,可以通过互联网来查找关于这一主题的相关报道,以及各种媒体、网友对此类问题的评价,从中进一步发掘其内在的调研价值。

(2)预测学术调研活动所能产生的效益

预测学术调研活动开展后所产生的效益,对于实践活动的顺利进行具有很大的帮助。学术研究活动对于大学生而言,不仅仅是一次实践活动,更是一堂课外的教学活动,是将理论应用于实践,在实践中检验真理的过程。学术研究活动的开展必须要有一定的意义,开展后无论对于参与者本身还是对整个调研主题而言,都要具有一定的价值。学生要在某项学术研究活动开展之前,广泛收集相关信息,预测该类学术研究活动实际能产生的效益。深入分析学术研究活动的效益,可以使参与者在学术研究活动中有明确的目标,从而更好地激发他们的积极性与主动性,使之更用心地去完成实践任务。同时,明确学术研究活动可能产生的效益,也能激发参与者内心的一种自豪感,从而促使他们更好地参与学术研究活动。

(3)提前做好学术调研活动应急预案

俗话说:“凡事预则立,不预则废。”只有在充分考虑到学术调研活动中可能遇到的问题后,做好应急预案,才能在日后的实施中,有的放矢、安全有效地完成学术调研活动的各项任务。一般来讲，学术调研活动中可能遇到的重大问题可分为人身安全问题、心理安全问题以及财产安全问题等。

首先，在学术调研活动中，由于各种因素的影响，可能出现人身安全问题。例如，有的团队成员可能会因水土不服而身体不适，或者因被蛇和蚊虫叮咬等原因而导致意外伤害；在调研活动期间，有的团队成员可能不慎被盗或被抢，也可能遭受人身伤害；有时团队成员可能会接近危险设施或与社会人员发生纠纷，导致受伤或者发生意外交通事故；有时在调研活动中，由于突发情况，团队成员与所在队伍失去联系；有时在活动中发生人群踩踏或火灾等突发事件等。这些问题的出现，都可能影响到学术调研活动参与者的人身安全，导致学术调研活动不能顺利进行。

其次，在学术调研活动中，由于内外环境的变化，加上大学生社会经验不足，处理突发情况的能力有限，因而容易产生心理安全问题。例如，有的调研单位地理位置偏远，交通不便，在活动之余缺乏娱乐活动，导致队员容易产生厌倦情绪，心理比较压抑；在另外一些情况下，因调研过程中可能会发生一些意外情况，队员之间可能会因意见不同而产生分歧，甚至出现不必要的争吵，致使一些队员容易出现急躁情绪；有时候在一些调研过程中，也会遇到大量的陌生人群，不免会遇到一些不配合或是情绪激动的人，这往往会打击队员的信心，一些队员也可能会出现悲观失望的问题；特别是女同学在调研过程中，可能会遇到一些居心叵测的人，导致女同学的心理会产生一些紧张情绪，从而导致在问卷调查或访谈活动中出现犹豫不决或者盲目排外的问题等。这些情况的出现，都可能会引发学生产生一些心理安全问题，影响学术调研活动的顺利进行。

最后，可能出现财产安全问题。大学生的财产安全，主要是指大学生在学术调研活动中所带的现金、存折、购物卡、学习及生活用品等不受侵害。由于大学生涉世不深，不善于保管自己的钱物，又处于集体生活的特殊环境，大学生的财产就成了不法分子侵害的重点对象。例如，在学术调研活动中，队员在乘坐公共交通工具时，可能会遭遇一些扒手，导致队员的财产损失；有时候在旅店住宿时，可能碰到一些安全管理不是很完善的旅店，储放在屋内的物品可能被窃，其他一些人为原因也可能导致财产的损失，如由于财产管理员的疏忽，导致经费遗失。大学生财产一旦受到侵害，不但给家庭带来一定负担，而且会给大学生的学术调研活动造成消极影响。这些情况的发生，都可能引发财产管理的安全问题，影响学术调研活动的正常运转。

(4)充分发挥学术调研活动团队优势

如何充分发挥团队优势？这可以从指导教师的带队经验、团队成员的组成、实践地与团队的联系、学校的支持等方面考虑。团队的核心成员可以选择一些往年参加过类似活动的队员，选择在写作方面、交际方面和领导力方面突出的同学，这样可以发挥他们的示范效应。团队可以选择一些往年参与过学术调研活动的教师为指导教师，这样可以更好地发挥他们对学术调研活动的指导作用。调研活动地尽量可以选择一些熟悉的地方或者经常联系的地方，这样可以从当地获得更多的帮助。比如，指导教师与当地某干部有联系交往，这样便可以请求当地干部的支持；调研单位有一些优秀的校友，在调研过程中可以寻求校友的帮助。这些对学术调研活动的开展都会有很大帮助。在学校支持方面，尽量帮助团队申报省重点项目或者校重点项目，这样在经费支持、理论指导、团队宣传上占有一定的优势，有利于学术调研活动的进行。

(5)确定团队目标以及具体实施方案

学术研究活动要想取得一个较好的成绩，就必须给团队确定一个切实可行的目标。漫无目的地做一件事情，结局注定是徒劳无功的，而一个清晰明确的目标往往能起到事半功倍的效果，起到良好的示范效应。当然，每一项学术研究活动在进行充分的可行性分析后，接下来必不可少的步骤就是撰写学术研究活动实施方案，即学术研究活动计划书。计划书的撰写要尽可能详细、具体，涵盖学术研究活动的各个方面，让其可以作为整个学术研究活动的行动指南。在完成计划书的撰写工作之后，要经由指导教师的修改补充，使之更加完善，以充分发挥学术研究活动计划书的指导作用。

2.社团活动方案设计

(1)精准定位每次社团活动的主题

社团活动主题的选择是至关重要的，在主题的选择上要做好设计工作，比如主题范围的拟定、活动细节的制订等。一个好的社团活动必定有一个出色的主题，主题一定是既有新意又不浮夸的。具体主题的拟定可以参考以下几个方面。一是主题的确定宜小不宜大。这里所说的"大"和"小"是指主题的内容和范围。主题的"大"与"小"是相对的，因为研究者的身份、研究的经验和其所处的客观环境的不同而有所区别。一般情况下，主题精准所涉及的范围小、变量少。大学生缺乏相关社会经验和调研技巧，因此主题宜小而不宜大。实践主题小，实践目标就较集中，实践内容就相对具体，实践调查方法也较易执行，这有助于更深入地解决社团活动中的问题，从而更可能得出具有较高实践价值的成果。二是确定活动主题要有创新意识。社团活动主题内容要体现创新的元素。这里说的创新并不是指所有的研究都是前无古人的，事实上，任何科学研究都是基于前人研究和实践进行的。因此，我们说将一种理论、一个观点应用到实际中是创新，将已经在某一领域得到应用的理论，再运用到另一新的领域也是创新；用新方法探索别人研究过的问题是创新，寻求一个新的角度对过去或别人研究过的问题再进行研究，也是一种创新。因此，我们在确定社团活动主题时，应尽量选择新颖的、具有特色的主题作为调研的起始环节，要做到这一点，一个重要的途径就是要在主题内容的设计上突出创新性。

(2)制订社团活动的具体实施方案

制订社团活动具体的实施方案需要注意以下几点：社团活动的课题名称要规范，要注意使用科学概念和规范语言；活动的意义要切实，不吹嘘夸大；理论依据要充实；社团活动的目标要明确，社团活动的内容要具体；前期一定要多搜集一些相关的文献，开展的方法要科学，要遵循科学规律；具体操作的步骤要详备，要做好各种应急预案等。

(3)结合社团的功能开展实践活动

结合社会热点开展社团活动类社会实践必须结合自己所在社团的功能开展调研，因为只有先明确了社团的功能定位，才能制定出适合社团特点的实践课题。明确社团功能定位的关键，就是选题必须贴近时代主题、贴近社会热点。贴近社会热点增加了社会实践团队的吸引力，使团队所取得的成果更容易被大家所接受，影响力也更为广泛。同时，贴近社会热点也增强了社团活动的特色，而这个特色必须根据自己的社团功能来决定。一个团队在有了自己的特色之后便会在众多团队中脱颖而出，建立自己的优势，做出更好的成绩。值得注意的是，了解和定位社团活动的范围，是一项非常重要的工作。从社团活动的范围中寻找与社会热点之间的结合点，并与之建立一种关联，利用热点提升社团活动的总体水平，可以使团队取得更加出色的成绩，促进社团影响力的扩大。

(4)总结往届活动的成果经验

通过总结分析以往开展的社团活动，可以从中吸取一些经验教训，以便在今后的社团活动中规避类似的问题。社团活动的基本属性是不会改变的，所以以往开展的社团活动对于当下的社团活动具有极高的参考价值。通过对以往社团活动的总结分析，结合当下的社会热点，在原有的基础上进行观念的革新，能够使社团活动的主题更新颖、更有创新性。同时，社团活动的总结材料可以作为社团的一份宝贵资料进行保存，这对于下一届的社团实践活动有着重要的借鉴意义，对于社团活动今后的发展也非常重要。在社团活动结束后，可以在社团内部开展实践活动的经验交流会。这样一方面可以扩大活动的影响力，另一方面还可以加强社团成员之间的交流与沟通。

3.志愿者活动方案设计

确定志愿服务活动的主题既要大胆创新，又要切实可行、具有操作性。在设计志愿服务活动时要注意以下几点：

(1)明确志愿服务活动的主题

志愿服务活动主题的设计要弘扬“奉献、友爱、互助、进步”的志愿者精神，本着志愿性与制约性相结合、无偿性与公益性相结合、组织性与业余性相结合的原则，积极倡导志愿服务精神，大力弘扬助人为乐美德，努力营造“有困难找志愿者，有时间做志愿者”的良好氛围，为发展公益事业、完善社会服务、促进社会主义精神文明建设、构建社会主义和谐社会做出贡献。例如，开展社区志愿服务活动，是弘扬中华民族传统美德和志愿者精神的行动体现，是构建和谐社会、创建文明社区的重要手段。社区志愿服务活动要以“服务社会发展进步，服务社区群众需要”为宗旨，不断拓展服务领域，努力使社区志愿服务活动成为和谐社会建设中具有广泛影响力的特色和亮点。

(2)确定志愿服务活动的类型

志愿服务活动的类型有很多，如支教类活动、环保类活动、大型赛事的服务类活动等。根据不同的分类标准，可以将志愿服务活动分为不同的类型[①]。若根据服务的时间来划分，可以将志愿服务活动分为长期连续的志愿服务和短期不连续的志愿服务；若根据服务的空间距离的远近来划分，可以将志愿服务活动分为校园内外、跨市乃至跨省志愿服务活动；若根据是否具备专业关联性来划分，可以将志愿服务活动分为专业性和非专业性志愿服务活动。选择何种类型的志愿服务活动是开展志愿服务活动之前必须认真考虑的问题。在确定志愿者服务活动的类型时，我们可以根据当年的政策导向，从一些时事新闻中

① 彭晓华.《人民日报》对志愿者的报道框架变迁研究[D].上海：复旦大学，2014.

获取相关信息。但最重要的一点就是要鼓励志愿服务者到祖国最需要的地方,做群众最需要的事,服务于广大人民。当然,开展一项稳定且特色鲜明的志愿服务活动是非常重要的。因此,大学生应该根据自己所在学院的专业特点,依据国家的政策导向,结合自身的兴趣爱好、服务对象的特点等情况来选择志愿服务活动。

(3)选择合适志愿服务活动基地

志愿服务活动基地是大学生志愿服务活动开展规范化、常态化的必然要求,也是志愿服务活动经验总结和不断创新的有力保障,建立健全相对稳定的志愿服务实践基地对大学生开展志愿服务活动具有重要意义。如何结合社会及时代热点问题,基于专业特色、学生的特点和特长选择合适的志愿服务活动基地,是志愿服务活动设计必须要考虑的问题。在确定了志愿服务基地之后,就必须事先与服务基地的政府机关进行联系,增强与当地政府部门的交流与沟通。一项完善的志愿服务活动,需要建立稳定的人际关系并做好充分的准备。例如,在志愿服务活动开展之前,须与当地相关人员进行充分的交流,考虑志愿服务活动过程中的食宿问题,以及遇到突发状况时的医疗救助问题等。

(4)志愿服务活动具体落地实施

志愿服务活动的实施要坚持以相互关爱、服务社会为主题,始终把公益性放在首位,充分体现无偿、利他的基本要求。坚持与政府服务、市场服务相衔接,有针对性地设计项目、开展活动,做到量力而行、务求实效。坚持志愿服务与实现个人全面发展相统一,让大学生在为他人送温暖、为社会做贡献的过程中经受锻炼、增长才干、提高思想道德素质。坚持自愿参与和社会倡导相结合,既尊重学生的服务意愿,鼓励学生自主参与,又强调学生的社会责任,不断扩大志愿服务活动的覆盖面和影响力。坚持社会化运行模式,把党政各部门、社会各方面组织动员起来,各负其责、各展所长,齐抓共管、整体联动,形成全社会关心、支持和参与大学生志愿服务活动的生动局面。

二、社会实践方案编制的步骤

(一)社会实践目标的分解

目标对一个人顺利完成某项活动具有重要作用。主要表现为,目标为人们的行为明确了方向,使人们充分了解自己的行为所产生的影响;可以让他们意识到什么是最重要的事情,有助于人们合理安排时间;可以清楚地评估每个行为的开展情况,对每个行为的效率做出积极正面的评价;可以提前预测结果,稳定成员的情绪,从而产生持续的信心、热情和动力。社会实践计划的制订是为了完成具体的社会实践目标,而根据社会实践目标的时间跨度和范围,要将社会实践目标进行分解。如果是长期目标,则需要划分成若干个短期目标;或将大的团队目标分解成小的个人目标。这样,分解后的社会实践目标就为具体社会实践计划的制订提供了坐标。目标的分解就是将一个大目标划分成若干个小目标,再把小目标分解成多个更小的目标,这样一直分解下去,直到知道能干什么、该干什么。注意目标分解的原则是:小目标是大目标的条件;大目标是小目标的结果;小目标是大目标实现的桥梁。

(二)社会实践事项或任务的排序

某一个社会实践目标均对应着具体的工作事项或任务。做任何事情总有个轻重缓急,与大学生社会实践活动相关的事项或任务也有个先后顺序。如大学生在进行社会实践调研时,他需要完成电话预约、查询路线、准备社会实践方面的资料、拜访社会实践相关单位(或部门)的相关人员、填写差旅或交通发票、撰写社会实践日志等事项。另外,他可能还有其他事情要处理,比如到社会实践相关单位(或部门)进行实地查看、对社会实践相关单位(或部门)的相关人员进行拍照等。而这些事项,都需要进行适当的排序,以促使当天的任务能够妥善完成。为使社会实践活动顺利进行,对社会实践事项或任务进行排序非常重要。在对社会实践事项或任务进行排序时,要注意以下几点:

1.轻重缓急,要事第一

(1)紧急的事情,要立即去做。对社会实践活动过程中出现的紧急事情要非常重视,并立即去做,直到问题解决或任务完成时为止。例如,设备出故障,与重点对象进行的访谈,有期限压力的计划,偶发事件(看病、救火),等等。

(2)重要的事情,要定出时间去完成。这类事务看起来一点都不急迫,可以从容地去做,却是师生要下苦功夫、花大精力去做的事,是师生的第一要务。例如,社会实践规划的制订,社会实践技能的提升,创新能力的培养,人际关系的建立,新机会的发掘,安全隐患的防范(锻炼、防火),等等。

(3)不重要的事情,可不用浪费时间。先想一想:这件事如果根本不去理会,会出现什么情况呢?如果答案是“什么事都没发生”,那就应该立即停止做这些事。例如,并不重要的电话或信件的回复,无谓的交际应酬,个人嗜好的沉迷,点滴时间的浪费,等等。

(4)其他事情,需要授权他人去做。这类事务也需要师生赶快处理,但不宜花过多的时间,最好是授权他人处理或另约时间。例如,下属请示及汇报,临时会议及邀约,某些电话及邮件,日常文件批阅,不速之客到访,等等。

2.追求效率,统筹安排

效率就是单位时间内完成的工作量。据说,一个效率糟糕的人与一个高效的人的工作效率相差可达十几倍。人们在生活或者工作中无论做什么都应当有较高的效率,这在无形中就可以延长时间,这是注重效率的好处。同样是一天,同样是一样的工作目标,有的人完成得就比别人好、比别人快,这是为什么呢?除了工作技能的娴熟之外,很重要的一个方面,就是高效率的人懂得统筹安排。我们都知道一个“先装石头还是先装沙子才能发挥罐子的最大容量”的故事模型。类比到时间的统筹安排上,则就是利用大块的时间处理“大块”的事情,利用琐碎的时间处理琐碎的事情,利用等待的时间兼做其他的事情(比如在旅途中可以打电话或者构思计划)。

(三)制定详细的社会实践活动方案

1.社会实践活动方案的含义

方案是进行工作的具体计划或对某一问题制订的规划。社会实践活动方案是指大学生为完成社会实践活动所制订的书面计划,包含具体活动实施办法细则及步骤等,对具体将要进行的社会实践活动进行书面的规划,对每个步骤的详细分析与研究,以确保社会实践活动的顺利进行。一份完整的社会实践活动方案应该明确以下问题:社会实践活动的主题是什么?具体在什么时间开展某项社会实践活动?社会实践活动的目的及意义是什么?有哪些人员参加这项社会实践活动?社会实践活动的具体内容有哪些?社会实践活动的过程如何设计?人们对社会实践活动开展情况有什么评价?社会实践活动是否达到了预期的效果?社会实践活动过程中存在哪些困难和问题?对今后开展类似的社会实践活动有什么建议?等等。

2.社会实践活动方案的主要内容

对事项或任务排序以后,要对每个事项或任务拟定具体、清晰的行动方案。

(1)社会实践活动计划书的名称。这部分内容尽可能具体地写出实践活动的名称,如"关于三明清流县留守儿童问题的调研活动方案",格式须页面居中。当然也可以在写出正标题后,再添加一个副标题写在下面,如"温暖留守儿童,关爱农村教育——关于清流县留守儿童问题的调研活动方案"等。

(2)社会实践活动背景。这部分内容应根据策划书的特点在以下项目中选取内容重点阐述,具体项目有:基本情况简介、主要执行对象、近期状况、组织部门、社会实践活动开展原因、社会影响以及相关目的和动机。紧接着应说明问题的环境特征,主要考虑环境的内在优势、弱点、机会及威胁等因素,对其作好全面的分析,将内容重点放在环境分析的各项因素上,对实践活动所涉及的情况进行详细的描述,并通过对情况的预测制订计划。如环境不明,则应该通过调查研究等方式进行分析。

(3)社会实践活动的目的、意义和目标。社会实践活动的目的与意义要用简洁明了的语言将其要点表述清楚。在陈述目的要点时,该社会实践活动的核心构成或策划的独到之处及由此产生的意义(经济效益、社会利益、媒体效应等)都应该明确写出。社会实践活动的目标要具体化,并需要满足重要性、可行性、时效性等要求。

(4)社会实践所需资源。社会实践活动需要的人力资源、物力资源、需要的场地等都要详细列出,而且可以列为已有资源和需要资源两部分。

(5)社会实践活动开展。作为策划的正文部分,表现方式要简洁明了,使人容易理解,但表述方面要力求详尽,写出每一点能设想到的东西,避免遗漏。在此部分中,不仅仅局限于用文字表述,也可适当加入统计图表等。对策划的各工作项目,应按照时间的先后顺序排列,绘制实施时间表有助于方案核查。人员的组织配置、社会实践活动对象、相应权责及时间地点也应在这部分加以说明,执行的应变程序也应该在这部分加以考虑。

(6)社会实践经费预算。社会实践活动所需要的各项费用,应该根据实际情况进行具体、周密的计算后,用清晰明了的形式列出。

(7)社会实践活动中应注意的问题及细节。内外环境的变化,不可避免地会给方案的执行带来一些不确定性因素,因此,当环境变化时是否有应变措施、损失的概率是多少、造成的损失多大、应急措施等也应在策划中加以说明。

(8)社会实践活动负责人及主要参与者。在方案中要注明社会实践活动的组织者、参与者、社会实践走访的单位及联系方式等(如果是小组策划应注明小组名称、负责人等)。

(四)撰写社会实践活动计划书

为保证社会实践活动的正常进行,参与者都需要撰写不同类型的计划书。比如,简单的计划书,只需要的一个简单的电子表格(Excel)即可,而正规一点的计划书,通常都包括三部分:标题、正文、结尾。

1.标题

计划书的标题有两种写法:一个是"三要素"写法,即由发文机关、计划内容和文种三部分组成,如《XXX 大学五年发展规划总体方案》;一个是"两要素"写法,即省略发文机关,但这个发文机关必须在领头的"批示性通知"(文件头)的标题中体现出来,如《发挥学生主体性,开展社会实践活动方案》。另外,为郑重起见,方案的成文时间一般不省略,而且要注在标题下。

(1)全称标题。

全称标题包含以下四项:制订计划单位的名称、计划的适用时间、计划的主体内容和计划的类型,如《信息系 2019 年暑期大学生社会实践活动方案》。

(2)简称标题。

简称标题为全称标题的缩写。有的省略时间,如《外国语学院大学生社会实践活动方案》;有的省略单位,如《2019 年度大学生社会实践活动工作要点》;有的省略单位和时限,如《大学生社会实践活动工作计划》。

(3)文章式标题。

文章式标题按照计划的内容或要达到的目标来制定。如《开展社会实践活动,提高学生的实践能力》,如果该计划尚未得到批准,则要在标题后或正下方注明其成熟度,如"草案""讨论稿"等字样,并加上圆括号。

2.正文

计划书的正文一般有两种写法:常规写法,即按"指导方针"、"主要目标(重点)"、"实施步骤"、"政策措施"、"要求"几个部分来写,这个较固定的程序适合于一般常规性单项工作;变项写法,即根据实际需要加项或减项的写法,适合于特殊性的单项工作。但不管哪种写法,"主要目标"、"实施步骤"、"政策措施"这三项是必不可少的,实际写作时的称呼可以不同,如把"主要目标"称为"目标和任务"或"目标和对策"等,把"政策措施"称为"实施办法"或"组织措施"等。在"主要目标"一项中,一般还要分为总体目标和具体目标;"实施步骤"一般还要分基本步骤和关键步骤,关键步骤里还有重点工作项目;"政策措施"一般还要分"政策保证"、"组织保证"和"具体措施"等。计划书也可以是下级或具体责任人为落实和实施某项具体工作而形成的文件,然后报上级或主管领导批准实施。写法要求同上。正文一般由前言、主体和结语构成。

(1)前言(指导思想)。前言是计划书的总纲,回答项目"为什么做"和"能不能做"的问题,语言应准确鲜明、简练扼要。

(2)主体(计划事项)。主体是计划的核心内容,要求任务具体、目的清楚、落实到人、措施得力、时限明确等。

(3)结语(执行希望)。结语一般写希望和意见两项,也有的不写结语。如有结语,要有鼓动性和号召力。

3.结尾

结尾一般包括两项：制订计划的单位名称和完成计划的日期。日期写在正文的右下方，一定要详写，包括年、月、日，如有必要，最后应加盖公章。

阅读材料

福州大学赴福建省莆田市后海垦区“一村一品”水产养殖、精深加工科技支农实践队团队实践活动计划

前　言

莆田市地处福建沿海中部，海岸线漫长、港湾多、潮滩丰富，拥有“港、景、渔、涂、能、岛、文”等七大海洋优势资源，对加快打造福建海峡蓝色产业带和建设海洋经济强省占有重要的位置。近几年，随着海峡西岸经济区建设的不断推进，莆田市提出要重点整合挖掘“三湾”资源，突显区位优势，要从全局的高度统筹推进“三湾”开发，重新审视平海湾规划理念，科学合理开发平海湾，发展水产养殖，拓展港口资源，促进港城崛起。

莆田市后海垦区位于兴化湾南岸，于1992年围垦建成，垦区面积3.03万亩，开发利用水域资源面积2万亩，包括1.2万亩养殖池塘和8000亩淹没区。“十二五”期间，莆田市将围绕建设“海洋强市”的目标，按照“以港兴市、工业强市”的发展战略要求，全面实施莆田市海洋经济发展规划。

本次福州大学生物科学与工程学院组织开展“一村一品”大学生暑期“三下乡”社会实践活动，深入贯彻落实2014年中央一号文件精神，推动中央强农惠农富农政策更好落实，并宣传国务院《关于支持福建省加快建设海峡西岸经济区的若干意见》，结合福建省政府《关于开展小城镇综合改革建设试点的实施意见》文件精神，贯彻响应“海西春雨行动”活动的号召，总结去年莆田平海湾调研服务的成果，在原来的基础上，有针对性地深入莆田市兴化湾后海垦区进行水产养殖、精深加工科技支农服务，立足农村经济社会发展实际，传播和推广农业实用技术，培训农村科技人才，帮助群众解决生产技术难题，以“助力科技下乡，智助农村发展”为主题，开展结对帮扶，送上科技服务，助力当地农业科技发展和农业农村基础建设。引导广大青年学生在实践中了解社会，认识国情，增长才干，奉献海西建设，服务学校发展，培养个人品格。

一、项目设计论证

十八届三中全会以来，坚持高举中国特色社会主义伟大旗帜，以邓小平理论、“三个代

表”重要思想、科学发展观为指导，全面推进社会主义经济建设、政治建设、文化建设、社会建设、生态文明建设。全会提出，建设生态文明，必须建立系统完整的生态文明制度体系，用制度保护生态环境。要健全自然资源资产产权制度和用途管制制度，划定生态保护红线，改革生态环境保护管理体制。

莆田市地处福建沿海中部，是海洋资源大市，海域总面积1.1万平方公里，占福建省的8.1%。莆田沿海岸线漫长、港湾多、潮滩丰富，拥有“港、景、渔、涂、能、岛、文”七大海洋优势资源，在福建省占有重要的位置。莆田大陆岸线336千米，拥有湄洲湾（北岸）、平海湾、兴化湾（南岸）三大海湾；海岛岸线107千米，拥有湄洲岛、南日岛等11个有居民海岛和146个无居民海岛以及461个礁。丰富的海洋资源为莆田加快海洋经济发展提供了优越的物质基础和发展空间。

而纵观当前水产养殖行业，海水污染严重，赤潮频繁发生且规模不断扩大；有限的可利用海域资源持续骤减；饲料矛盾加剧；水体富营养化异常严重，寄生虫等病害泛滥成灾且治疗困难，进而导致鱼饲料中化学药品添加泛滥，使得水产品体内化学药品残留严重超标，对人体健康造成极大的威胁。同时，养殖环境恶化，养殖方案设计不合理，养殖技术落后，管理水平低下，能源浪费严重，养殖废渣管控不严甚至造成二次污染，严重违背国家的科学发展观战略。当前传统的养殖企业，如果无法转变养殖模式，在当今追求低碳、环保、可持续发展、建设生态文明的大环境下，势必穷途末路。

因此，转变势在必行。莆田市后海垦区位于兴化湾南岸，于1992年围垦建成，垦区面积3.03万亩，开发利用水域资源面积2万亩，包括1.2万亩养殖池塘和8000亩淹没区。得天独厚的地理优势使得该垦区十分有利于海产品养殖。而目前后海垦区的池塘养殖还处于一个相对比较原始和落后的方式，整套养殖模式受自然环境因素的影响十分严重。

近几年来，生物科学与工程学院团委在校团委、学院领导、专业老师的大力关心和支持下，先后在漳州、南平、龙岩、三明、福州、莆田等地开展了“一村一品”大学生暑期“三下乡”社会实践活动，都取得了可喜的成绩。作为学院向学校推荐的重点社会实践服务队，为深入贯彻落实2014年中央一号文件精神，推动中央强农惠农富农政策更好落实，并宣传国务院《关于支持福建省加快建设海峡西岸经济区的若干意见》，结合福建省政府《关于开展小城镇综合改革建设试点的实施意见》文件精神，贯彻响应“海西春雨行动”活动的号召，立足农村经济社会发展实际，传播和推广农业实用技术，培训农村科技人才，帮助群众解决生产技术难题，以“助力科技下乡，智助农村发展”为主题，引导广大青年学生在实践中了解社会，认识国情，增长才干，奉献海西建设，服务学校发展，培养个人品格。经研究决定，我院将于今年暑期继续组织开展“一村一品”大学生暑期“三下乡”社会实践活动，总结去年莆田平海湾调研服务的成果，在原来的基础上，有针对性地深入莆田市兴化湾后海垦区进行水产养殖、精深加工科技支农服务，开展结对帮扶，送上科技服务，助力当地农业科技发展和农业农村基础建设，并使广大青年学生在社会实践中培养大学生创造能力、创新精神及创业技能。

二、项目方案

(一)研究内容

莆田市兴化湾南岸作为重点发展的海洋经济区之一，有着得天独厚的优势。莆田市后海垦区位于兴化湾南岸，于 1992 年围垦建成，垦区面积 3.03 万亩，开发利用水域资源面积 2 万亩，包括 1.2 万亩养殖池塘和 8000 亩淹没区。这里是养殖规模最大、养殖面积最集中、养殖名优品种最多、养殖科技辐射能力最强的现代渔业示范基地。莆田市委、市政府决定要将后海打造成为全省最大的现代渔业产业园，促进莆田海洋经济发展再上新台阶。

目前，后海围垦区在养殖和加工中存在许多难以攻克的问题，在我省乃至于全国，现有大量的海岸围垦大型鱼塘，普遍依赖退潮排水涨潮加水的方式来达到净水增氧的目的。但该方法的风险在于池塘是一个开放式的，受海区水质(水体污染富营养、赤潮、洋流、爆发性寄生虫害等)及其变化影响较大，不可控制的养殖生态环境因子太多，发生病害的概率很大，而且在极端气候(如三九三伏季节、持续旱季和雨季、持续暴晒和阴天、台风暴雨季节等)时，爆发性死鱼的情况难以避免。通过本次社会实践，了解了莆田后海垦区目前的养殖现状、存在问题后分析原因，提出了解决方案。

本次福州大学生物科学与工程学院结合学院生态养殖及食品加工专业，依托学院专业老师，打造一支以专业教授及研究生为主的科技下乡服务队伍，到莆田市兴化湾后海垦区进行水产养殖、海产品精深加工科技支农服务，为后海垦区养殖及加工企业解决实际难题。

(二)项目拟解决问题

1. 海洋产业现状调研

对莆田市政府管理部门的情况考察调研，主要是与海洋产业相关管理部门(如海洋与渔业局、发展改革委员会、市规划局等)进行座谈，了解当地政府对海洋经济的产业规划、扶持政策、海洋经济发展目标等，同时了解当地发展远洋捕捞情况，交流莆田市重点打造的 5 个海洋经济区——湄洲湾北岸海洋经济区、兴化湾南岸海洋经济区、平海湾海洋经济区、湄洲岛海洋经济区及南日岛海洋经济区。综合分析莆田市海洋经济产业的总体现状和发展趋势，提出更有利于海洋产业发展的建议和意见，同时与相关部门座谈如何发展海洋旅游产业等。

2. 养殖企业技术服务

总结去年莆田平海湾调研服务的成果，在原来的基础上，有针对性地对后海垦区养殖基地实际情况进行考察，对养殖鲍鱼、南美白对虾、花蛤、蛏等养殖品种规模、技术水平、当前现状及主要问题、如何做大做强莆田养殖业这些方面进行实地考察，对后海围垦区进行全面的分析考察评估，针对性地提出海岸围垦区无公害立体生态综合标准化养殖技术、产品精深加工及推广。本次实践队结合生态学专业进行可控生态精养技术服务，向当地养殖企业介绍生态精养技术的优势所在，攻克传统养殖中存在的效率低、污染大等问题，运用科学技术推动传统养殖业的革新。

3.海产品加工技术服务

对兴化湾南岸后海垦区域养殖水产品精、深加工企业进行考察，针对当地主要的养殖产品种类及加工规模、加工技术水平、企业技术需求及在技术上遇到的主要问题、如何利用当地资源进行产品深加工以期加大企业的市场竞争力等这些问题进行实地考察交流，本次"一村一品"三下乡社会实践队中，2名专业老师、8名研究生，有着相当大的专业优势。通过与所学专业知识相结合讨论，提出有效的解决方案和建议。

(三)项目可行性分析及创新点

1.项目已取得成果

2013年，生物科学与工程学院组织开展"一村一品"大学生暑期"三下乡"社会实践活动，深入莆田平海湾区域进行海洋经济产业调研，调研结束后取得了相当满意的效果。

通过此次社会实践，了解到了莆田当地的海洋经济现状，当时水产品养殖的主要模式为海边的网箱养殖及陆地的工厂化养殖，但都存在许多问题，如严重依赖自然环境，赤潮危害严重，养殖过程寄生虫爆发频繁，工厂化养殖大量换水，大量用药等问题；在产品加工过程中工艺存在不够完善、成本较高等问题。通过实践队成员与专业导师探讨并经过一年的试验，得出了一套结合传统又有创新的水产养殖模式，并通过本次社会实践，有针对性地对莆田市后海垦区进行试点技术服务。

2.项目团队组成

本次"一村一品"大学生暑期社会实践队，团队成员共10名，其中教授1名，副教授1名，生态学专业研究生3名，食品工程专业研究生3名，生物技术专业研究生2名。在水产养殖和海产品加工方面有着相当大的专业优势。

3.养殖模式新颖

针对本次社会实践地点——莆田市后海垦区提出了对海岸围垦大型养殖鱼池进行标准化建设的立体生态综合养殖技术，把每一个池塘作为一个相对独立的生态系统，综合海水鱼网箱集约化养殖、对虾开放式养殖、贝类底栖养殖和鲍藻共生吊养于一体，该技术是超前于全国池塘海水养殖的创新思想，充分体现在全方位应用生态系统循环经济理念和方法，把海水经济鱼类、底栖滤食贝类和虾类、光合大型海藻以及浮游生物融为一体，相得益彰，构成相对封闭式的池塘养殖水体，该池塘养殖水体是能充分自净和生态良性循环的独立系统，海水鱼养殖过程中的排泄物和残饵可以被底栖贝类和虾类所利用，贝类和海藻可以大量吸收水中氨氮物质而净化水质，海藻又是鲍鱼最优质的饵料，良性立体的系统可实现池塘生态系统物质合理转化，生态互补，抗极端气候能力强，生态防病抗病机制完善，大大提高成活率，多种经营，高效生产。实现围垦海水池塘多品种共生互惠养殖的同时，实现拒绝用药，高度节水、节能，零排放环保的生态养殖理念，大大提高整体单位产量、品质、产值和经济效益的目的。

4.加工技术成熟

在鲍鱼加工上，采用冷冻干燥技术和热风干燥技术结合来替代传统的加工方法，可以使鲍鱼保持原有的活性和性状，抑制细菌增殖，加工制品营养丰富，复水快，感官色泽好，质轻便携。有干燥时间短、呈味氨基酸优于晾晒干鲍、设备投资少、操作简单、卫生条件好等优点。

在罐头加工中存在人工清洗黑色黏液在工业化中消耗大量的劳动力，高温杀菌后的鲍鱼失水严重、质地变硬、口感艰涩，鲍肉褐变度高、色泽极不稳定等问题，可采用液氮冻结等技术来解决这些问题。

5. 项目社会效益显著

本次社会实践在实践中努力将高校学生的专业学习、地方企业农产品开发及加工、政府政策实施三者有机结合起来，为理论和实际相互论证提供有利的平台，尽力搭建基层政府与农民沟通的桥梁，做好“产—学—研”科学模式实践工作。

三、预期成果形式

（一）科普讲座

实践期间在莆田市兴化湾南岸后海垦区开展关于无公害立体生态综合标准化养殖、环境保护理念的科普讲座。

（二）技术培训

实践期间，实践队员将亲身实地地参与到当地农民生产劳动中，通过查阅文献资料并结合专业知识，与当地农业部门或农广校合作，开展农技人员培训、先进农技推广。

（三）交流座谈会

与当地海洋与渔业局、发展改革委员会、后海垦区现代农业发展有限公司进行座谈，对关于水产养殖和产品精深加工进行技术探讨。

（四）形成调研报告

调研结束后形成一份调研报告，内容关于后海垦区目前水产养殖、产品精深加工存在的问题，并提出相应的解决建议，为当地政府及企业进行规划及生产提供参考。

（五）建立社会实践基地

可以与当地建立社会实践基地，做好“产—学—研”科学模式实践工作。

（六）进行养殖模式试点

对后海垦区池塘进行养殖示范，通过进行网箱养殖鳗鱼、赤点斑、真鲷等海水鱼，实施池中养殖九节虾、池底养殖蛏及池中海藻（海带、江蓠、龙须菜等）和鲍鱼开放式生态养殖结合的立体生态养殖方案。

（七）参与产品加工

参与当地企业产品加工过程，深入车间生产，将所学知识应用到实际中。

（八）进行报道

通过当地电视台、《福建日报》及学院网站和一些其他网站进行报道，将本次社会实践的意义进行全面宣传。学生在此过程中为新农村建设贡献自己的力量。通过本次社会实践，营造积极投身实践、服务海西建设，促进社会和谐的社会实践氛围，鼓励学生在实践中了解社会，认识国情，增长才干，奉献海西建设，服务学校发展，培养个人品格。

四、实践前准备工作

(一)与接收单位联系沟通

出发前,由实践队负责人或随团老师向接收单位寄以请求接收信,阐明本次采访的时间、目的、人数及内容,与当地充分沟通,提前对交通食宿等问题有所安排。

(二)车票、保险的购买

根据采访校友的地点及团队成员人数,出发前先统一购买好目的地的车票,由学校统一向中国人寿保险公司为团队每个成员购买好意外伤害险。

(三)采购常备药品

实践队出发前,首先了解队员们有哪些特殊的身体状况,例如晕车等,并查询实践地近一周的天气情况,提前购买一部分必备药品,清单见表5-1:

表5-1 药品清单

药品名称	数量
整肠丸	2瓶
藿香正气水	3盒
风油精	1瓶
花露水	1瓶
晕车药	1盒
板蓝根	1包
体温计	1支
红药水	1瓶
碘酒	1瓶
医用棉签	3包
创可贴	1盒
纱布	1卷

(四)做好出发前的安全教育工作

本次实践出发前,对全体队员展开安全教育讲座。内容有:

(1)做好安全预防工作,对可能遇到的一些安全问题进行演习;

(2)做好通信沟通工作,各队员要严格遵守出行秩序,不擅自离队,时刻保持通信畅通,有任何突发状况立即向队长汇报。

(3)留意实践过程的各种现象,勤观察,多沟通,保证实践活动的顺利进行。

五、新闻媒体联系宣传工作

为更好地记录、报道实践内容,我们从以下四方面开展新闻媒体宣传工作。

(一)活动现场

由随行记录员对活动现场进行记录,可以通过笔记、录音、录像等方式保留第一手资料。

(二)微博报道

利用学校公众微博号、学院微博、个人微博等多方面报道,进行微博实时更新报道,主要是活动过程微博宣传,活动后总结当日行程、收获进行长微博报道,扩大实践活动的宣传力和影响力。

(三)会后整合报道

对采集到的第一手资讯进行整合,并编写成人物通讯、个人专访、事迹简介等多种形式,上传到学院网站、校团委网站,并向各大新闻网、报刊投稿。

(四)新闻媒体随行报道

实践队将联系福建日报社,以及莆田电视台,对本次实践活动进行跟踪报道,记录、编写相关报道和视频,扩大宣传力度。

六、实践期间完成的任务、行程计划及安排

(一)实践期间完成的任务

实践期间,"一村一品"水产养殖、精深加工科技支农实践队将深入莆田后海垦区,对当地的水产养殖业、加工业进行实地的调研采访与报道,利用随团专业老师以及队员们在生态养殖、水产品养殖、水产品加工等方面所具备的专业知识,与当地的养殖户进行经验、技术交流,希望给当地的养殖人员带去更加全面、科学的养殖思维,同时,实地的考察调研有助于我们对自身所学习到的专业知识进行验证和提升。此次实践队拟计划在当地开展宣讲会1场,讲座2场,并根据当地的具体情况进行1场专业培训,分享水产养殖心得,并与当地建立实践基地。最终完成调研报告1份。

(二)详细计划及日程安排

本次社会实践活动时间拟定为2014年7月8日—7月15日,共七天,具体安排如下:

7月8日:项目启动仪式,实践队出发莆田市后海垦区,队员安置。实践队与当地对接项目组对接洽谈,双方相互熟悉,安排后续事宜。实践队全体到当地鲍鱼养殖场、海带种植厂进行实地考察,了解实际生产情况,在专业老师的带领下与该养殖场相关技术人员进行座谈,了解当前养殖过程中遇到的难题,并探讨交流,也可将提出的问题带回学校进行实验,提出最优方案。

7月9日—7月10日:实地考察后海围垦区养殖现状,了解实际生产情况,并进行技术交流。将海岸围垦区无公害立体生态综合标准化养殖技术传播至当地养殖企业,将去年调研后经学院组织专家试验后的成果进行示范。开展一期有关远洋捕捞、立体生态综合养殖、水产加工及海洋旅游的交流会。会上针对当地水产养殖(鲍鱼、海参、蟹、海带、对虾、花蛤、牡蛎等)企业及当地居民汇报可控生态精养理念、远洋捕捞现状及优劣势、水产加工的发展方向及海洋旅游业发展趋势。

7月11日—7月12日:实践队与莆田市海洋与渔业局进行座谈,了解当地海洋产业现状及该部门对海洋与渔业的相关政策。主要对以下九个方面进行座谈,海洋经济产业

的发展现状与环境、总体发展构想、海洋开发空间布局、构建现代海洋产业体系、推进海洋科技进步、保护海洋资源和生态环境、加强涉海基础设施建设、全面推进海洋经济的开放与合作及保障措施。实践队员亲身实地地参与到当地农民生产劳动中，并与当地农业部门或农广校交流座谈。通过查阅文献及结合专业知识，思考生产劳动中遇到的问题，并探讨提出更有效的劳动模式进行生产实践。同时开展一期农用器械科普讲座及农技人员培训，可以让当地居民更加深入了解农用器材使用，在提高生产效率的同时也提高了安全意识。

7月13日—7月14日：实践队与当地发改委进行座谈，了解该部门对海洋渔业的扶持政策及规划，了解对后海垦区海洋经济发展规划的区位示意图、规划范围、海洋经济发展战略、海洋产业基地布局等。

海产品加工技术服务组考察当地加工企业（如鲍鱼、海带加工厂等），就水产品加工流程与该厂技术人员交流探讨在海产品加工过程中遇到的难题，通过专业老师的指导，提出解决方案或将此难题在实践结束后带回实验室立课题进行试验，争取得出最优方案。

海洋产业现状调研组对后海垦区海洋环境情况进行调研，包括生活、工业垃圾堆放、污水排放情况。同时访谈当地居民，发放环保宣传单等。当地环保部门交流，反映实践队调研当地海洋环境情况，了解当地政府部门对海洋环境污染的处理力度和处理方案。开展一期关于农村垃圾处理的科普讲座，旨在宣传环保知识，提高当地居民和企业的基本素质，也可组织露天播放环保知识宣传片。

7月15日：实践队启程回校，同时做好材料整理编写工作。

七、团队安全保障制度及应急预案

暑假社会实践活动顺利进行的基础是安全保障工作，及时排除安全隐患，杜绝不安全事故发生，明确自身职责，切实保障实践队所有成员人身财产的安全。

（一）人员安全教育及责任分工

出发前，召开出行安全会议，使队员们事先了解当地的地理环境、生态环境和人文环境等，同时，对成员进行安全知识方面的教育，例如邀请学院红十字会成员开展急救培训活动等，加强所有队员的安全意识，提高队员解决安全问题的能力。此外，根据实践小分队设置，小队长肩负安全委员职责，保障小队队员的安全，及时应对突发情况。

（二）安全出行计划

在进行活动之前，事先制定每项活动的具体计划，保障有计划、有纪律地实行活动调研，避免造成活动无目的、人员工作无秩序而导致时间浪费和人员安全问题的出现。加强对实践队员之间的协调，使实践活动能够有条不紊地进行下去。

（三）活动期间可能出现的问题及其相应的应急预案

（1）防范预案：对实践队员做好安全教育工作、安全技能培训工作，提前学习各种突发情况的应急处理方式，切记保障通信畅通。

（2）路途安全：以2个老师，1个队长，3个小队长的2+1+3模式，保障活动的安全展开。同时备有常用药品，对突发的队员身体不适或者某些意外受伤，及时自救，并及时与当地医院进行联系，时刻坚持团队行动原则，以确保人身、财产安全。此外，在当地进行调研时，要尊重当地的风俗习惯，不能单独行动，不能解决时应及时通报组长及求助当地政府，由政府部门解决。

(3)饮食安全：社会实践中保持身体健康的首要问题就是时刻注意饮食卫生。防止“病从口入”。社会实践中的饮食卫生，特别是饮水卫生、按时就餐、不要随意采摘路边的果实食用，选择当地较为干净的、有卫生许可证的餐饮店就餐，尽量避免到人群拥挤处活动，不擅自离队购买物品等。

思考题

1. 简述大学生社会实践项目设计的基本流程。
2. 联系实际谈谈如何提高大学生社会实践的项目质量。
3. 假设校团委向同学们征集社会实践活动主题，谈谈你会如何选择社会实践主题。
4. 请结合实际，谈谈如何组建一支社会实践团队。
5. 尝试撰写一份社会实践项目设计方案。

第六章 大学生社会实践活动项目实施

随着社会的不断发展,大学生社会实践早已成为加强和改进大学生思想政治工作、全面落实党的教育方针、努力提高学生综合素质、引导学生成长成才的重要途径。为确保高校学生社会实践项目的有效实施,落实实践育人,本章通过对项目实施的总体流程、相关准备以及需要关注的问题进行梳理和提炼,以期夯实高校学生社会实践项目实施的理论基础。

第一节 社会实践项目实施的总体流程

为有效整合和配置社会实践项目的资源、合理安排时间、有效预测和解决社会实践项目实施中存在的问题,首先必须明确社会实践项目实施的总体流程。总体而言,社会实践项目实施的总体流程包括三个阶段,即项目的计划和设计、实施和执行以及总结和评价。

一、项目计划和设计

项目计划和设计是指根据项目的目标,设计主题和活动流程,提前将项目要开展的各项活动进行安排,确定行动方案,同时撰写一份予以指导、规范实践行为的计划书,以确保项目的完成。

(一)计划制订的步骤

1.社会实践目标的分解

社会实践计划的制订是为了完成具体的社会实践目标,而根据社会实践目标的时间跨度和范围,将社会实践目标进行分解。如果是长期目标,则需要划分成若干个短期目标;或将大的团队目标分解成小的个人目标,这样,分解后的社会实践目标就为具体社会实践计划的制订提供了坐标。

2.社会实践事项或任务的排序

某一项社会实践目标均对应着具体的工作事项或任务。做任何事情总有个轻重缓急,与大学生社会实践活动相关的事项或任务也有个先后顺序。如大学生在进行社会实践调研时,他需要完成电话预约、查询路线、准备社会实践方面的资料、拜访社会实践相关单位(或部门)的相关人员、填写差旅或交通发票、撰写社会实践日志等事项。

3.确定社会实践活动方案

概括而言,一份完整的社会实践活动方案包括七大要素(“5W2H”):What——做什么？事项清单？Why——为什么做？目的是什么？Who——谁去做？联系谁？Where——在哪里做？When——何时做？何时完成 How——怎样做？实施战术？How much——所需资源？需多大代价？

4.撰写社会实践活动计划书

计划书包括三部分：标题、正文、结尾。标题一般采用全称标题，包含以下四项：制订计划单位的名称、计划的适用时间、计划的主体内容和计划的类型，如《某某系 2019 年暑期大学生社会实践活动方案》。正文常规写法，按"指导方针""主要目标(重点)""实施步骤""政策措施""要求"几个部分来写。结尾一般包括两项：制定计划的单位名称和完成计划的日期。日期写在正文的右下方一定要详写，包括年、月、日，如有必要，最后应加盖公章。

(二)活动设计的流程

1.了解相关政策

大学生可以通过暑期社会实践宣讲会或从学校网站下载相关文件，或咨询团委老师和负责实践工作的学生干部等，初步了解社会实践活动的主题、内容和政策。

2.开展前期咨询

在社会实践活动准备工作之前，学生可向学校团委、各院系分团委、各院系社会实践指导教师详细咨询社会实践的主题、内容、流程等。要提前与带队教师和团队成员研讨实践活动相关的具体事宜，也要向曾参与过暑期社会实践的同学了解活动过程中可能会遇到的问题。

3.确定社会实践活动的主题

社会实践活动组织者主要根据每年校团委暑期社会实践活动的选题范围，结合个人兴趣、相关专业、组织特性以及指导教师的意图，初步确定选题范围。主题初步确定后，可与团队指导教师商洽，最终确立社会实践活动的主题。

4.发起活动倡议

社会实践活动组织的核心是寻找活动的核心人员。社会实践活动的组织者可根据课题性质确认团队的核心人员，也可通过同学介绍、学生会等社团部门推荐或者全校性招募等方式选择团队核心成员。核心成员不宜过多也不宜过少，要结合社会实践活动的性质、活动内容、成员能力等多方面因素，综合考虑，注重合理搭配。

5.制订社会实践活动方案

社会实践活动方案应由活动核心成员共同制订。一个完整的方案应该包括以下内容：社会实践活动的宗旨、目的、意义，团队其他人员的招募，队员的体能培训方案，社会实践活动进程安排，团队应急预案，活动资金预算等内容。社会实践活动方案初步完成后，可找专业的指导教师和团队的带队教师对方案进行可行性评估，并修改后确定最终方案。

6.组建实践团队

团队组成人员一般包括团队队长、指导教师、联络员、卫生安全员和财务管理员等。因团队性质的不同，各团队的成员结构也各异。应按照团队制订的社会实践活动计划，有针对性地在全校范围内招募其他团队成员，最终成立实践团队。

7. 上报社会实践活动申请

实践团队负责人可以到其所在院系的分团委领取社会实践活动申请的相关材料，在规定的日期内完成申报材料并上交学校主管部门。社会实践活动申报材料要根据校团委的要求认真、仔细、规范地填写。

8. 开展团队培训工作

团队培训是社会实践活动开始前最重要的一部分。团队可邀请有相关经验的教师或往届暑期社会实践的优秀人员对团队成员进行培训。团队培训的主要内容包括生存技能、专业知识、体能、安全知识和紧急医疗知识等。

9. 做好出发准备

社会实践活动出发前，团队负责人需要再次确认路线、社会实践的内容、是否购买保险、社会实践过程中需要的证件和证明是否备齐等。出发前夕，团队负责人要进一步与实践地取得联系，确保社会实践活动的顺利开展。另外，团队安全管理员需要准备好相关医疗应急用品，各组队员需要自行准备好生活必需品。

10. 开展社会实践活动

实践团队根据实践活动主题统一安排实践活动，每位成员每天必须完成不少于一篇的暑期社会实践活动日志，活动结束后认真做好总结。在此基础上，撰写社会实践的调研报告。有条件的实践团队，还要整理相应的录音材料或摄像记录，并对社会实践活动进行实时报道。实践团队的队长必须每天定时向校团委汇报实践活动的进展。在实践活动开展过程中要特别注意安全。

11. 整理实践活动材料

社会实践调研活动结束后，各团队要及时整理调研活动的相关材料。材料主要包括：社会实践登记表、调研图片、录音材料、个人日志、团队总结、社会实践调研报告、社会实践活动鉴定表（加盖实践基地公章）。社会实践相关材料汇总后，由团队负责人撰写社会实践验收报告。

12. 提交验收材料

实践团队按照校团委的要求，在规定时间送交社会实践相关材料。

二、项目实施和执行

一般来说，大学生社会实践通过行前准备、活动实施、方案调整、活动记录、活动宣传、活动总结等步骤来实施。①

（一）行前准备

1. 衣食住行的准备

首先是衣，以轻便实用为原则。其次是食，以卫生为原则。再次是住，以安全为原则。最后是行，以简易方便为原则。

---

① 倪福全，邓玉，周曼. 大学生社会实践教程[M]. 2 版. 北京：中国水利水电出版社，2016：91-97.

2. 相关方案准备

大学生社会实践活动实施之前要准备好相关的活动方案，比如，社会实践活动实施总体方案、社会实践活动应急预案等。此外，还要准备好相关的文件资料、证明材料。证明材料主要是介绍信、实践地接收证明等。其他文件资料主要包括学生证、身份证、社会实践活动考核表等。

3. 思想准备

大学生在进行社会实践活动之前，应当在思想上做好充分准备。要把自己的角色从一个学校的学生转换成一个能够融入环境的社会人。

4. 体质准备

社会实践的地点有可能会选定在某些大学生的家乡或附近地区，有可能会从都市走向农村、从平原走向山川。为了保障社会实践活动顺利进行，圆满完成社会实践活动的各项调研任务，大学生要在实践活动开展之前做好体质上的充分准备。例如，加强身体锻炼、调整饮食习惯等。这些充分的准备有助于社会实践活动的顺利开展。

5. 知识准备

经过系统学习，大学生自身已经具有了一定的知识储备。但是在社会实践开展之前，还是应当有针对性地进行相关知识准备。这里所指的知识准备是指大学生对社会实践涉及的专业等方面的知识要有更为深入的了解和掌握，尤其在开展专业型或者学术型社会实践活动时，这方面的准备就更为重要。参加社会实践的大学生还应当对实践地的风土人情、生活习俗等有深入的了解，尤其是不同地区存在着一些生活禁忌，这一点更是大学生要知道和注意的。

(二)活动的实施

在进行了充分的行前准备工作之后，学生个人或各实践团队就要根据计划奔赴实践地开展社会实践活动。在社会实践活动实施时，一般情况下，要紧密结合原定计划、按步骤展开。大学生社会实践活动一般可分为三类，即学术研究活动型、社团活动型以及志愿服务活动型等。由于内容、条件、特色等方面的不同，每一类社会实践活动的实施既有共同之处，同时在内容等方面也有所区别。接下来，我们对其分别进行阐释。

1. 学术研究活动的实施

学术研究活动的实施，一般通过学生参与教师课题或者结合专业特点自行选题来开展学术实践调研或研究。学术研究活动的指导教师负责指导学生课题申报和设计，传授给学生必要的专业知识和调研方法，指导学生分析调研数据、提炼学术成果、撰写调研报告。学术研究活动开展时，学生将按照项目申报书上的活动设计开展社会调查，统计调研数据，并及时向学校团委等部门报送新闻稿。在调研报告撰写阶段，学生将进一步分析调研获得的第一手资料，形成理性认识。学术研究活动的调研课题多为当下政治、经济、社会、文化、生态发展过程中出现的热点问题，调研所获得的第一手资料具有珍贵的价值，可作为政府部门决策时的参考信息。

2. 社团活动的实施

社团活动是依托学校各类社团为基础而开展的实践活动。通过学生社团开展社会实践能够增强学生社团的凝聚力和向心力，扩大学生社团的影响力。同时也能提升社团成员的思想认识水平，引导大学生在实践中深入社会、了解国情、树立对国家和人民强烈的责任感。就流程而言，社团活动和学术研究活动的实施是大同小异的。活动开展时，学生将按照项目申报书上的活动设计开展社会调查，统计调研数据，提供社会服务，并及时向学校团委等部门报送新闻稿，完成相关调研报告的撰写。

3. 志愿服务活动的实施

志愿服务泛指利用自己的时间、技能、资源、善心为邻居、社区、社会提供非营利、无偿、非职业化援助的行为。志愿服务是指任何人志愿贡献个人的时间及精力，在不为任何物质回报的情况下，为改善社会、促进社会进步而提供的服务。志愿服务活动是大学生社会实践最常见的形式。如义务支教、环保宣传、便民服务、医疗保健服务等各类志愿服务活动，不仅能够传递爱心，更是传递了一种构建和谐社会的坚定信念。志愿服务活动通常按照以下步骤和环节展开：了解志愿服务需求—招募爱心志愿者—明确志愿服务内容—明确服务对象—明确服务形式—开展志愿服务—填写志愿服务记录—活动总结。

（三）活动方案的调整

为了顺利完成社会实践活动既定的计划和任务，一般而言，社会实践活动方案在报学校团委等相关部门批准、确定之后便不再进行更改。但是，如果遇到一些特殊情况，尤其是突发状况，则有必要进行调整。

（四）活动的记录

做好实践情况的记录对于事后整理和归纳相关材料非常重要。社会实践活动的记录，既可以采用纸质材料书写记录的方式，也可以利用先进的通信媒介，如录音笔、手提电脑、智能手机等进行录音、拍照。

（五）活动的宣传

在大学生社会实践活动开展过程中，要做好宣传报道和信息报送等相关工作。要根据本团队实践活动的开展情况及时与报纸、电视台、网络等新闻媒体联系，深刻挖掘社会实践活动内涵及活动新闻亮点，扩大实施活动的影响力。

（六）活动实施的总结

社会实践活动在实施后，要进行全面总结和分析。社会实践实施后的总结，能够凝练社会实践开展过程中取得的经验、发现存在的不足，为下一次社会实践活动的顺利开展奠定基础。

三、项目总结和评价

大学生社会实践的总结和评价应充分发掘和实现活动目的，凸显活动特色。总的来说，总结评价内容由以下六个部分构成，分别是实践主题、实践计划、实践方案、实践态度和能力、实践成果和实践保障措施。

（一）实践主题

实践主题具有指向性，只有方向准确、成果丰富的社会实践活动才是有效的。首先，选题满意度可以从专业贴进度、社会需求紧密度来评价。专业贴进度是指所选主题、类型与学生所学专业的相关性程度大小。通常来讲，大学生所选择的实践主题、类型与所学的专业要求具较强的相关性，这对学生整合学过的专业知识有所帮助，也可以帮助学生不断更新完善专业知识，并且提高付诸应用的能力。社会需求紧密度是指所选主题、类型与社会发展需求之间联系紧密的程度大小。进一步讲，我们要求实践主题、类型必须和社会需求有紧密的联系。其次，选题难度是指学生所选择的实践主题的难易程度。通常而言，实践主题难度越大并不等于题目越好。优秀的实践主题的难度必须与学生的实际能力和知识储备相匹配，这也是促进提升社会实践实效性的前提。再次，符合社会时代主题。大学生社会实践活动应该明确社会和时代的主题，积极响应党和国家的号召，弘扬主旋律。通过党和国家的方针政策的指导，活动主题凸显时代特点才有意义，从而能起到影响社会的效果。最后，突出专业化特点。大学生参与实践活动时最好围绕大学生的专业背景选题，基于自身专业特色，以保证实践的技术含量，从而升华大学生的理论知识，进一步培养大学生对专业的喜爱和兴趣，利用智力资源优势，扩大实践活动的实效性和社会影响，真正做到实事求是，从自身出发、从专业出发，使大学生的实践活动与社会需求接轨，促进高校为地方经济和社会发展做出应有的贡献。

(二)实践计划

它主要是指由实践主题出发，为达预期目标所设计的整个实践活动的方案。一个好的实践计划能够保证社会实践活动整体有条理地进行。实践计划主要从计划完整性和计划可行性两个方面进行评价。首先是计划完整性。计划完整性是指学生所设计的实践方案各要素，即实践活动的目的、意义、采取的方法、实践路线、内容、时间安排、人员分工和预期效果等的翔实程度和全面程度。其次是计划可行性。计划可行性是指学生所设计的实践方案的合理程度，增强计划的可行性就要求学生加强调查研究，做好前期准备工作。

(三)实践方案

实施活动是大学生社会实践中最重要的环节，一个好的实施方案可以完整体现出组织者的决策力、创新思维以及专业性。因此，活动应当以实施方案为重点。具体来说，实施方案应符合以下特点：首先是突出活动组织性。大学生社会实践活动在有组织的情况下，已经逐步发展成为学生工作的重要部分。因此，必须充分依靠团组织和学生志愿者协会管理组织模式，活动各环节需要组织者负责协调完成，不断完善组织机构、组织纪律、活动章程，从而顺畅有序地进行大学生社会实践活动。其次是注重活动教育性。在实施过程中，我们要以活动为载体，以人的发展为出发点，以全面培养高素质人才为根本目标，将社会精神建设与个人成长相结合。最后是保证活动广泛性。大学生社会实践活动重点在于实施组织管理，要充分发现利用学生公民的社会责任感，完成活动的前期宣传动员，提高学生热情。

(四)实践态度和能力

实践态度和能力主要从实践态度和实践能力两个方面进行评价。实践态度主要评价团队合作、爱岗敬业、主动沟通三个方面。团队合作是指社会实践需要合作精神，实践团队的每一个成员都需要发挥各自应有的作用。爱岗敬业是指团队成员需要以勤奋好学、刻苦钻研的态度对待各种任务，尤其是要坚持做好团队分工后的工作，为团队的成功默默付出努力。主动沟通是指学生在实践过程中要及时主动地与指导教师、校外导师沟通、讨论以最大限度地获得社会实践的成果。实践能力主要包括沟通能力、应变抗挫能力、资源利用能力、总结归纳能力四个方面。沟通能力是指学生在实践过程中与人交往的能力，包括和实践单位的领导、指导教师、被访(服务)对象、队员的交流等。应变抗挫能力是指学生在实践过程中有变通地根据实际情况执行实践计划，包括遇到挫折后克服困难的能力，其本质上是考查学生发现问题、解决问题的信心、决心和能力。资源利用能力是指在实践过程中，学生合理有效地利用周边社会资源的能力，包括学校、指导教师、实践单位、实践地有关部门、各级团组织、人民群众、有关政策等。总结归纳能力是指学生在社会实践各个环节中，对发现的各种问题进行总结、分析、归纳，提炼事物发展的规律和特征，从而得出结论的能力。

(五)实践成果

实践的最后一个环节——总结和答辩，要求学生归纳、整理并总结实践的成果，并与实践计划对比进行理论上的提升。因此，实践成果也是社会实践评价最重要的内容，主要包括实践总结报告质量、其他实践物化材料、成果答辩情况三个方面。首先是实践总结报告质量。社会实践活动最直接的物化形式包括实践总结报告、社会调查报告或者学术论文等。该物化形式作为主要表现形式，是需要满足社会需求、学校育人目标、学生成长成才的特征和特性要求的总体要求。实践总结报告质量具有科学性、创新性、实用性三方面考虑。其次是其他实践物化材料。其他实践物化材料是指除了实践总结报告以外的一切以物质形式存在的成果，包括以实践日记、实践感悟等形式体现的队员收获，实践单位的证明、鉴定，媒体报道情况，活动图片等。队员的收获反映的是学生本人经历实践活动后对专业学习、专业知识结构的全面检验和完善，对社会、行业、单位等的不断了解以及在认知、策划、沟通、执行、总结等能力上的提升；实践单位的鉴定反映的是接收大学生进行社会实践的单位对该社会实践活动为单位、社会所产生的经济(社会)效益和大学生们在实践过程中所表现出的综合素质予以认可的程度；媒体报道情况、活动图片、活动自媒体报道及其点击率一方面反映了真实的实践活动，另一方面反映的是在社会实践过程中，社会舆论、新闻媒体等对该活动或成员的关注度。最后是成果答辩情况。成果答辩情况主要考查的是学生在社会实践成果答辩过程中的语言流畅程度、表达准确程度以及逻辑严密程度。语言流畅程度是指学生在答辩中思维敏捷、沉稳大方、口齿清楚、语言生动流利；表达准确程度是指学生在答辩中能围绕所提的问题，准确科学地回答，无明显失误；逻辑严密程度是指学生在答辩中思维严密有条理，前后不矛盾，环环相扣，不出现思维断档。

(六)实践保障措施

在总结评价过程中，除了上述方面，也不能忽略保障措施对提高实践效果的影响。如前所述，评价作为重要的教育手段，也是一种导向和激励。实践保障措施主要评价学校重视程度、指导教师参与程度、实践单位(基地)重视程度三个方面。

第二节　如何做好项目实施的相关准备

在明确社会实践项目实施总体流程的基础上，本节着重分析如何做好项目实施的相关准备，包括甄选项目的实施主题、明确项目的开展形式和构建合理的管理模式，为更好地实施社会实践项目提供指导。

一、甄选项目的实施主题

为社会实践项目甄选主题，是开展大学生社会实践活动的第一步，也是高校通过在实践中达到育人目的的前提性步骤，更是为大学生实践成果进行引导和预知的关键。因此，必须科学把握社会实践项目主题甄选的理念、原则和方法。

（一）社会实践项目主题甄选的理念

首先是价值指向。价值指向是社会实践项目主题甄选的逻辑起点。要根据党和国家的重大决策，用科学鲜明的社会实践主题引导大学生了解国家的大政方针，了解社会热点，主动思考，积极投身国家经济、社会和文化等各方面的建设中。当代大学生由于社会经验不足，缺乏全面分析和解决问题的能力。因此，社会实践项目选题要以习近平新时代中国特色社会主义思想为指导，以社会主义核心价值观为导向，着力提升大学生运用马克思主义的立场、观点和方法，观察、分析和解决实际问题的能力。其次是人本指向。社会实践项目实施的主体是学生，因此，人本指向即要充分发挥学生的主体性作用。社会实践选题要以满足大学生成长成才为目的，激发学生主观能动性，引导、帮助大学生深入思考想要分析和研究的问题。甄选主题的过程中，学生带着任务查阅资料、集中研讨、撰写成果，由被动接受任务变为主动探究问题，真正成为学习和实践的主体。同时在参与团队讨论和合作的过程中，学生拥有了主动探索的空间，在探索中能逐步学会沟通、交流与分享的重要性，感受团队合作的精神和力量，锻炼自我管理和自主创新能力。最后是问题指向。问题指向应该以社会热点和学生需求作为切入点，丰富社会实践选题内容，并将学生的兴趣点、困惑与实践主题甄选相统筹。要围绕实践主题甄选列出问题，强化问题意识，深化学生对主题甄选的理解，增强对主题甄选的认同感，吸引学生积极、主动地探究实践内容，帮助学生运用所学的理论知识分析和解决问题。学生在主题甄选的过程中，带着问题去深入了解社会、思考社会现实问题，有利于培养学生增长才干的意识和奉献社会的责任感和使命感，激发学习兴趣。

☞**【案例分析】**

红色之旅——与全国红旅师生同上一门“最大的思政课”

连日来，阳光学院白玉大创团队在前期实践的基础上深入屏南县白玉村，以“文化”为主题,以“筑梦”为主旨,与全国红旅师生同上一门“最大的思政课”。

团队指导教师由长期从事地方特色文化资源开发和营销策划的专家王秉安教授和马克思主义学院长期从事思政理论教学和科研的陈志平老师担任指导教师,并向资深国学教师、博导刘瑾辉教授求教,形成跨学科指导教师团队的雄厚力量。学生团队由来自文化产业管理、行政管理、美术学、市场营销等不同专业的学生组成。

作为阳光学院2019年助推乡村振兴“青年红色筑梦之旅”的组成部分,白玉大创团队以白玉特色体育文化资源开发策划为白玉乡村振兴提供智力支持。团队充分挖掘中华传统体育文化的精神特征,明确白玉体育文化的精神源泉,构建白玉特色体育文化体系和资源开发体系总体框架。一方面,学生在深入探讨中华传统体育文化的过程中,深受陶冶,形成文化自觉。另一方面,通过为白玉村提炼与体育特色产业融合的核心文化(“和”文化),为白玉乡村振兴特色化发展提供具有核心竞争力的名片,让学生在文化传承中坚定文化自信。

在项目实践过程中,思政课教师与专业教师协同配合,师生全员全过程参与,学生在实践中深化对党和国家关于乡村振兴有关政策的认识,进一步坚定对中华优秀传统文化传承与创新的自觉和自信。

通过白玉特色体育文化资源开发的探索实践,将社会实践与文化传承结合起来,将知识传授与价值引领结合起来,真正实现在价值传播中凝聚知识底蕴、在知识传播与运用中强化价值引领,于润物无声中立德树人。

☞【分析】

上述案例的社会实践项目主题以习近平给“青年学生红色筑梦之旅”大学生回信精神为指导,确立“全国最大的一门思政课”的价值指向,在教师团队的指导下,充分发挥学生的主体性作用,使学生成为社会实践项目的策划、组织和参与者,并在解决乡村发展实际问题中实现立德树人。

(资料来源:https://mp.weixin.qq.com/s/cIOd70r2IPszbdSioouSUA)

(二)社会实践项目主题甄选的原则

首先是现实性原则。甄选社会实践主题要具有现实意义,要注重其实际用途和使用价值。实践选题必须要能够形成某一具体的实践成果,能解决某一具体的需求或者问题,从而为相关部门献计献策。其用处越多,影响越大,越是值得去统筹的实践选题方向。具体而言,社会实践选题的应有价值主要表现在:第一,实践选题在促进解决社会问题、改善社会管理、提出社会政策等方面要有一定的用处;第二,实践选题在加强实践主体认识国情、理解民情、社会现象与社会规律等要有一定的作用;第三,实践选题对大学生自身能力与成长发展有一定的影响。另外,社会实践的选题能够锻炼学生分析现实问题的能力。学生通过结合自身的专业特长与兴趣爱好,将自身特长与实践选题相挂钩,有利于在实践中发挥特长优势,以形成团队成员的优势互补。实践主体在实践选题时找准自身能力的薄弱环节,在实践活动中重点锻炼和培养,有利于真正全面地增长才干,提高综合素质。

其次是可行性原则。即大学生作为社会实践的主体，其统筹的实践选题是否行得通，能否在现有的主客观条件下开展某项社会实践活动。因此，选题要善于利用资源，需要通过以下四个方面做到节约与高效。一是以专业与基础知识、实践与综合能力、实践主体的优点与特点等为内容充分估计统筹选题的主观条件。二是以学识水平与实践经验、生活经历与综合素养、操作技术与组织能力等为内容量力而行，客观分析自己的分析问题与解决问题的能力。三是选题的统筹要充分结合实践主体的兴趣爱好与特长专长。四是把握统筹选题的大小要适度。选题要从大处着眼，小处着手。

(三)社会实践项目主题甄选的方法①

首先是结合所在学校的学科优势与专业特色。在社会实践主题甄选中，结合学校的学科优势与专业特色是比较直接和有效的入手点。一来有利于塑造高校社会实践团队的“独一无二”性，如果社会实践成果良好，可进而形成“品牌效应”。二来有利于调动学生对专业的学习兴趣，激发参与社会实践的热情，提高社会实践的活动效果。因此，结合学校的学科优势与专业特色是大学生社会实践选题的一个重要统筹方法。结合学科优势的选题，社会实践形式十分广泛。既可以通过学习参观将书本理论知识转化为感性认识，也可以通过开展科技发明、专业服务等将所学知识与技能加以应用与实践。结合专业特色的选题，开展起来相对灵活多变。实践选题统筹应考虑与学生在不同阶段的专业课程、学习环境及实践地点相吻合，并针对具体的实践内容与实践方式给出不同的统筹选题链。其次是结合大学生关注的社会热点焦点问题。时代在变化，思想在碰撞。青年是祖国的未来，民族的希望。结合大学生关注的热点焦点问题，牢牢抓住大学生关心的“热点”，不失时机地开展社会实践，是社会实践主题甄选的一个重要方法。大学生关注的热点焦点问题与社会实践选题是天然统一的关系，二者相互融合，共同促进。社会实践的选题从大学生关注的“热点焦点”中来，帮助解决大学生在学习和生活中遇到的困惑与迷茫，“热点焦点”又为社会实践选题指引方向，帮助社会实践的研究更具有现实意义，从而全面提升大学生的综合素质，培养社会主义的建设者和接班人。再次是结合实践主体的兴趣特长。实践主题甄选要充分尊重实践个体的兴趣与特点，只有实践主体拥有对实践选题的热情与爱好，才能保证其在实践过程中享受社会实践带来的快乐和动力。兴趣是最好的老师，一个感兴趣的题目能够带给实践者无尽的能量和源源不断的动力。故而，结合实践主体的兴趣特长，是社会实践选题的另一个重要方法。

二、明确项目的开展形式

大学生社会实践是在校大学生利用课余时间，步入社会进行社会接触，提高个人能力，触发创作灵感，完成课题研究，发挥自己的聪明才智以求和社会有更大的接触，对社会做出贡献的一项活动。运用在大学学习到的理论知识进行社会实践活动是每个大学生必须要上的一门课。因此，社会实践的内容是丰富的，开展形式是多样的。

---

① 刘晓东.大学生社会实践理论与实务[M].北京：高等教育出版社，2014：30.

(一)按组织形式分类

(1)团体社会实践活动主要是由高校相关职能部门、学院、班级、社团组织、党团支部及课题组等集体组织,团队一般是由一位指导老师,一位学生负责人及若干队员共同组成,成员各司其职,分工明确,相互配合,依托社会实践基地,按照项目化运作的模式集中组织开展,最终形成一定的实践成果。例如,2019 年暑假,阳光学院组织了 33 个不同专业的 100 多名师生组成 18 支"青年红色筑梦之旅"实践小分队,入驻福建省北墘村、富竹村、白玉村,启动设计北墘孝文化馆、黄酒旅游伴手礼、白玉特色体育文化开发研究报告、村民导游员培训班、"筑梦·阳光"支教活动等 18 个项目,在提升乡村文化内涵、扩大乡村的知名度和影响力的同时,助推当地文化旅游等产业发展,为当地精准扶贫提供智力支持。

(2)个人实践活动的主体可以是 1 人,也可以有几名合作者,但他们主要是根据自身需求与安排,自发地联系机关、企事业单位、社区、农村等组织或参加科普宣传、政策宣讲、支农支教、勤工俭学、社会调查、法律援助、创新创业等实践活动。

(二)按社会实践的类型分类

1. 教学实践类

教学实践类一般是由教学部门主管的教学性社会实践。主要指纳入教学计划的实践环节,有明确的学分要求,是大学生为完成学业或课程结业所必须完成的环节。主要包括专业实习、课程见习、教学观摩、军事训练等形式。目前,在我国高校理、工、农、医、法、管理等 12 个学科门类的各个专业都有明确的实践教学要求,目的是让学生将学校的理论学习和实践结合起来,尽快利用自己所学知识分析问题、解决问题,融入社会。

2. 服务实践类

服务实践类主要是指大学生在课余时间利用自己所学的知识参与到为社会做贡献和为人民服务中去,体现自己的社会价值的实践活动。主要包括:假期社会实践活动、科技文化卫生"三下乡"活动、志愿服务、便民服务、挂职锻炼等形式。在服务过程中,大学生是无偿和自愿的,并不能从这个过程中直接受益。但是能间接地锻炼和培养大学生的能力品质,提高大学生奉献社会的意识,对树立良好的社会风气、促进社会进步和建设和谐社会有重要的意义和作用。

3. 科创实践类

科创实践类是指大学生利用自己的专业知识或者技能特长参与科技创新活动,并将其产生的成果运用到个人创业、促进经济发展、推动社会进步中去①。主要包括课外科技活动和课外创业活动、大学生研究训练项目、大学生自主创业等形式。其中大学生"挑战杯"赛事是科创实践类的代表项目。大学生"挑战杯"赛事是"挑战杯"全国大学生系列科技学术竞赛的简称,是由共青团中央、中国科协、教育部和全国学联共同主办的全国性的大学生课外学术实践竞赛。共有两个并列项目,一个是"挑战杯"中国大学生创业计划竞

---

① 刘同国.大学生社会实践活动现状与发展研究[D].济南:山东师范大学,2010:35.

赛，另一个则是"挑战杯"全国大学生课外学术科技作品竞赛。这两个项目的全国竞赛交叉轮流开展，每个项目每两年举办一届。大学生"挑战杯"赛事已经成为吸引广大高校学生共同参与的科技盛会，促进优秀青年人才脱颖而出的创新摇篮，引导高校学生推动现代化建设的重要渠道，深化高校素质教育的实践课堂，展示全体中华学子创新风采的亮丽舞台。

4. 调查实践类

调查实践类主要是指学生按照一定的要求和目的，对某种社会现象和问题进行实地走访和调查的活动。主要包括：走访参观、调查研究、社会考察等形式。调查是大学生社会实践活动常用的形式和方法，简单有效，容易组织。对于促进大学生接触社会和了解国情，树立正确的人生观、价值观、世界观有着重要的意义，也有利于大学生掌握科学的方法、储备社会知识和增加阅历。

5. 公益实践类

公益实践类是指大学生利用自己所学的知识积极参加有利于社会的公共利益或者是对公众有益的事，比如说：公益劳动、环境保护、爱心捐款、公益创业等活动。公益实践类活动是近几年兴起的一类实践活动，大学生参与公益实践活动能够唤起大学生的责任意识和服务意识，号召大学生承担社会使命，调动受助者积极性来解决社会问题，具有很强的教育效果。

社会实践活动形式还包括暑期社会实践活动，科技文化卫生"三下乡"活动，青春志愿者活动，社会调查和考察，社会服务，公益劳动和环境保护活动，课外科技活动和课外创业活动，勤工助学活动，军训，专业实习，较长时间的专业性社会实践，挂职锻炼等；亦包括专业实习、调研科创、大学生创业、社团与校园文化、大学生自我管理、勤工助学、志愿服务在社区、志愿服务在农村、志愿服务在城市等形式。

因此，高等学校在组织社会实践时，应针对不同专业、不同年级的学生特点，提出不同的目标和要求；应根据不同的要求，采取恰当的形式；应充分认识不同形式社会实践的特点，精心组织，趋利除弊，使其切实发挥教育作用。

三、构建合理的管理机制

（一）以专项工作人员为核心，完善基础性的管理机制

1. 完善专项工作人员培训机制

高校团学系统作为大学生社会实践活动的主要管理方，其工作意识、工作能力毫无疑问左右着大学生社会实践相关的管理成效与运行成果。因此，面对现有的问题，高校团学部门应当加强队伍建设与自我管理。一是要改革大学生社会实践活动的管理指导队伍。应当以团学部门为核心，吸引政治素质好、责任心强、业务水平高的专业教师、合作单位负责人以及具有引领潜质的学生干部来从事学生社会实践活动的组织指导工作，建立一支由共青团干部为主体，专业教师、社会各界有关人士广泛参与的社会实践管理指导队伍。其次，针对社会实践过程中校院两级的主要工作人员开展必要的培训课程。

2. 制定项目负责人责任制度

应要求各项目负责人切实加强组织领导，强化对项目运行的管理规范，制定《项目负

责人管理手册》。在团学部门制定项目开展、人员管理等总体要求的基础上，加强对于各项目负责人对于各项要求的落实与监管。其内容包括活动目标、活动要求等项目开展内容的落实，还应包含人员上岗情况、突发事件处理等事务的监管。其对象不仅是各大学生社会实践活动开展项目的负责人，还应涉及校院两级负责大学生社会实践活动团学负责人，如：校社会实践指导中心负责人、学院社会实践部部长等，校级管理部门应在相关手册制度中，明确各级负责人的工作内容，一方面，能够在明确管理目标与内容的前提下提升各社会实践活动的开展成效；另一方面，高校团学部门作为大学生社会实践活动的组织管理者，在大学生参与社会实践活动时，需要敢负责、有担当的项目负责人来维持日常活动的运行，作为落实高校组织管理要求、沟通社会合作单位需求、了解大学生服务渴求的项目负责人，也是完善社会实践活动管理体系的重要一环。

(二)以项目指导教师为力量，建立促进育人功效的管理机制

1.加强项目指导教师的队伍建设

首先，应加强项目指导教师队伍的思想教育。在社会实践活动项目开始初期，应对项目指导老师进行思想动员，宣扬正确的社会实践育人观念，让专业老师充分认识到社会实践对于大学生成长成才的必要性和重要性。要加强指导教师对社会实践在思想上的重视程度，必须加强扶持思政教育的专业高度。其次，不忘思政教师指导团队的建设。组建质量优秀的指导教师队伍，不但要召集有意愿并热心于学生社会实践活动、专业基础扎实、专业应用能力强的专业教师来担任指导教师，还需选拔有思政工作经验的辅导员、在思政专业领域突出的教师来担任指导教师，确保指导教师队伍里有着明确的分工。再次，加强队伍建设，就是要以青年教师为主要对象，建立社会实践活动项目指导教师协会。这样，一方面可以提升青年教师与大学生青年的沟通成效、提高项目质量，另一方面也能够进一步培养专业教师中参与指导社会实践的良好氛围，形成教师群体间相关思想的良性循环。最后，要发展校外指导队伍资源。利用合作单位、校友等社会资源，聘请外校的、专业领域的专家对学生进行专业性指导，前期进行统一动员大会及培训和思想教育工作，使教师团队提前掌握指导学生社会实践的技巧和方法，充分认识到指导学生开展社会实践的迫切性、必要性、重要性。

2.建立项目指导教师的选拔制度

大学生社会实践活动的指导教师应当是由有专业背景和相关知识的教师个人提出申请，学生申报项目经立项后，经项目与教师的专业匹配后，通过“双向选择”进行指导配对。大学生社会实践活动中，指导教师不仅担负着培养、指导学生，对合作单位提供专业服务的重要职责，更要培养学生的爱心热心、服务他人的精神。进一步规范指导教师队伍，加强指导教师岗位建设也是在大学生社会实践活动管理方面所要加强的。

(三)以大学生为本，建立符合时代发展需求的管理机制

1.打造“互联网＋”社会实践

在“互联网＋”的时代，高校应充分利用网络新媒体这个载体拉近与大学生的距离，利用现代媒体加大宣传力度来鼓励同学们参与社会实践活动，及时向大学生提供社会实践相关信息，并将社会实践活动的各项运行工作从线下向线上转移，就要在社会实践活动中融合“互联网+”的思维，应注重如下几点：

第一，应注重提高新媒体平台活跃度。再好的服务都需要群体的支撑，因此在“互联网+”社会实践模式的建设中，首先要将大学生吸引到平台上来。可以利用微博、微信等既有载体的后台互动等功能，与大学生们进行及时有效的互动，开发解答疑难困惑、意见反馈的渠道；此外，建立大学生社会实践的专项平台，通过问卷调查显示，有近75%的大学生认可这一方案在完善社会实践活动保障体系中的重要性。平台除了发布信息的功能外，应着重开发“自媒体”的各项功能，如：项目负责人发起“社会实践活动拼单”、实践大学生分享实践见闻感悟等，加大大学生自身参与的比重，从而提升吸引力。其次，要着力提升网络平台的服务面。除了将目前具有的宣传功能进行补充外，还应将社会实践的基本原则、现有的管理体制、权益保障等进行公开以供大学生随时查阅；此外，应根据大学生的实际需求，建立相应的网络认证系统，真实记录每一名大学生的每一次社会实践参与情况，并开发社会实践服务期间的管理服务功能，如：“社会实践备忘录”“我的社会实践经历”等个性化、潮流度高的服务内容。第三，要努力扩大线上载体的融合度。从当下大学生社会实践活动的发展来看，社会合作单位与大学生的接触度在大幅提升，而其对于大学生在服务实践期间的影响也相应增强；与此同时，据调研显示，当下大学生在选择参与社会实践活动时，较为看重实践项目对于自我能力的提升。因此，社会实践的互联网运行，应当开放合作单位板块，一方面加大寻求社会力量的支持力度，形成与高校合作的合力，实现双赢；另一方面，构建线上沟通平台，让大学生在报名参与社会实践活动前就能够了解合作单位的需求与特点，找到自己的服务兴趣。

2.丰富大学生的考核与激励机制

对于参与社会实践活动的大学生而言，总结认定所带来的认同感与总结表彰时的获得感是助推大学生积极投身社会实践并提升实践育人成效的有效方法。因此，高校团学部门应当积极落实各项总结认定与鼓励表彰机制。

首先，要用好管理权，制定科学化的社会实践服务时长认定制度。大学生参与社会实践的认定时长一般由其参与的项目归属学院来认定，再由大学生所属的学院归档，再进行社会实践学分的换算。在这其中，高校组织者应当对每个实践项目、不同实践项目的不同岗位进行服务时长的标准设定，使用好高校团学部门的组织管理权限，以此避免各学院及项目因吸引大学生参与而制定差异性较大的认定标准，并以此规范社会实践学分制的管理。

其次，在科学化认定的基础上，完善现有的鼓励表彰机制。通过对有经验的团学师生访谈，做总结表彰工作、对活动中涌现出来的先进集体和先进个人进行表彰并树立典型是对大学生参与社会实践活动一个较为有效的激励措施。高校团学部门应当组织落实好各项总结表彰工作，并注意把握好以下几项内容：一是要切实反映各二级学院团组织、实践项目与参与师生的活动表现。二是要彰显优秀实践项目的活动亮点。在总结表彰时，要加强对优秀项目的宣传展示，以表彰总结的平台，用真实的活动亮点吸引大学生关注实践项目。三是要发挥先进个人的朋辈教育力量。除了在总结表彰期间的榜样力量，更要加强榜样在日常大学生社会实践中所发挥的朋辈教育的作用，打造大学生社会实践的朋辈教育平台，塑造“校院实践红人”，提升大学生了解社会实践活动的兴趣。

3. 重视对大学生的人文关怀机制

大学生社会实践活动管理，主要的服务对象应当就是大学生。大学生社会实践的管理还是应当回归学生本位，在相关工作的管理过程中，建立对大学生进行人文关怀的工作意识，并配套建设相应的关怀措施。如：在社会实践开展初期，注重大学生自身的个性化选择，通过建立个人社会实践活动档案，以学生辅导员为抓手，切实了解、沟通大学生对于参与社会实践的实际意向与提升需求。此外，针对当代大学生个性、自我的特点，可以试点开设“社会实践加油站”，一方面服务于在社会实践中碰到工作难题、与人相处问题的大学生群体，配套心理专业教师，凸显对于大学生个性化的服务意识；另一方面，以区域化建站的方式，加强大学生之间的交流互动，配套相应物资，通过团建等多种多样的活动形式，为大学生的社会服务加油，以切实的关怀措施提升大学生群体的积极性；此外，还可以作为大学生反馈意见、维护权益，以及高校了解社会实践具体开展情况与管理问题的有效途径。

(四)以合作单位为纽带，打造发挥社会功能的管理机制

合作单位是大学生参与社会实践活动的实际平台，在社会实践活动的开展过程中，合作单位与大学生的接触时间更是远高于高校专项工作人员、项目指导教师。合作单位作为大学生社会实践活动的载体，对于社会实践活动主体——大学生有着最直观的观察评价。从大学生社会实践规范管理角度，合作单位的意见也是重要的参考对象。高校在大学生社会实践中充当组织者和引路人的角色，而以合作单位为代表的社会力量则需要在大学生社会实践中充当呵护者的角色，应当明确其自身定位，加大对大学生社会实践的支持力度，与高校形成合力。

1. 采用科学多样的实践形式

在开展社会实践活动时，高校应当将大学生参加社会实践的服务时间、排班安排转交与合作单位，由合作单位视不同情况、不同岗位的需求，以及经项目负责人沟通报名大学生的实际情况后进行科学化、可行性强的排班方式。而通过综合比较各种志愿者服务排班方式，分析不同排班方式的优劣性，建议志愿者场馆及学校志愿者活动负责人采取每周排班制或每两周排班制。这两种志愿者排班方式一方面具有灵活性，可以有效管理大学生志愿者的参与情况，在短时间内可以进行调剂，无须将大学生志愿者时间进行强行分割；另一方面，合作单位及项目负责人在工作时可以减少单次工作量，更全面、系统地安排大学生社会实践工作。

2. 细化招募大学生的各项条件

作为合作单位，对于来参加社会实践活动的大学生是否积极参与社会实践，是否具有服务精神，有着最直观的感受。为了避免同学盲目报名同类型项目，导致无法提供高效、高质量服务的情况，合作单位应当首先主动明确合作单位或项目本身在前期进行大学生社会实践招募时的类型定位，如爱心学校、博物馆类、环保公益类等；其次，在自我定位的基础上，更应明确项目及合作单位的详细活动以及对参与服务的大学生的工作服务要求，并正视该项目能够给参与的大学生群体带来哪些提升；最后，合作单位应该鼓励专业对口的同学报名相关社会实践工作，一方面利用专业优势为合作单位的运行凝聚新的力量，另一方面更是对大学生参与社会实践的实践育人成效的体现。

3.共建大学生社会实践联盟

借助政府、媒体丰富的资源优势，广泛吸收具有创新意识并有志参与社会实践的青年学生入盟；建立基于社会实践的服务平台或管理网站，把各种社会实践相关的信息及时在该平台上发布，为学生提供相关的实践课程和学习资料；通过组织社会实践知识讲座、社会实践典型宣讲、社会实践方案设计大赛等形式，支持和引导学生积极投身社会实践活动；充分利用媒体等渠道进行社会实践知识和政策的宣传，在全社会营造懂实践、想实践、会实践的舆论氛围。

4.搭建校外实习实践基地平台

为了让社会实践教育更有应用性，在完善校内实践基地建设的同时，还要有组织的保障、师资的调配、学生的管理等。另外，要统筹兼顾搭建校外实践基地平台。联系一些固定场所，如烈士陵园、名人纪念馆等，让学生定期到这些场所参观、考察，把所学专业知识具体应用到实际中去；构建学校与企业相结合的实践教育平台，鼓励学生在不影响学习的情况下参观企业、访问企业家或到企业挂职锻炼等，引导学生真正走上社会；构建学校与家庭相结合的实践教育平台，利用家庭社会实践资源，结合思想政治理论课教学的实践，充分调动家长的积极性和优势，变家长被动为家长主动。

5.建立和完善产学研用合作教育体系

加快建立高校、企业、与科研单位三者的合作教育体系，充分发挥不同教育环境和教学资源的优势，实现课堂传授知识与生产科研实践有机结合。企业实体、产学研基地一般都是实践环境较为成熟、实践要素较为完整的企业，学生在企业中锻炼，能直接获取实际经验，快速提升自身实践能力。在当前"万众创新、大众创业"的时代背景下，企业实体、产学研基地平台可为大学生提供全面的创业环境，企业经营者或有创业经验的老师带领学生开展创业实践活动，给予学生单独开展市场活动的平台，学生可以进行市场化锻炼和创业体验，寻找创业灵感，条件成熟的可以直接过渡到创办企业。

第三节　项目实施中需注意的相关问题

在明确了社会实践项目的总体实施流程和项目实施的相关准备的基础上，本节着重分析在社会实践的具体实施中应注意的相关问题，包括人员资金问题、进度调控问题、保障体系建设问题等，以便使社会实践最终能取得良好的效果。

一、人员资金问题

(一)多元化的人员动员

1.坚持团学骨干牵头负责

高校团学骨干应牵头负责大学生社会实践工作的组织、实施，确保大学生社会实践工作最终落到实处。围绕实践主题及其问题，研究申报团队与校宣传部、学工部、教务部、团委、学生理论社团的具体分工与协作，统筹组建一批双导师实践指导团队，组织实践导入培训课，建立实践教育校内组织机制，统筹安排各团队与校外实践基地及联盟单位的对接和实地活动，建立校内与校外有机结合的现实实践组织机制等。

2. 力争丰富经验教师的带领

目前高校中，团学组织和学生工作队伍仍是社会实践工作的主要承担者，即使有部分专业教师参与学生的科技和创新活动的指导，也多是一种临时性、热心的义务行为。其实大多数老师较为愿意参与学生的实践活动，但是往往因为渠道不通畅、激励机制不健全等限制了他们参与的积极性。因此，需要给专业教师提供参与学生社会实践活动的平台，设定相应的激励机制，使热心参与学生实践活动的教师获得相应的肯定与报酬，也可把教师参与社会实践活动记入常规教学课时，保证他们参与指导大学生社会实践的积极性。

3. 动员学生社团组织参与

依靠学生干部、依托学生组织，集思广益，开展适合大学生、满足学生需要的各类活动，充分调动大学生参与社会实践的积极性。依托各类学生组织，建立一套完善的学生考评体系，将社会实践的活动成效进行比较客观的评价，最终计入考评成绩，督促学生积极参与社会实践活动，使第二课堂的活动不仅仅流于一些学生积极分子层面，扩大学生的参与面。

（二）多元化的经费筹集和科学化的经费使用

1. 多元化的经费筹集

资金是社会实践进行的基础，由于社会实践与其他教学部分不同，有其独特的方式和要求，缺少费用是长期以来制约高等院校社会实践开展和发展的重要原因。

第一，高校应该增加对社会实践的资金投入。高校要深入认识到社会实践在育人中的多重作用，扩大拨款比例，使实践地位、实践课时与经费相符。学校对社会实践重要性认识不足导致社会实践经费拨款不多，学校应该认识到社会实践在教学中的重要作用，增加对社会实践的拨款，从而为社会实践的开展提供有力的支持与保障。

第二，高校要多方面筹措社会实践资金。扩大社会交流合作，与企业、公司合作开展互利性质的实践活动，同时加强社会实践成果的转化，取得一定的报酬，大学生开展一些诸如社会调查、技术服务、产品宣传等实践活动，就要开展社会实践成果的经济转化过程，企业就要予以一部分的回报与补偿。

第三，高校要大力开展社会服务活动，获得社会资金支持。加强同政府职能部门的联系，以及与社会团体、福利机构、民间组织、非营利组织的联系，协助他们开展社会服务活动，费用由他们承担，学生参与社会服务活动，同时从中受到陶冶和锻炼。

第四，社会实践活动要实行项目化运作，引入社会资金。高校在筹集社会实践资金的过程中可以实行项目化运作，承担一些社会公共项目进行社会实践工作，以项目经费作为大学生社会实践活动经费，以解决社会实践经费不足的问题。

第五，将学生的实践活动与教师的研究课题相结合。将学生的实践活动与教师的研究课题相结合，学生参与课题的调查部分或者操作动手部分，费用由项目经费中出。老师和学生各得其所，也解决了经费问题。

第六，选择无费用或低费用的实践项目来减少经费支出。社会实践应该坚持有偿与无偿相结合，对于有偿社会实践、社会服务的收入也可以用于补贴实践经费。实现学校支持、社会实践单位和学生个人的多元化投入，投入主体与受益主体的统一。

2.科学化的经费使用

第一，要确保实践经费按时、足额到账，不允许挪作他用；第二，充分利用实践资金，分批发放，杜绝浪费。社会实践经费是保证社会实践活动正常进行的关键因素，在实践过程中要科学化地管理和使用，采取分批发放的方式，在社会实践活动之前将一半资金发出，另一半资金的发放要等到审查完成后。审查小组要以活动之前预定目标为基准，确认相关社会实践活动是否完成了70%，对于不能通过审核的实践活动扣除后半部分经费。预定实践目标要具有一定程度的可比性，以便在不同的团队期望之间实现合理的比较。在实践过程中随着实践活动的发展和进行可以对预定目标进行修改，但一定要向有关审核部门报备。第三，每一笔资金的支出都应有发票，并注明用途、经办人姓名，并交由队长签字后，方可报销；各小组要保管好活动经费支出的发票或相关收据；实践活动结束后，及时上交《活动收支明细表》。

二、进度调控问题

社会实践活动是一个长期的过程，必须要做好进度调控和规划。

第一阶段，教育宣传，学习动员。高校社会实践管理部门要规划全年部署，并安排到位；高校的宣传部、学工部、教务部、团委、学生理论社团等单位按照部署，守土有责，各司其职，确保宣传到位、动员到位，充分调动大学生参与社会实践的积极性。

第二阶段，活动实施，监控指导。社会实践活动的意义就在于让学生提早接触将来的就业岗位，帮助学生按需参与。因此，相关的实践活动应与学生的专业技能相结合，防止形式化的实践活动，提高社会实践的有效性，并突出社会实践的意义。只有在学生需求的基础上，学生们去做社会实践才能有所作为；只有结合专业技能，学生才能将自己的专业知识更好地发挥出来，提升学生参与社会实践的兴趣和积极性。学生研究申报团队结合自己的专业特色和兴趣，确定社会实践项目选题，再与指导教师就有关实践课题进行沟通、交流，指导教师在听取和尊重学生团队意见的基础上，就实践项目选题提出专业性的建议和指导。同时，可以邀请学校相关领导带头对实践活动单位进行实地考察，对实践活动涉及单位的安全状况进行充分了解，保证学生实践条件，激发学生参加社会实践活动的兴趣。

第三阶段，社会调研。在实践中，项目的要求必须与社会实践活动紧密结合，有必要设计相关的实践方案。要求实践项目要应用学生的专业知识，使学生通过专业知识处理遇到的问题和困难。学校相关部门应鼓励实行专业教师参与社会实践的激励措施，使学生在实践过程中得到专业指导，帮助学生更好地社会实践，实现知行合一。高校社会实践管理部门在调查相关项目的实施过程中，考察项目计划是否实施，是否存在资金违规行为。

第四阶段,总结评定。加大教育力度,总结交流经验,进而巩固实践成果,是推动学校社会实践活动更加广泛深入持久地开展的必经途径。定期对社会实践成员工作成效做总结评定,避免社会实践管理者对实践成员工作成绩做出不准确的评价;将实践成员工作成绩与预先设定的目标进行比较,并做出客观评估。有利于集中处理实践成员工作中不足之处,实践成员可以做出相应的整改,为下一阶段开发出更切实际的实践目标。首先,要在学校、院系和各实践团队开展总结工作,及时总结提炼实践活动开展过程中的好做法、好经验,培育创建实践活动中涌现的新亮点、闪光点,树立实践活动中涌现的先进集体和个人典型。其次,要通过举行实践团队成果答辩会、实践成果展和成果展示巡回宣讲会,对社会实践活动的优秀成果进一步推广和展示,积极引导大学生树立积极投身社会实践的理念。再次,要举行社会实践活动座谈会,互相学习,交流工作中出现的新情况和新问题,提出新手段和新措施,切实推动实践活动继续深入、扎实和有效开展。最后,要设立相关社会实践活动的经验库,将具有代表性的社会实践活动成果储存于数据库内,生成纸质的调查报告,帮助后来学生吸取经验。

三、保障体系建设问题

大学生社会实践保障体系建设的措施主要是为了更好地完善大学生社会实践的保障体系,更加深入地保障大学生社会实践的顺利开展与进行,以提高大学生社会实践的质量,大学生社会实践保障体系建设的措施主要有以下几个方面:

(一)提高对大学生社会实践工作的认识

在大学生社会实践的过程中,社会各个阶层应该重视大学生社会实践活动对高校教育体系的重要作用,全力支持大学生社会实践活动的开展。

1. 社会各界应提高对大学生社会实践活动的认识

各级党委和政府的全力支持是大学生社会实践活动成功的基本保障,各级党委和地方政府要大力支持大学生社会实践活动,高度重视大学生社会实践活动的开展,要为高校组织社会实践活动创造条件,提供便利。各级党委和地方政府要协助高校建立大学生社会实践基地,地方各级政府要把支持大学生社会实践列入政府财政,给予具体支持。地方各级政府要动员社会各方面支持大学生社会实践。制定社会各方面支持大学生社会实践的政策和具体办法,调动各方面的积极性,为大学生社会实践创造有利条件。各级党委和地方政府要鼓励支持社会各方面接纳大学生社会实践,加强对大学生社会实践的宣传。报刊、广播、电视、互联网等新闻媒体,要深入宣传报道大学生社会实践,为大学生社会实践营造良好氛围。要加强有关大学生社会实践网站建设,构建社会实践网上工作平台。大学生开展社会实践活动主要是面向社会,社会上应该提高对大学生社会实践活动的认识以促进大学生社会实践活动的开展,帮助大学生开展社会实践,为大学生解决在社会实践活动中遇到的问题,只有社会方面提高对大学生社会实践的认识,大学生社会实践活动才能够达到最终的目的。

☞【案例分析】

阳光学院设计学院暑期社会实践队探索乡村振兴新路径

“桂林乡有丰富的自然资源和文化资源，如何利用是关键。”“可以依托现有的古民居资源、高校写生基地和自然资源，挖掘当地文化资源，打造乡村文化品牌。”……7月中旬，为积极响应国家乡村振兴战略，拓展学生第二课堂，阳光学院设计学院暑期社会实践队奔赴邵武市桂林乡等地开展实践活动。在实地调研考察中，阳光学院与邵武市谭副市长及桂林乡领导针对如何打造实践型“金课”、课程思政化、乡村振兴项目如何精准落地等方面进行了深度调研与交流。

位于福建省邵武市的桂林乡素有“九山半水半分田”之称，山地资源较为丰富，基础耕地面积 1.4 万亩，林地面积 21.3 万亩，森林覆盖率达 92%，居全省乡镇之首。虽然自然资源丰富，但桂林乡交通不便，人口外流严重，农业单一等因素始终制约着其发展。为了助推当地乡村振兴，邵武市谭副市长、桂林乡熊书记、乡人大吴主席同阳光学院设计学院学科带头人翁炳峰教授一行前往宁德市屏南县四平村和龙潭村调研，考察了其“结合文创和互联网经济的乡村振兴模式”，借鉴先进经验，为振兴桂林乡出谋划策。

桂林乡不能简单地复制屏南县的乡村振兴模式，应该因地制宜地挖掘桂林乡的文化特点，才能打造具有桂林特色的乡村文化品牌。翁炳峰教授认为，桂林乡应依托现有桂林乡古民居资源、高校写生基地和自然资源，挖掘当地文化资源，结合生态宜居、乡风文明、治理有效、生活富裕等元素，打造乡村文化品牌，这是乡村振兴的一个“捷径”。目前，桂林乡人民政府已委托阳光学院设计学院设计桂林乡历史文化资源和自然生态资源的推介宣传手册，撰写桂林乡文旅产业开发调研报告。翁炳峰教授带领近 30 名师生开展写生活动，在提高自身专业创作水平的同时，为桂林乡历史文化资源和自然生态资源推介宣传手册的制作、桂林乡文旅产业开发调研报告的撰写寻找灵感、积累素材。

此外，设计学院暑期社会实践队通过开展实践帮扶工作，协助当地乡政府全面开展“门前三包”宣传教育行动，参与乡村秩序管理。

☞【分析】

上述案例充分体现了社会各方面充分支持大学生社会实践，制定支持大学生社会实践的政策和具体办法，调动各方面的积极性，为大学生社会实践创造有利条件。同时深入宣传报道大学生社会实践，为大学生社会实践营造良好氛围。

（资料来源：中国网 http://fj.china.com.cn/p/400775.html）

2.学校应提高对大学生社会实践活动的认识

作为大学生社会实践活动的组织者，学校方面必须要正视大学生社会实践活动，为大学生开展社会实践活动提供力所能及的保障，比如资金方面的保障、实践基地方面的保障以及指导教师的保障等，为大学生社会实践活动的成功开展打下坚实的基础。

3.大学生本身应提高对社会实践的认识

作为社会实践主体的大学生在参与社会实践的过程中是收益最大的一个群体，社会实践的开展是为了使大学生能够更好地理解书本知识，更早地接触社会、适应社会，提高自身的人际交往能力，因此广大的学生应该从自身着手，充分意识到社会实践活动的意义。

(二)完善大学生社会实践的组织保障体系

完善大学生社会实践保障体系主要可以分为以下两个方面，即行政组织保障和教学环节保障。

1.行政组织保障

学校在组织大学生开展社会实践保障的过程中应该首先完成大学生社会实践的行政组织保障，行政组织保障有助于大学生在开展社会实践的过程中减轻阻力，通过完善组织机构，建立纵横交错的一体化组织机制，实现社会实践由学校牵头为主，向学校、学生、实践单位共同牵头为主转变。为广泛争取社会各界的大力支持和参与，可成立社会实践活动指导委员会，设委员和委员单位，聘请地方领导、企事业单位负责人参加指导、协调社会实践活动的开展，研究发展规划。同时，建立社会实践活动基金会，提供有力的服务与保障，签订科技、经济、人才全面合作协议。学校可建立校级社会实践活动领导小组，由团委牵头，以党委宣传部、教务处、学生处、学生会为成员单位，聘请地方领导，企事业单位负责人参加指导、协调社会实践活动的开展，负责社会实践的总体规划和设计，各学院可以成立学院社会实践活动指导小组，由院团委牵头为成员单位负责社会实践活动的具体指导和实施。班级可成立社会实践小分队，由团支部牵头，党支部、班委参加，负责具体开展社会实践活动。任何一项有组织、有计划、有目标的活动，都需要全体人员齐心协力、团结合作，更需要建立一支在其中发挥主要作用的骨干队伍。社会实践是新时代大学生走向社会、锻炼成才的重要途径和有效手段，需要学校的认真组织，大学生的积极参与，教师的认真指导，社会的大力支持。因此，社会实践骨干队伍的组成，应包括学校指导教师骨干队伍、校外指导教师骨干队伍、学生骨干队伍。这样的队伍，将有效确保活动内容的高层次化。

2.教学环节保障

教学环节保障主要是建立课程教学与实践教学的协调机制，协调课堂教学与实践教学的矛盾，促使大学生课程教学实践活动制度化、经常化，扩大社会实践活动的范围，拓展实践活动的空间，延伸实践活动的效用。我们必须要开展对社会实践的理论课程的教学，以充分使大学生在社会实践中所学到的知识能够充实到知识框架当中去，社会实践作为课堂教学的延伸，对于大学生深入理解课堂教学知识起到了非常重要的作用，社会实践作为课堂教育的必要延伸和素质教育的重要载体，对于全面提高大学生的思想道德素质和科学文化素质起到了非常重要的作用，社会实践应根据各门课程的不同进入教学计划，任课教师必须组织学生开展一系列的社会实践活动以加深学生对于该课程的认识与理解，学校在组织大学生开展社会实践的过程中还要注重将社会实践与学生的思想政治教育结合起来,使学生在社会实践中提高自身的思想政治修养,在大学生社会实践活动结束后,学校还要组织对社会实践中进行总结,使大学生在社会实践中所学到的理论知识与实践经验能够得到升华,真正地达到社会实践的目的。

思考题

1. 社会实践项目实施的总体流程包括哪些?
2. 如何做好社会实践项目实施的相关准备?
3. 社会实践的类型有哪些?
4. 结合实际,谈谈如何合理构建社会实践项目的管理机制?
5. 结合实际,谈谈社会实践的项目实施中需注意哪些问题?

第七章　大学生社会公益创业实践概述

落实立德树人根本任务，坚持创新引领创业、创业带动就业，主动适应经济发展新常态，以推进素质教育为主题，以提高人才培养质量为核心，以创新人才培养机制为重点，以完善条件和政策保障为支撑，促进高等教育与科技、经济、社会紧密结合，加快培养规模宏大、富有创新精神、勇于投身实践的创新创业人才队伍，不断提高高等教育对稳增长、促改革、调结构、惠民生的贡献度，为建设创新型国家、实现"两个一百年"奋斗目标和中华民族伟大复兴的中国梦提供强大的人才智力支撑。

第一节　大学生社会公益创业基本内涵

公益创业是青年人发挥才智、取得成功的有效途径，正成为全球青年的时尚追求。同样，公益创业正在吸引越来越多的中国青年投身其中。通过公益创业教育使大学生确立科学的社会主义核心价值观，引导青年学生关注社会问题，聚焦热点问题，关爱弱势群体，培养热爱劳动、善于创造和乐于奉献的职业素养。

一、社会公益创业的含义及意义

(一)社会公益创业的含义

大学生社会公益创业指大学生个人或者由其组成的创业团队，在社会使命以及创业精神的激发下，面向社会需要建立创业组织，以实现社会效益为宗旨，创新性地使用商业运营手段，向公众提供产品或服务，持续产生社会价值的过程。

狄兹(J · Gregory Dees)被认为是最早对公益创业进行定义的人，他从以下角度对公益创业进行了界定：公益创业是一项持续产生社会价值的事业；通过不断发掘新机会来达到社会目的；持续的创新、适应和学习过程；不受当前资源稀缺限制的冒险行动。[①] 中国公益创业研究中心认为，公益创业是指个人、社会组织或者网络等在社会使命的激发下，追求创新、效率和社会效果，兼顾经济效益和社会效益；是面向社会需要，建立新的组织，

---

① Dees J G. Enterprising nonprofits[J]. Harvard business review, 1998, 76(76): 54-67.

或向公众提供产品或服务的社会活动。① 公益创业的核心是完成社会使命或实现社会价值②。

公益创业包含三个特点：社会性，即公益创业以实现社会价值为目的，发现机会，弥补政府和商业在提供社会服务上的空白，提供社会服务；经济性，即公益创业要求兼顾经济效益，以实现组织的自给自足和持久发展，更好地为实现社会目标和完成社会使命服务；创新性，即通过打破常规思维模式，突破原有体制的束缚或资源的限制，寻求可持续的、促进性的改变，促使政府、非营利组织及企业解决当前的社会问题。在实践领域，公益创业教育已经进入大学课堂，在美国、加拿大和英国至少有 30 个商学院开设与公益创业有关的课程。哈佛大学、斯坦福大学等国际知名大学开始致力于公益创业领域的研究和实践，设立了相关的研究中心。世界银行等国际组织也开始在发展中国家推进公益创业。

(二)社会公益创业的意义

第一，社会公益创业促进创新。创新（innovation）是创造新事物的过程，是创业过程的核心。开发新产品和新技术并随时间推移不断淘汰当前产品和技术。不局限于新产品和新技术，也包括新的组织、活动、制度或者模式。公益创业组织内创业对创新活动具有十分重要的意义。创新精神和创业活动的兴起将“人”推向了整个社会关注的中心。由于创业活动更依赖于人的创造性和主动性，因此整个社会更加关注人的发展。同时，创业活动将使人们能够逐渐从劳动本身获得满足感和成就感，在创业中实现自我价值和社会价值。

第二，社会公益创业促进经济发展。创办社会企业在经济发展中起着日益重要的作用。在我国，经过 40 多年的改革开放，创业逐步达到高潮并促进了经济发展。近年来，非营利组织迅速发展，非营利的医院、学校、科研机构等组织的规模、数量已经相当可观。公益创业作为经济新的增长点、经济持续高速增长、促进城市化进程和现代化建设起到了重要的作用。同时，公益创业弥补政府和商业在提供社会服务上的空白，提供社会服务，即公益创业促进了经济的科学、全面、可持续发展。

第三，社会公益创业创造就业。大学生就业是事关政治、经济和社会稳定的大事。创业是就业的高级形式，理应成为社会良性发展的潮流，因为它对整个社会的创新动力启动和持续发展至关重要。公益创业创造社会价值，提供公共产品，在一定程度上不直接面向传统市场中的企业竞争，其成功率远高于传统商业企业。公益创业在倡导和收获社会效益的同时，运用商业化、现代化的管理和运营方式产生经济收益以满足自身的发展，在助人的同时也能够自助。公益创业为关注社会变革而又面临就业压力的大学生提供新的思路。中国青年通过公益创业，将理论知识与实践相结合，提高自身勇于承担社会责任的意识和创新创业的能力，有效促进自身的全面成长。公益创业让中国青年能够发挥才能、体

---

① 唐亚阳，邓英文，汪忠. 高校公益创业教育：概念、现实意义与体系构建[J]. 大学教育科学，2011(5)：49-53.

② Dees G J. The meaning of “social entrepreneurship” [J]. Corporate governance international journal of business in society，2007(5)：95-104.

现个人与社会价值。

第四，社会公益创业促进社会进步。公益创业组织以公益为轴心，为全社会提供准公共产品。无论是在发达国家还是在发展中国家，公益创业组织都致力于各种社会问题的解决，为社会提供新的资源配置体制，满足社会多元化的需求。公益创业促进了社会进步，公益创业组织促进了GDP增长，创造了物质财富，提升了生产率，改善了人们的健康，为社会提供了新产品和新服务，促使城市和农村、沿海和内地、富有和贫困缩小差距，努力追求让居者有其屋，老者有所养，幼者有可学。公益创业以人为本，继承和发扬人类社会文明成果，促进和谐社会建设，促进社会进步，提高了人们的生活水平，使人们生活得更舒适。

二、大学生社会公益创业的特点

大学生公益创业是由大学生或者大学生组成的创业团队，在社会使命的引导下，发现公益创业机会，创建公益创业组织，通过借鉴商业运作的模式运营公益企业，目的在于服务社会、促进社会发展。大学生群体是公益创业的一个特殊群体，根据《中国青年公益创业调查报告》的调查结果，目前公益创业者的年龄主要集中在18～25岁。大学生社会公益创业具有如下特点。

(一)大学生是社会公益创业的先锋力量

我国正处于社会转型和社会创新时期，社会在提出越来越多公益需求的同时，也创造着越来越多的公益创业机遇。公益创业在倡导和收获社会效益的同时，将运用商业化和现代化的管理运营方式产生经济收益以满足自身的发展，在助人的同时也能够自助。青年是社会建设的主体和社会发展的动力与希望，广大青年投身志愿服务和公益创业，直接关系我国社会建设的进程。如今，青年公益创业者在社会经济变革中发挥着越来越重要的作用，也逐渐成为公益创业的先锋力量。最富激情并最容易接受新生事物的青年群体，在公益创业领域必将大有可为。通过这种创业方式，青年可以把理论知识与工作实践相结合，提高自身勇于担当的社会责任意识，并在投身社会变革中寻找新的发展机会，在参与公益创业为社会做出贡献的同时，有效提高社会适应力和岗位胜任力，促进个人的成长和发展，在创造物质财富的同时，还可创造更为可贵的精神财富，在为他人服务和解决社会问题的同时，实现自己的人生成长。

(二)大学生社会公益创业者具有奉献社会的精神品格

公益创业者被认为是拥有人格魅力的、理想主义和实干特性兼具的人。他们具有良好的社会公益精神，更多关注社会利益，承担社会责任，具有反哺式服务意识和以商业反哺社会服务的能力。他们能够持续降低社会生产成本，增加社会公益组织收入。参与公益创业的大学生需要具有强烈的公益使命，具有奉献精神的团队和创新的公益模式。在参与公益创业中，青年最有年龄优势，最具敏锐性，也最可能发现和把握机遇，从而以创新的方式实现公益创业的目标。在投身公益创业过程中，大学生能培养、铸就强烈的公益使命感，使自己对服务社会大众的事业充满激情，对帮助他人、奉献社会怀有一颗火热的心。大学生公益创业团队拥有向心力、凝聚力，共同为公益梦想奉献拼搏。

(三)社会公益创业彰显当代大学生的成长和使命

当前,我们正处在世界形势依然错综复杂,中国发展面临爬坡过坎、深化改革的关键阶段。在2014年夏季达沃斯论坛上,李克强传递出了“开启大众创业、万众创新新时代”的中国发展新信息,引发了世界关注。这说明改革创新将成为驱动中国经济发展的更加重要的力量,要使创新真正发挥驱动力就必须重视创业精神培育,大力扶持中小企业。只有将蕴藏在人们身上的创业和创新潜能充分激发出来,才能真正打造中国发展增效升级的不熄引擎。在这个过程中,当代青年肩负重大使命,同时也将有平台和机会更好地施展才能。其实青年为谋取公众社会利益而实施的公益创业行为本身就是青年自身成长的最好实践。融入社会和助力公益是青年成长的价值核心,勤奋学习并努力工作是青年成长的有效路径,坚持不懈与精神愉悦是青年成长的营养剂。

三、大学生社会公益创业的实践探索

探索建立需求导向的学科专业结构和创业就业导向的人才培养类型结构调整新机制,促进人才培养与经济社会发展、创业就业需求紧密对接。“大学生在创业之初要根据自己的专业优势,但是一开始免不了‘拿锤子找钉子’——自己会什么就干什么。”西安优艾智合机器人科技有限公司创始人张朝辉介绍,自己和团队打磨第一款产品时花了6个月时间,“虽然只卖出两台,但是后来我们很多产品都是从这款机器人衍生出来的,根据客户需要调整产品方向。‘快速迭代,精准出击’是创业公司的核心竞争力”。

☞**【案例分析】**

80后、90后、00后的公益创业实践探索

1.95后、00后社会公益创业的实践探索

西安交通大学的张若彤:“我们做的是基于碳纳米管的传感器及其配套的功能检测仪,所以用时短,数据已经和ELISA(酶联免疫吸附试验)进行对比,拟合出的方差是0.998,基本可以保证准确度。目前还验证了前列腺癌和肝癌,其他的癌症也在验证,已经和康恩贝集团和西北医院签订了协议。”在激烈的角逐后,这个被普遍看好的“EASYCHECK——一种可长期保存的肿瘤标志物廉价快速纸基传感器”项目,夺得10月13日举办的“2019年大学生微创业行动西北区微创营”路演金奖。当天的活动由来自西安交通大学、西北农林科技大学、西北工业大学、西安电子科技大学等16所学校的20支创业团队和500多名大学生参加。

杨少毅以自己的创业经历提示大学生创业者避免三个“大坑”:

第一,避免完美。“我们的项目又好又便宜又实用,别人的项目又贵又不好,但就是市场空间比我们大,为什么别人的项目能继续存活呢?所以一定要正视市场竞争,理性地评判和竞品之间的关系。”第二,避免技术为王。理工科背景的创业者特别容易陷入“技术就是一切”的误区,“我曾觉得自己的技术在各个领域都能应用,但是第一代机器人造出来不知道卖给谁。要记住创业的每一件事都是为了满足客户需求”。

第三,避免跟风创业。希望大家能更加理性地看待创业,参加创业比赛和路演不都是为了创办一家优秀的企业,比如参加微创营可以说是上了一堂重要的社会实践课程,以创业者的思维去了解社会需求。

(实践资料来源:中国青年报,2019-10-17)

2.90后大学生社会公益创业的实践探索

1990年出生的冯欢是土生土长的宁夏盐池人,2012年从宁夏大学毕业后到北京工作,收入稳定,前景可观。但他一直放不下家里的父母长辈,于2015年10月返乡,通过技术入股加入刚筹建不久的宁鑫生态牧场,饲养滩羊,开始自己的“羊倌梦”。

盐池滩羊羊肉以肉质细嫩、无膻味、脂肪分布均匀、营养丰富等特点深受人们的喜爱。

冯欢加入宁鑫生态牧场后,对牧场从跑道建设、羊舍规范化、饲草配方、科学化养殖等方面进行了较大提升。与此同时,牧场吸收周边300多户滩羊养殖户加入,成立产业化联合体,从饲草、免疫、动物用药、销售、品牌建设等方面为养殖户提供全方位服务。

养殖户加入后,单只羊纯利润增加80元到130元。目前,宁鑫生态牧场有1100亩地,存栏6000多只羊,2018年收入超过1000万元。对于未来,冯欢说:“我有一个小目标,就是和志同道合的朋友建立一个农村服务站,在防疫、治疗等方面为农户和养殖户提供技术服务,让家乡百姓走上致富快车道。”

(实践资料来源:新华网,2019-05-28)

3.80后大学生社会公益创业的实践探索

杨瑞美是个80后女孩,是河北省邢台市威县章台镇一家养老院的院长,也是生活在养老院的150多名老人的“小家长”。2005年,杨瑞美从内蒙古医药专修学院毕业后回到家乡河北威县,开始追逐心底多年的创业梦想。起初,杨瑞美结合自己的专业,开办了一家牙科诊所。在此期间接触到一些前来看病的老人,杨瑞美心中渐渐萌发了开办一家养老院的想法。经过两年时间的筹备,2014年2月,慈安幸福院正式开业。杨瑞美把养老院当作自己的家,常常24小时守候在这里。由于养老院人手并不充足,打扫卫生、端屎倒尿、洗澡擦身、按摩喂饭等事情,杨瑞美都要动手去干。邻里乡亲都说,杨瑞美是把老人当成自己的父母在养。“老人们把我当女儿看待,融入其中后,我发现了自己的价值,可以为更多老人创造幸福的晚年生活,我做的事情有意义!”杨瑞美凭借自己的努力,把慈安幸福院经营得红红火火。

“创业是创造持续盈利系统的迭代链接过程。”西安交通大学管理学院教授魏泽龙列举了一项针对创业者的调查数据,超过七成创业者感觉创业中有太多事出乎意料,只有不到三成的创业者感觉和自己预想的差不多。在创业过程中,要不断根据需求调整计划,找到没有被充分利用的资源解决痛点。

(实践资料来源:新华网,2019-06-12)

☞【案例思考】

1.80后、90后、00后的公益创业有什么特点?

2.三位公益创业者的创业实践给你的启示是什么?

第二节　大学生社会公益创业关键要素

由于人们对于公益事业的认识不断深化,我国的公益慈善和志愿服务事业得到迅速发展,越来越多的人将公益慈善和志愿服务作为一种生活方式和社会时尚,公益创业也逐步成为人们的一种新选择。大学生是我们社会建设中一股充满活力的力量,随着国家的扶持和创业形势的变好,以后我们将看到更多大学生自己创办的企业。

一、公益创业环境和公益创业机会

(一)公益创业环境

高校教育是公益创业的微观环境。学校是否开设公益创业的相关课程,是否向学生传授有关公益创业的知识,都会直接影响公益创业者的能力和水平。

1. 改革教学和学籍管理制度

各高校要设置合理的创新创业学分,建立创新创业学分积累与转换制度,探索将学生开展创新实验、发表论文、获得专利和自主创业等情况折算为学分,将学生参与课题研究、项目实验等活动认定为课堂学习。为有意愿、有潜质的学生制订创新创业能力培养计划,建立创新创业档案和成绩单,客观记录并量化评价学生开展创新创业活动情况。优先支持参与创新创业的学生转入相关专业学习。实施弹性学制,放宽学生修业年限,允许调整学业进程、保留学籍休学创新创业。

2. 改革教学方法和考核方式

各高校要广泛开展启发式、讨论式、参与式教学,扩大小班化教学覆盖面,推动教师把国际前沿学术发展、最新研究成果和实践经验融入课堂教学,注重培养学生的批判性和创造性思维,激发创新创业灵感。运用大数据技术,掌握不同学生学习需求和规律,为学生自主学习提供更加丰富多样的教育资源。改革考试考核内容和方式,注重考查学生运用知识分析、解决问题的能力,探索非标准答案考试,破除"高分低能"积弊。设立创新创业奖学金,并在现有相关评优评先项目中拿出一定比例用于表彰开发优秀创新创业项目的学生。

例如公益创业项目"时来食往",此项目专门为高校师生提供网上订餐服务。团队致力于与北京市各大高校附近提供外卖服务的各饭店商家合作,将其外卖的信息发布在团队网站上,为高校师生提供最全面的订餐选择。顾客通过浏览网上的菜单即可下单订餐,团队会通过内部的短信平台将订单发到饭店的订餐电话上。饭店在接收到订单后,即会烹调外卖,自行送达外卖并收费。当高校师生在线订餐后,接受邀请参与"爱心午餐团购计划",可以再团购一份折扣午餐给北京市农民工子弟学校的学生。运费均由商家承担,商家在送餐时向买家收取费用,网站通过对订单抽成盈利,同时商家对团购的"爱心午餐"给予折扣。团队的计划是从一所小学的一个班级做起,逐步扩大帮扶范围,最终覆盖整个北京市的农民工子弟学校。目前网站已经基本实现收支平衡，该项目已经与北京市明园小学开展良好合作。该项目获得了“北极光—清华”第二届全国大学生公益创业实践赛金奖，并被《光明日报》《创业邦》，清华大学官网等报道。

因此，各高校要优化经费支出结构，多渠道统筹安排资金，支持创新创业教育教学，资助学生创新创业项目。部委属高校应按规定使用中央高校基本科研业务费，积极支持品学兼优且具有较强科研潜质的在校学生开展创新科研工作。鼓励社会组织、公益团体、企事业单位和个人设立大学生创业风险基金，以多种形式向自主创业大学生提供资金支持，提高扶持资金使用效益。深入实施新一轮大学生创业引领计划，落实各项扶持政策和服务措施，重点支持大学生到新兴产业创业。有关部门要加快制定有利于互联网创业的扶持政策。最后，政府需要简化办事程序，促进青年积极投身公益创业事业，参与解决社会问题。

(二)公益创业机会

第一，国家和政府推动公益创业。2015 年 5 月 4 日，国务院办公厅印发《关于深化高等学校创新创业教育改革的实施意见》(国办发〔2015〕36 号)，强化创新创业实践。各高校要加强专业实验室、虚拟仿真实验室、创业实验室和训练中心建设，促进实验教学平台共享。各地区、各高校科技创新资源原则上向全体在校学生开放，开放情况纳入各类研究基地、重点实验室、科技园评估标准。鼓励各地区、各高校充分利用各种资源建设大学科技园、大学生创业园、创业孵化基地和小微企业创业基地，作为创业教育实践平台，建好一批大学生校外实践教育基地、创业示范基地、科技创业实习基地和职业院校实训基地。完善国家、地方、高校三级创新创业实训教学体系，深入实施大学生创新创业训练计划，扩大覆盖面，促进项目落地转化。举办全国大学生创新创业大赛，办好全国职业院校技能大赛，支持举办各类科技创新、创意设计、创业计划等专题竞赛。支持高校学生成立创新创业协会、创业俱乐部等社团，举办创新创业讲座论坛，开展创新创业实践。

第二，非营利组织和企业提供公益创业机会。非营利组织擅长组织社会力量和提供志愿服务，可对接公益创业组织，提供专业咨询和指导。公益机构、基金会等社会组织可为初创期的大学生公益创业组织提供一定的启动资金，组织非营利领域专家顾问团，借助其在政策解读、法律咨询、项目运作、财务审计等方面的专业化运营手段向被孵化的大学生公益创业项目提供扶持，为成长中的大学生公益创业保驾护航。企业帮扶大学生公益创业是企业承担社会责任的创新性探索，将企业所拥有的优势嫁接到公益组织上，支持公益组织开展能力建设，有助于公益创业的发展。企业的支持大大推动了公益创业的发展，成为企业探索公益模式创新的途径。

第三，多媒体联动创造公益创业机会。在西方国家，公益创业的发展有着深厚的文化积淀，包括与市场经济相适应的普遍的公民意识、自治观念、法制观念、公益精神等。我国公益创业的发展需要相应的文化土壤。当前，在全社会鼓励创新创业的大环境下，公益创业具备推行和发展的良好机遇，政府大力倡导公益慈善意识、志愿服务精神，倡导中华优秀传统文化的弘扬，鼓励全社会参与支持公益创业生态圈建设，运用新媒体技术进行多方位宣传和典型选树，营造社会氛围，提高公益创业的社会认可度，打造慈善公信力，增强青年从事公益创业的原动力。在此大背景下，作为“大众创业、万众创新”在高校实践的重要领域，大学生公益创业面临着非常难得的发展机遇，同时也要克服诸多现实困难。起步中的大学生公益创业，除了要借鉴西方发达国家公益创业的先进经验外，最重要的是结合我国国情，探索出独立发展的本土化道路，依靠政府、学校、企业、非营利组织等的资源支持，让大学生公益创业起步、立足。但是真正持续性的运营与发展，需要增强组织自身的自治能力，使其进入良性运转轨道。从某种程度上来说，创新就是要对以往不合时宜的制度约束进行变革，同时也要寻找新的均衡点。为此，大学生公益创业若能通过赋能与重构的组织策略，采取“选择环境—适应环境—重构自我”的生存逻辑，走向自我成长的可持续发展之路，那么它在推动社会和谐发展的同时，也有可能在实践基础上改变国家与社会的互构关系，最终实现社会治理的创新与发展。

二、公益创业资源和公益创业渠道

以习近平新时代中国特色社会主义思想为指导，坚持新发展理念，坚持以供给侧结构性改革为主线，按照高质量发展要求，深入实施创新驱动发展战略，通过打造“双创”升级版，进一步优化创新创业环境，大幅降低创新创业成本，提升创业带动就业能力，增强科技创新引领作用，提升支撑平台服务能力，推动形成线上线下结合、产学研用协同、大中小企业融合的创新创业格局，为加快培育发展新动能、实现更充分就业和经济高质量发展提供坚实保障。

（一）公益创业资源

第一，简政放权，释放创新创业资源。首先，分享一个高校大学生公益创业项目“民族故事”。该项目针对人口较少的少数民族，它们之所以面临着“经济落后、文化消逝”的局面，一方面是因为社会对它们的关注太少，一方面是因为它们自身没有保护民族文化的意识。因此，要想解决人口较少的少数民族文化日渐消逝这一问题，就要从两方面着手。一是“引进来”，即吸引外界的注意。通过民族文化推介活动，通过宣传、包装人口较少少数民族的独特的文化，通过利用它们自身的资源，改变其“边缘化”的局面。只要能有更多的人关注，必然会带动旅游业的发展，那么它们也会有属于自己的“凤凰”和“丽江”；在经济效益的刺激下，民俗产业也必然会蓬勃发展起来，这无疑对本民族的文化存续具有巨大的推动作用。这样的资源利用本身也可以成为一项产业，带来丰厚的经济回报。最终，经济与文化必定能够相互促进，从而达到“以文化产业带动经济发展，以经济后盾支持文化保护”的良性循环。二是要“走出去”，即在当地举办一些反馈活动，例如举办青少年服装设计大赛、“笔友计划”等项目转变少数民族民众的思想，扭转其自卑心理，让他们认识到少数民族文化所具有的艺术价值和历史价值，使他们产生对自身文化的认同感、自豪感，增强其保护、宣扬本民族文化的主动性。因此，“民族故事”项目的运行主要有两条主线。一是以民族服饰和手工艺品作为媒介，以文化产品的营销这一模式来宣传人口较少的少数民族的文化，提升其社会关注度。之所以选择民族服饰，其原因如下：首先，人口较少的少数民族具有丰富的民俗文化资源；其次，手工艺品具有极高的艺术价值和收藏价值，是民族文化最集中的体现，通过服饰和手工艺品的营销，不仅能带来经济效益，也能传播、宣扬少数民族文化；再次，服饰和手工艺品的制作工艺相对简单、成本相对低廉，适合当地人操作；复次，服饰和手工艺品的附加值高、经济价值高，最后，服饰和手工艺品的运输、保存比较方便。二是利用服饰营销产生的利润和社会捐赠等资金，在人口较少的少数民族聚居区进行一些以增加自我认同感为主题的后续活动，如服装设计大赛等。

第二，优化服务便利创新创业资源。针对这一方向，我们再分享一个案例。这个案例的公益创业项目叫“独居老人”，该创业计划基于团队开发的摔倒报警产品，主要客户群体是独居的老年人。产品外壳大小 55 mm×35 mm×14 mm，内部装有电子器件，用于监测摔倒行为。内部的主要电子器件一部分为加速度传感器，用于监测摔倒行为；另一部分为单片机，用于处理传感器信号；还有通信模块，当发生摔倒事故后用于向外界报警。该项目获得了“北极光—清华”第二届全国大学生公益创业实践赛铜奖，并获“最受媒体关注奖”。

第三，完善公益创业文化资源。激发公益企业家精神，组织文化能够增强组织成员的责任感和使命感，使全体组织成员在文化层面结成命运共同体，实现组织成员的自我约束、自我管理。公益创业应建立符合组织双重属性的组织文化，即融合了公益精神和商业精神的双重文化体系，以社会使命为中心，确保组织不偏离社会使命。只有肩负着鲜明社会使命的社会企业才能产生感召力和凝聚力，获得公众认同。高校校园可以通过举办沙龙、讲座、论坛等形式营造公益创业文化氛围，开展全媒体公益文化宣传，激发与培育青年大学生的公益企业家精神，使其既具有善于把握机会、整合资源且具有创新能力的企业家特质，同时也具有社会使命感，以利于大学生公益创业领袖脱颖而出。

（二）公益创业渠道

我们先来看一个景点的公益创业项目，这个项目叫“甘霖计划”，甘霖计划旨在提高土地贫瘠地区农村妇女的生活收入，引进简单易学的丝网花手工艺，培训妇女尽快掌握这一技能，帮助她们联系进货和销售渠道，将利润归还妇女，为她们今后的手艺制品进货提供投资来源。项目的特色是：争取以一次实践为妇女生产副业打开一扇窗，提升农村妇女收入水平，提高项目的可复制性与延续性，也使其能够在团队实践结束后自行良好发展。“甘霖计划”将丝网花带进了贫困农村，带给了贫困农村妇女一技之长，更带给了她们生活的动力以及希望。取名“甘霖”，不仅希望它可以滋养一方土地，更希望它可以汇聚成河，润泽更广阔的贫瘠之地。通过这个案例，我们可以简单地得出以下几点启示：

第一，完善“互联网＋”创新创业服务体系。推进“国家创新创业政策信息服务网”建设，及时发布创新创业先进经验和典型做法，进一步降低各类创新创业主体的政策信息获取门槛和时间成本。鼓励建设“互联网＋”创新创业平台，积极利用互联网等信息技术支持创新创业活动，进一步降低创新创业主体与资本、技术对接的门槛。推动“互联网＋公共服务”，使更多优质资源惠及群众。在“甘霖计划”中，如果加入互联网的运作，或许会有不一样的效果。继续扎实开展各类创新创业赛事活动，办好全国“大众创业、万众创新”活动周，扩展“创响中国”系列活动范围，充分发挥“互联网＋”大学生创新创业大赛、中国创新创业大赛、“创客中国”创新创业大赛、“中国创翼”创业创新大赛、全国农村创业创新项目创意大赛、中央企业熠星创新创意大赛、“创青春”中国青年创新创业大赛、中国妇女创新创业大赛等品牌赛事活动作用。加强对各类赛事活动中涌现的优秀创新创业项目后续跟踪支持。

第二,开展公益创业教育。强化大学生创新创业教育培训。在全国高校推广创业导师制,把创新创业教育和实践课程纳入高校必修课体系,允许大学生用创业成果申请学位论文答辩。健全科技资源开放共享机制,鼓励科研人员面向企业开展技术开发、技术咨询、技术服务、技术培训等,促进科技创新与创业深度融合。推动高校、科研院所与企业共同建立概念验证、孵化育成等面向基础研究成果转化的服务平台。聘请知名科学家、创业成功者、企业家、风险投资人等各行各业优秀人才,担任专业课、创新创业课授课或指导教师,并制定兼职教师管理规范,形成全国万名优秀创新创业导师人才库。将提高高校教师创新创业教育的意识和能力作为岗前培训、课程轮训、骨干研修的重要内容,建立相关专业教师、创新创业教育专职教师到行业企业挂职锻炼制度。加快完善高校科技成果处置和收益分配机制,支持教师以对外转让、合作转化、作价入股、自主创业等形式将科技成果产业化,并鼓励教师带领学生创新创业。

第三,完善学生创业指导服务。支持高校、职业院校(含技工院校)深化产教融合,引入企业开展生产性实习实训。推动高校科研院所创新创业深度融合。各地区、各高校要建立健全学生创业指导服务专门机构,做到机构、人员、场地、经费“四到位”,对自主创业学生实行持续帮扶、全程指导、一站式服务。健全持续化信息服务制度,完善全国大学生创业服务网功能,建立地方、高校两级信息服务平台,为学生实时提供国家政策、市场动向等信息,并做好创业项目对接、知识产权交易等服务。各地区、各有关部门要积极落实高校学生创业培训政策,研发适合学生特点的创业培训课程,建设网络培训平台。鼓励高校自主编制专项培训计划,或与有条件的教育培训机构、行业协会、群团组织、企业联合开发创业培训项目。各地区和具备条件的行业协会要针对区域需求、行业发展,发布创业项目指南,引导高校学生识别创业机会、捕捉创业商机。

三、公益创业策划和公益创业管理

(一)公益创业策划

著名管理大师彼得·德鲁克提出:“非营利组织是为成果而存在的。”“项目产出模型”是美国联合劝募会提供的一份资料,其中有四个非常重要的概念:投入、活动、产出、成果。投入是指投在项目中或由项目消耗的资源;活动是指为了完成使命,达到项目目标,对投入的使用情况;产出是指项目活动直接的产出;成果是指服务对象在参加了项目,或者接受了服务后获得的变化和受益。美国联合劝募会提供这样一份资料,目的之一就是想告诉向其申请资金的非营利组织,要想得到资助,必须有成果。如果项目计划书中只有活动和产出而没有成果是得不到资助的。这也凸显了大学生社会公益创业过程中的重要因素——策划。

当提到公益创业的策划时,我们首先需要衡量这几个问题:第一,公益创业中我们需要解决什么样的社会问题,即为什么要做这个创业项目;第二,创业策划中服务对象是谁,即项目是为谁做的;第三,项目要满足服务对象什么样的需求;第四,项目的目标是什么,如何来衡量;第五,项目如何实施,即如何做、做什么。思考这些问题后,我们要对公益创业的具体成果有一个基本的认识。

目前大学生社会公益创业过程中很多的项目计划书存在把某种活动当成具体项目、把活动产出当作项目成果的误区。我们需要记住一点:成果一定是服务对象的受益和变化,活动并不是成果,人数不是成果,服务对象的满意度也不是成果。满意度是一种主观的感受,并没有反映出服务对象的受益和变化。那么成果究竟有哪些呢?关于成果,有三点特别提示:第一,项目成果是通过服务对象来体现的;第二,项目成果要用服务对象的受益和变化来反映;第三,衡量项目成果必须有一个可以量化的评估指标。现在有些社会服务机构往往以自己的项目能够获奖或者被媒体报道作为成果。把获奖和媒体报道作为项目成果也是一个误区。有一些获奖的项目实际上不是项目,而是活动,也没有获得什么成果。做公益项目要真正专注于成果,专注于有效解决社会问题,使服务对象受益,具体成果认识清楚后,要做到正确厘清项目目标和评估的标准。项目的目标和评估的指标如何在策划中呈现?德鲁克提出:"任何组织的成果,都可以用定量和定性两种标准来衡量,这两种标准是相互交织、相互影响的。如果想要了解一个组织如何改变别人的生活以及改变别人生活的程度,那么就有必要了解这两个指标。"因此,优秀的公益创业的策划有五个特点,即须符合SMART原则:第一,简单易懂。项目目标必须简单明了,不要写得空洞抽象,要让人一看就能很清楚知道到底要什么样的结果。第二,结果可测。目标是可以衡量的,可以通过量化的指标来衡量目标是否达成。第三,力所能及。这个目标通过努力是可以达到的。第四,符合利益。项目确定的目标要符合所有利益相关者的期望。第五,有时间限制。项目是有期限的,项目目标要在项目周期内完成。

项目的目标和评估方式清晰后,最重要的就是制定策划的基本内容和实施计划。如何实施项目的计划有以下几个基本的要求:

第一,计划安排的所有活动和服务,必须紧紧围绕目标来设计,即有助于项目目标的实现;与目标背道而驰的,就不多做考虑。

第二,计划一定要清晰、具体、详细。目前很多大学生的公益创业项目的策划书普遍存在的一个问题是写得很宽泛,很笼统。项目实施计划必须写得清晰、具体、详细,以有利于资助方和购买方清楚地看到这些活动和服务开展后能不能保证目标的达成。

第三,制订计划一定要有可操作性,即在制订计划的时候,一定要考虑实施的问题,这也是开发项目中非常重要的一点。例如,当一个项目需要3个人,在制订项目计划的时候就要想好这3个人在哪里?是内部解决还是要去招聘?能不能招得到?招来的人有没有能力做这个项目?而不是等钱拿到了再去考虑招人问题。

(二)公益创业管理

随着社会上公益创业的逐渐深入,大学生社会公益创业另一个重要的因素就是公益创业管理。对于这一要素,研究过程中形成了诸多的概念和模型框架,如卡特纳(W. B. Cartner,1985)提出了个人、组织、创立过程和环境的创业管理模式;美国人威廉在此基础上提出了由个人、机会、环境、风险、报酬等要素构成的社会公益创业管理的框架和模型;蒂蒙斯(Timmons,1999)在前人的经验中提出了机会、创业团队和资源的创业管理理论模型,这个模型同样也适用于社会公益创业;克里斯琴(Christian,2000)提出了创业家与新事业之间的互动模型,强调创立新事业随时间变化的创业流程管理和影响创业活动的外部环境网络是创业管理的核心。

综合前人的研究,社会公益创业的管理要素可以概括为:以环境的动态性与不确定性以及周边环境影响的复杂性与差异性为假设,以发现和识别机会为起点,以创新、超前行动、勇于承担风险和团队合作等为主要特征,以创造新事业的活动为研究对象,以研究不同层次事业的成功为主要内容,以心理学、经济学、管理学和社会学方法为工具研究创业活动内在规律的研究方法。

公益创业过程中管理要素的核心问题就是机会导向,即创业是在不局限于所拥有资源的前提下,识别机会、利用机会、开发机会并产生经济成果的行为,或者将好的创意迅速变成现实。公益创业管理绝非一件易事,在我国,大学生公益企业管理的体系机制仍不成熟,存在着一些问题:

第一,大学生公益创业中的管理要素往往缺乏具体的目标指向。2009 年 12 月友成企业家扶贫基金会和零点研究咨询集团联合发布的“企业公益指数”首期研究成果显示,20.7%的企业在进行公益慈善事业时会遇到公益指向不明确的问题,不到七成的企业能做到每个公益慈善项目都有明确的目标指向。这体现了公益企业虽有一颗服务社会之心,但依旧欠缺对项目的详细计划与思考。具体的目标确定,对项目进行正确的认定,对于项目在未来的实践有重要的意义。

第二,大学生公益创业内部管理需要制度化和程序化。首先应当清楚地认识到,项目部是子公司管理项目的派出机构,服务于企业,又是为企业创造经济效益的中心。显然,项目的领导班子是生产经营的最高领导层和决策层,要把“创造先进的管理模式和先进的企业文化”作为项目的发展目标之一。把“团结、务实、高效、创新、廉洁”作为自身建设的标准,要严格要求自己,加强责任心,提高执行力。大学生社会公益创业并不是依靠一个突发性的想法便能够轻率应付完事。公益创业的过程中要注重管理要素的投入,加强公益创业过程中的计划性和战略性,并且也要求创业内部应该有健全的管理部门,在公益项目和公益活动上注重规范,制造相关的制度体系,需要明确的程序和模式以推动公益活动的开展。

第三,大学生公益创业内部管理需要系统性运作。坚持把思想政治工作同企业改革发展、施工生产融合在一起,把思想政治工作渗透到企业方方面面;坚持企业既是经济组织,又担负着培养“四有”职工的政治任务;要克服把工人当成打工仔的雇用思想,增强工人阶级主人翁意识;坚持用科学发展观武装教育职工,用共同理念、共同价值观念、共同道德规范凝聚职工,统一职工的思想言行。从历史的经验来看,从大学生社会公益创业中的活动计划到最终活动的结束,最后将盈利的财产交到那些需要被帮助人的手里,这是一个完整的过程。很多公益创业企业通过举办商业活动筹备到的资金,一般全权交给与其合作的非政府组织(NGO),让其继续后续的管理和流程,这种做法使得企业无法真实具体了解筹集到的资金的基本运用情况和运作的效用。大学生公益创业企业应该要全程参与其中,确保资金的合理利用,确保可以帮助到需要帮助的人,确保公益创业企业的价值得到社会的认可和最终实现自身价值。

第四,企业公众形象的建立。大学生公益创业往往出于公益目的,这种行为能够维护该创业模式在社会中的公众形象。然而这对公益创业的社会形象也提出了挑战,它要求组织应该具有良好的社会形象基础,并且能够赢取公众对组织的信任感和依赖感,促使民众能够积极参与到活动中。然而就当前的公益慈善事业而言,其负面事件屡见不鲜,很多不法分子以慈善的名义行诈骗之举,牟取不当之利的做法也挫伤了人们对这些公益活动的热情。水能载舟,亦能覆舟,人民的不信任对于公益企业的发展而言是一大打击。

第三节 大学生社会公益创业长效机制

近年来,我国高校逐渐开展大学生公益创业的项目,积极引导公益创业类的社会组织实现社会参与。在这样的大背景下,高校大学生社会公益创业逐渐成为社会公益慈善事业的活跃力量,但是在实施的过程中出现了诸多问题,如资源整合问题、项目运作问题、风险规避问题、监督评价问题。为了改进高校大学生社会公益创业的机制,充分发挥高校大学生社会参与活动的作用与社会效益,针对这些问题,本书简要提出完善社会公益创业的相关机制。

一、大学生社会公益创业资源整合机制

美国著名的社会学家帕森斯提出了"社会系统论",并对"社会整合"概念进行了详细的阐释。他把这种理论用 AGIL 进行概括,其中的"I"即"Integration",指的就是社会整合。该理论认为,社会的结构应该有四个层面相对应的子系统,四个子系统之间又是有机的体系。在社会子系统中,整合功能的作用在于可以根据系统不同需要,使系统各个单位保持一致,并避免偏差行为的干扰,以具备统一协调。① 在帕森斯看来,一个社会要达到社会整合功能必须有两个缺一不可的条件——"一是有足够的社会成员作为社会行动者受到适当的鼓励并按其角色体系而行动;二是能够使社会行动控制在基本秩序的维持之内,避免对社会成员作过分的要求,以免形成离异或冲突的文化模式"②。因此,从整体上来看,社会整合是帕森斯 AGIL 理论中一个重要的环节,通过四个环节达到社会系统的稳定和谐,各个子系统能够维持协调均衡的状态,以防止各种冲突的产生,并且体系内部已经有某种成分来对抗外来的压力。大学生社会公益创业的资源整合正是其中的一种方式。

---

① 刘润忠. 社会行动、社会系统、社会控制:帕森斯社会理论评述[M]. 天津:天津人民出版社,2005:5-10.

② 刘润忠. 社会行动、社会系统、社会控制:帕森斯社会理论评述[M]. 天津:天津人民出版社,2005:5-10.

目前，我国大学生社会公益创业仍存在许多问题，创业资源较为分散，学校与社会的公益创业协同性差，社会参与机制不健全，具体表现在：组织层面，管理机制缺乏科学性与有效性，资源整合不明显，未形成良性的协作机制，组织运行存在问题，活动得不到回应，外部干扰严重；政府层面，规范机制方面缺乏法律法规以及管理体制的实质性支持，且双头管理现象严重，保障机制方面存在“管制式”政府行为，限制有余而支持不足以及保障措施门槛较高等。因此，高校大学生社会公益创业需要资源整合机制，以达到公益创业的实际功效。

第一，组织资源整合层面——注重协同，重视内外部合作。青年需要合作，公益需要协同。发挥协同性优势，有利于加强联系与留住公益青年自组织的成果，并与外部其他的非营利组织和企业合作，从而获得更多社会参与的机遇与发展的机会。发挥协同优势可以从组织内部的协同以及组织外的协同两个方面着手。其一，发挥组织内部的协同优势。就公益青年自组织而言，发挥协同优势能够使组织成员彼此信任并且沟通良好，也能够提升组织成员对所在公益青年自组织的认同感与忠诚感以及对所负责事项的责任感，从而增强成员之间的协作，优化组织社会参与的协作机制。其二，发挥组织与外部的协同优势。在公益青年自组织社会参与的过程中，“各自为政”“画地为牢”的方式不仅仅制约组织的社会参与，同时也阻碍公益事业的发展，削弱为有需要的人群服务的成效。要积极地寻求社会的合作，公益青年自组织的负责人及成员要具备宽容的心态、开阔的胸怀以及乐意合作。在必要时能够帮助其他的公益组织公益人士增强意识：一方面通过完善与外部协作的机制，促进公益青年自组织自身社会参与的发展，另一方面可以促进社会公益力量的壮大，促进我国和谐社会建设。

第二，高校对大学生公益创业资源整合层面——提供针对性帮扶和高校各部门分工机制，优化资源整合。因此，需要做到以下几点。其一，降低大学生创业准入门槛，实行选择性扶持与保障。随着大学生自组织的发展，尽管对大学的保障与资源的需求越来越多，但是作为自发成立、自主运行的组织，学校层面需要给予扶持。因此，高校在扶持公益青年自组织时要注意进行选择性的扶持与保障，避免由帮扶变成管制。其二，避免干涉太多，实行选择性扶持。近年来随着政府职能的转变，“万能政府”的身份已经成为过去式，但是在政府与社会组织的关系中仍存在着部分政府干涉过多，“扶持”就是变相“管制”的现象，而这也是公益青年自组织与政府交流过少的一个原因。公益青年自组织强调青年自主管理，体制内相关部门应该避免干涉组织的内部管理，厘清两者之间的关系——应该是扶持与被扶持的关系，而不是领导与被领导的关系。同时，政府对公益青年自组织的扶持工作要满足公益青年自组织的切身需要，如政府购买服务项目向有能力承担的公益青年自组织倾斜，或者发起成立公益青年自组织联盟，对其进行系统性的培育，推动其成为提供社会公共服务的重要力量，充分发挥以这些有活力、有想法的青年人为主的组织的积极作用。其三，完善规章制度，明确共青团与民政部门的分工。一方面，政府相关部门应该重视公益青年自组织的特殊性，并以此为基础，对现有的规章制度进行进一步的完善，如制定符合公益青年自组织社会参与需求的配套政策等，为公益青年自组织社会参与的发展保驾护航。另一方面，法律保障对于公益青年自组织社会参与的发展也十分重要。

当前的法律规范较为宏观，并不符合公益青年自组织的特殊性，在实际情形中，当前的法律无法很好地保障公益青年自组织社会参与过程中的利益问题。

第三，法律保障——公益创业的保障，资源整合的助推器。明确公益创业的法律地位使我国应根据公益创业发展的需要，制定不同层次的法律法规体系，从法律角度明确公益创业组织的宗旨、性质、组织形式、权利和义务等，确定公益创业组织的成立条件、登记管理机关和登记程序，使公益创业组织有法可依，运作合法规范。规范公益创业组织的经营行为，根据公益创业组织的经营活动规模或收入层次采用不同的税收政策。制定公益创业组织商业运营活动收入与利润分配相应规章制度，促进良性循环。完善大学生公益创业扶持政策的同时，各级政府相继出台了鼓励大学生创业活动支持政策和优惠措施，但缺乏针对公益创业的支持政策。为推动大学生公益创业的发展，应制定促进大学生公益创业的专门政策，加大对大学生公益创业的扶持力度。政府部门应推行全面的公益创业政策以支持公益创业的开展，包括通过各种渠道宣传、树立公益创业组织的良好形象；在政府采购上，制定倾斜性政策，鼓励公益创业组织获得与商业企业竞争的机会，获得参与公共服务设计和提供的机会；完善公益创业组织的税收优惠政策措施，包括对公益创业组织予以政府补贴和抵免税等。借鉴美国以税法调节、界分和治理社会组织的政策方案，完善公益创业组织商业化运营的相关制度。

二、大学生社会公益创业项目运作机制

第一，学校层面——建构教、学、研和实践一体的公益创业教育体系。公益创业教育是创业教育的继承和发展，经过 20 多年发展，美、英国家许多大学开设了公益创业课程，牛津大学、哈佛大学等高校设立了公益创业研究中心。2004 年 9 月哈佛商学院设立公益创业博士学位①。2007 年湖南大学开设公益创业课程，经批准创建中国公益创业研究中心，构建了基于集群的公益创业教育模式，“公益助学＋就业＋创业”产学研一体化，将公益创业实践活动与专业学习、思政教育相结合，与大学生第二课堂活动相结合，取得了良好的效果。此后，清华大学、北京林业大学等高校开始公益创业理论的研究。在借鉴发达国家成功经验基础上，结合我国公益创业的实际，探索出一套适合我国国情的集教、学、研和实践相结合的公益创业教育体系，对推进我国大学生公益创业实践的发展具有重要作用。

第二，政府层面——搭建公益创业孵化平台。高校应搭建公益创业孵化平台，消除大学生公益创业的畏难情绪，营造公益创业的校园文化氛围，对从事公益创业的大学生给予引导和扶助，孵化出具有可持续发展能力的公益创业组织。哈佛大学和斯坦福大学的公益企业创业实验室是孵化平台较为成功的经验，实验室的课程计划通过提炼研究问题、组织调研、调研数据整理分析、小组讨论、撰写活动小结和实验报告等环节，提高学生的沟通能力、团队合作能力以及提炼分析问题的能力，培养理论与实践相结合的创新思维，从而

---

① 赵凌云. 高校公益创业教育新探索：以社会企业创业课程的教学为例[J]. 上海青年管理干部学院学报，2013(1)：12-16.

形成运用公益企业家方式解决具体社会问题的创新思想。目前我国多数高校已成立大学生创业孵化中心，根据公益创业的特殊属性，应在创业孵化中心搭建专业的公益创业孵化平台，提供孵化支持，包括公益创业场地、软硬件设施以及创业能力培养创业资金资助等服务。

第三，社会层面——加大社会宣传力度，发展公益创业社团。由于我国公益创业事业起步时间较晚，因而广大民众的慈善文化观念还比较薄弱，相应的市场机制也不够健全，特别是有关公益创业的思想观念还未被广泛接受或认可。这就需要国家、高校等充分利用各种现代化宣传推广方式与手段，如网站、电视、微博、期刊等多种媒介形式，向全体公民大力宣传和推广公益创业的思想观念，大力普及公益创业常识，帮助包括地方高校大学生在内的广大民众充分认识公益创业事业。同时，要尽可能宣传以产生社会价值为典型的公益创业实践活动，让广大民众真正了解公益创业活动所带来的重要社会价值，进而逐渐形成全社会支持公益创业的浓厚氛围。

在公益创业日益兴起的背景下，受社会良性变革的驱动以及社会责任感的推动，许多高校以公益创业为主旨的学生社团纷纷创立，它们团结志同道合的会员进行公益创业实践，致力于解决政府部门无法顾及的社会问题。高校公益创业社团是培养公益创业者和创业团队的摇篮。高校是公益创业社团的载体，应配备强有力的社团指导老师团队，指导大学生的创业实践，降低创业活动的风险性和盲目性。高校还应通过政策理论学习、公益创业大赛以及社团活动等形式提高大学生公益创业的能力。公益创业社团肩负培养优秀公益创业人才的重任，高校应引导创业社团以文化建设为统领，科学管理，探索建立公益创业人才的培养方法体系，以丰富理论知识，提高实践能力。

第四，公益创业内部层面——资金保障机制。相对而言，公益性创业的融资渠道更加多元化，除传统途径外，还有政府财政支持、非营利组织和基金会资金投入、公益创投等，共同形成公益创业的资金支持机制。第一种方式，设立公益创业投资引导基金。通过设立政府公益创业投资引导基金，可为拓宽公益创业融资渠道上发挥重要作用。当前我国创业投资引导基金有三种模式，包括由国家开发银行出资、地方政府财政出资或国有创业投资公司出资设立①，其投放领域主要在高新技术行业。借鉴先前的发展经验，探索设立政府公益创业投资引导基金，以政府财政支出为先导，吸引社会资本投入公益企业。第二种方式，发展公益创投。公益创投投资主体为基金会或企业，是针对公益领域的新型公益资本创业投资，为处于创业中的公益企业注入资本，助其创业成功。公益创投的运作方式类似商业投资行为，但公益创投投资目标为非营利性，投资不求回报或回报继续用于公益事业。第三种方式，吸引私人投资和慈善捐款。通过各种渠道加大宣传，提高社会公众对大学生公益创业的认知，使其得到广泛认同和支持，以达到接受慈善捐赠和吸引私人投资，这也是缓解公益创业融资难的渠道。随着国民素质的提高，社会公众的公益慈善意识随之增强，对弱势群众的救助将发挥政府与市场不可替代的作用。社会公众对公益创业

① 应永胜. 论大学生创业政府责任的强化[J]. 南昌航空大学学报(社会科学版)，2013(9)：109-114.

认知的提高带动捐赠资金的增加，使慈善捐款成为大学生公益创业融资渠道之一。

三、大学生社会公益创业风险规避机制

风险规避机制即将风险因素消除在风险发生之前，因而是一种最彻底的控制风险技术。当项目风险潜在威胁的可能性极大，并会带来严重后果且损失无法转移又不能承受时，风险规避是一种最有效的风险管理方式。具体可通过修改项目目标、项目范围、项目结构等方式来实行。具体方法有两种：(1)放弃或终止某项活动的实施，即在尚未承担风险的情况下拒绝风险；(2)改变某项活动的性质，即在已承担风险的情况下通过改变工作地点、工艺流程等途径来避免未来生产活动中所承担的风险。[①] 大学生社会公益创业风险规避可以有以下几种机制：

(一)推行大学生公益创业的生涯规划，设置相关的课程

职业生涯规划，在学术界人们也喜欢叫“生涯规划”，在有些地区，也有一些人喜欢用“人生规划”，其实表达的都是同样的内容。职业生涯规划又叫职业生涯设计，是指个人与组织相结合，在对一个人职业生涯的主客观条件进行测定、分析、总结的基础上，对个人的兴趣、爱好、能力、特点进行综合分析与权衡，结合时代特点，根据个人的职业倾向，确定其最佳的职业奋斗目标，并为实现这一目标做出行之有效的安排。高校应将大学生的公益创业生涯规划纳入创新创业课程教育体系中，从内核上系统、全面具体地促进大学生公益创业的问题意识形成和能力培养，为大学生公益创业活动打下坚实的基础，为公益创业的风险性评估和风险规避提出解决方案，以提高高校大学生公益创业的成功率。

(二)发展多种形式的公益创业培训及咨询服务机制

高校大学生公益创业组织管理低效、薪资水平低下、对市场把握能力不足等主要风险，给公益创业组织的领导者带来严峻的考验，发展咨询服务机构以提供专业的培训和咨询，可化解大学生在公益创业过程中的风险。政府部门可设立不同层次的公益创业服务中心，为创业大学生提供指导和培训。建立培训咨询体系，着力于规范培训咨询标准，提高咨询培训服务质量。充分发挥高校毕业生就业指导机构、中小企业服务机构以及各类创业咨询服务机构的作用，建立创业指导服务机构，并成立由专家、创业成功者和企业家等组成的咨询培训队伍。

(三)公益创业组织的评价应考虑公益组织的“双重价值创造”标准

“双重价值创造”标准即社会目标标准和经济目标标准。准确把握公益组织目标，创建高效的公益组织评价反馈体系，对公益创业组织主动应对宏观环境变化、挖掘自身存在问题，使组织可持续发展并实现组织目标有重要的作用。公益创业组织完整的绩效评价体系应包括公益组织社会和经济目标实现程度评价、可持续发展能力评价、公益创业影响机制评价三部分，忽略任何一个维度，都无法对公益创业组织绩效进行准确评价。评价是一个不断循环的过程，要经历评价、反馈和修正的循环过程。该循环应伴随大学生公益创

---

① 陆雄文.管理学大辞典[M].上海：上海辞书出版社，2013.

业的全过程，以达到对创业风险的有效控制。

四、大学生社会公益创业监督评价机制

什么叫监督评价机制？监督评价机制，指的是在激烈的市场竞争中，企业执行力将决定企业的兴衰成败。科学完善的规章制度和质量管理体系是企业高效运行的基础，加强监督管理是保证企业执行力有效提升的重要手段。因此，企业要强化监督，健全规章制度，提升企业执行力。高校大学生在社会公益创业的过程中就需要科学而又有效的监督评价机制。

（一）呼唤公众监督意识，完善监督评价机制

首先，社会公众的监督评价是完善高校，大学生社会公益创业的有效机制之一。在当前，大众对于进行公益创业的高校大学生的监督往往不到位，其主要原因是社会对大学生创业的定位不合理，将公益创业视为学生社团活动，认为不需要行之有效的监督评价机制。因此，完善有效的社会监督评价机制需要从唤醒社会对大学生公益创业的监督意识入手。尽管绝大多数的公益创业的组成成员都是在校大学生，但是不能简单地认为其只是大学生社团。什么是学生社团？学生社团是指学生在自愿基础上形成的各种群众性文化、艺术、学术团体，不分年级、系科甚至学校，由兴趣爱好相近的同学组成，在保证学生完成学习任务和不影响学校正常教学秩序的前提下开展各种活动。其目的是活跃学校学习氛围，提高学生自治能力，丰富课余生活；交流思想，切磋技艺，互相启迪，增进友谊。而高校大学生社会公益创业则是由青年自主发起、自主运行以及自主管理，其在参与社会活动时往往凭借组织成员的兴趣进行，没有外界的引导，因此更需要社会公众的监督。社会公众可以参与公益青年自组织社会活动，监督其活动举行的社会效益，也可以要求其公开资金的使用情况，监督其是否将社会的资助用在公益方面，防止公益青年自组织出现腐败贪污的现象。

（二）高度重视评估的重要性

对高校大学生的公益创业，要完善其社会评估工作。对大学生的社会公益创业进行评估是一项非常有必要且非常专业的事情。就其必要性而言，对大学生创业组织的社会参与能力、资质进行评估，能够帮助其他非营利组织与企业对其是否进行资助做出准确的判断，同时也能够让组织自身了解是否存在不足并给予改进。评估是一项专业性很强的工作，是管理学界的难题。对公益创业的莘莘学子的评估工作也不例外，评估结果的有效性也是公益创业的大学生获得社会与政府资助和支持的基础条件。因此，在完善公益青年自组织社会评估之前要宣传评估的重要性，让社会相关人员重视对社会组织的评估工作。

（三）提升媒体的舆论监督

所谓舆论，即公众对特定话题所表达的多数意见之集合，是一种社会评价和社会心理的集中体现。所谓“监督”，《辞海》中的解释是“监察督促”，也即“监督”包含两层意思：一是监察，二是督促。监察的目的是发现问题，督促的目的是解决问题。大学生公益创业媒体舆论监督是指通过报刊、影音以及网络等途径向社会报道组织的社会参与活动，同时反

映社会公众对公益青年自组织社会参与活动的反馈，从而使公益青年自组织社会参与公开化、透明化。例如，网络、微信、微博等主动关注公益创业组织人员和组织，以报道公益创业为主的媒体可以设置高校大学生公益创业的专栏，专门报道大学生公益创业的社会参与活动，从而促进社会对高校大学生公益创业的了解与认可。

思考题

1. 什么是大学生公益创业？
2. 大学生公益创业有什么特点？
3. 如何进行大学生公益创业？

第八章　社会调查定性研究的方法概述

在社会调查过程中，通过各种途径搜集来的资料通常是繁多而又杂乱的，这就要求研究者具备对资料进行整理和分析的能力，并从多而杂的资料中抽象、概括出某一研究现象的本质内容。一般情况下，在社会调查过程中搜集到的资料大致可以分为定性资料和定量资料这两大类，根据这两类资料性质的不同，产生出不同的整理方法和分析技术，而科学研究的过程通常就是将定性分析和定量分析进行高度统一的过程。因此，要想全面地认识某一社会现象，除了对客观事物的量的规定性加以认识，进行必要的定量分析外，还必须对客观事物的质的规定性加以认识，进行必要的定性分析，以反映客观事物的本质属性和运行规律。本章结合社会调查研究的实际需要，着重介绍社会调查定性分析的基本理论、社会调查定性分析的主要方法以及社会调查定性研究报告的写作。

第一节　社会调查定性分析的基本理论

虽然定性研究没有统一的定义和模式，但对定性研究基本内涵及特点的深入了解，为今后在社会调查中更好地运用定性研究这一研究方法提供了必要帮助。定性分析可以说是社会调查者开展社会现象定量分析的行动指南，是对某一社会现象进行概括和理性分析的基本方式和途径，是深入挖掘社会现象本质的重要工具和手段。

一、社会调查定性分析的基本内涵

定性分析有着悠久的发展历史，在人类思维的发展历程中占有十分重要的地位。定性分析之所以能够被重视，是因其所得出的结论是凭借经验和理性概念推导而来，其根本方法是能够揭示事物发展的一般规律。但是，在马克思主义产生以前，定性分析仅仅是作为一种自在的思想方法存在于科学研究和科学思维的活动之中。直到马克思和恩格斯开始有意识地在一切基本观点、基本原理和理论层次上贯彻定性方法，定性方法才由一种自在的思维上升为一种自为的科学研究方法，并上升到前所未有的高度。这既是定性分析在其发展历史上的飞跃，同时也是社会科学在其发展历史中的一次重大进步。随着时代不断向前发展，科学观念和科学方法在不断完善，作为科学研究重要组成部分的定性分析也被广泛地运用于分析问题和解决问题当中，为社会问题的解决提供方向。

国内外对定性研究的探索都经历了一个曲折的发展过程。国外对定性研究的关注要比国内早，不过，在定性研究发展的早期，社会科学研究领域长期由实证主义占主导，直到20世纪60年代末以来，社会科学家们越来越意识到要研究复杂的社会现象，仅仅使用定量分析是有缺陷的。定量分析虽然适合在宏观层面上进行大规模的社会调查，但是不适合对微观层面进行细致深入的研究，不利于了解当事人的心理状态，同时也很难对研究者不熟悉的现象进行调查。定量研究常常将复杂的社会现象简单化、数量化。而定性研究更注重研究者和研究对象在研究过程中的多面性、复杂性和易变性。在对定性研究认识不断深化的基础上，定性研究在国外的运用得到了社会各界的青睐，不仅在社会学上，而且在人类学、民俗学等学科基础上发展得越来越快，其在概念、术语、理论和方法上也都有了质的飞跃，并逐渐发展出一套较完整的操作方法和手段。

"英文中'qualitative research'在中国大陆被译为'定性研究'，在台湾、香港地区被译为'质的研究'"①，如果只是从字面上理解，此类研究似乎是对社会现象"性"和"质"的研究。对此，国内学者对定性研究都有不同的认识：有的学者认为"定性是定量的基础，定量是定性的精确化"②；有的学者认为，"定性研究和定量研究只是从不同的角度，在不同的层面，用不同的方法对同一事物的'质'进行研究，它们是将研究的重点放在'质'的不同侧面上"③；还有学者认为"定性分析指关于社会现象或事物之属性的分析"④；更有学者将定性研究定义为一种"以准确的词语形式，而不是以数字和度量的形式来描述现实"⑤的方法。中国的社会科学研究者虽然广泛使用"定性研究"这一术语，但尚未从方法论上对其进行系统规范的研究。国内社会科学界目前对"定性研究"所下的定义一般都比较抽象和宽泛，通常将所有非定量的研究均划入定性的范畴。

总的来说，社会调查定性研究是指，以思辨的方式比较社会现象之间的异同，利用概念、命题、推理、比较、分类、归纳、演绎、分析、综合等抽象思维的概念和方法对调查资料进行分析，理性地概括出事物的类型，并从分析对象质的规定性出发，对调查资料中所反映的社会现象的存在状态及发展变化趋势进行科学阐述，从而得出理论化的研究结论。定性研究是使社会调查资料转化为一般研究结论的桥梁，因而定性研究的深层机制以思考和思辨为主。

二、社会调查定性分析的主要特点

由于定性研究是由认识论、学科视角、数据收集方法、数据分析方法所组成的多面体，所以它在概念上比较含糊。那到底什么是定性研究的基本特点呢？"巴顿将其总结为全面透视、个案分析、态度中立和同情与反思这四个方面"⑥。其他的研究者也有各种不同

---

① 陈向明.社会科学中的定性研究方法[J]，中国社会科学.1996(6)：93-102.

② 陈波.社会科学方法论[M].北京：中国人民大学出版社，1989.

③ 陈向明.社会科学中的定性研究方法[J].中国社会科学，1996(6)：93-102.

④ 陈国强.简明文化人类学词典[M].杭州：浙江人民出版社，1990.

⑤ 戴维·波普诺.社会学[M].沈阳：辽宁人民出版社，1987.

⑥ 马克·康斯特斯，张莉莉.教育定性研究的概念和方法探讨[J].外国教育出版社，1997(3)：19-23.

的观点,"登青和林肯认为定性研究者必须了解各种解释社会问题的理论流派,否则无法将问题上升到哲学高度。他们还进一步总结了定性研究区别于定量研究的五大特点。这些特点包括:定性研究者反对统计检验、易于接受后现代主义思想、能够从对象的角度看世界、不寻求脱离现实的一般结论以及提供丰富的描述"①。

在这个意义上,拥有不同世界观的社会科学学派都从各自不同的约定出发,对定性研究方法设定了不同的趋向,构造了定性研究的不同范式。同样,立足社会调查研究这一背景,根据社会调查中所形成的独特现象、心理、语言以及结构,并以独到的视角去理解、把握和解释社会实在,也决定了社会调查中的定性研究方法在形式上会呈现出多样性的特点。所以,对定性研究方法的掌握,不存在确定的逻辑结构和推理程序以及由此导出的特殊结果,而是要通过对不同形式的社会现象的具体分析,找出它们所具有的共同的本质特征来。

(一)研究情境的自然性

相对于定量研究而言,定性研究更具有开放性,即不存在严格形式结构的方法论体系。由于研究者无法把研究对象与自然孤立起来,无论是有意识的还是无意识的,他都是参与在情境之中的,因此社会调查定性研究只能在自然情境中做自然式探究。首先,在自然情境中搜集发生事件的资料,研究者在自然的情况下通过和参加者交谈,和被研究者进行长期的接触,进而观察他们的日常生活,自然地、直接地接触被研究对象的内心世界,以期获得被研究者在自然情境中的第一手研究资料。因此资料的搜集也表现出无规范性,所获得的资料不论是在内容上还是在形式上,都往往处于一种较为零散的状态,不为得出某种计划的结果而刻意引导和筛选。其次,在后期对资料的整理和分析上,没有一套固定的、适用于所有情境的规则,每一项研究活动都是针对特定的研究目的以及资料的特性进行选择和提炼的。因此,它不可能富有逻辑地预设研究的步骤、解决难题的方式和结果,这样也就避免了研究过程的限制和约束,反而大大提高了研究的自由度。最后,在分析某一社会现象的本质特征时,研究情境的自然性使得研究者摆脱狭隘框架的束缚,在一种看似无序的状态中发现新的规律。可以说,这种开放性的研究特性,为在社会调查中解决一些难以预测或无法预测的难题提供了一种机会,因为研究情境的自然性,易于使研究者扩大探索的范围和视野,而这种自然性、发散性的思维方式也大大提高了研究者发现和创新的可能性。另外,研究情境的自然性使定性研究内在地具有一种打破传统教条束缚、消除社会科学研究保守性的动力,因而对进行社会研究的传统改革具有潜在意义。

(二)研究手法的描述性

研究者有系统地记录或搜集资料,不断接近和考察被研究者的所作所为,通过描述资料并加以解释来形成新的概念。由于定性研究是对社会现象的本质进行深入的分析和解释,因此对研究对象的详尽描述就成为十分重要的前提。然而,这种描述不可能是纯粹的、不带有主观色彩的,它必然要表现出研究者的哲学意图。这就要求社会调查者在对反

① 马克·康斯特斯,张莉莉.教育定性研究的概念和方法探讨[J].外国教育出版社,1997(3):19-23.

映社会现象的调查资料进行定性分析时，应当力求做到摆脱个人成见的束缚，对社会调查资料进行客观的描述，力求原原本本地认识社会现象，忠实于社会调查获得的资料，以便为社会实在的不同方面和层次提供清晰的线索。一般来说，社会调查搜集来的研究资料理应是反映客观事实的材料。当然，社会调查资料也有不全、不足，甚至不实的情况，但即使是这样，也不能成为我们进行主观想象的理由，而我们要做的是重新开展社会调查，坚持客观描述社会现象本身。另外，即便在客观描述后获得了可靠的事实，又要区分反映现象的事实和反映本质的事实；在事物的本质结构中，有初级本质，还有深层本质，又需要进行区分。因此，研究者必然要超越对社会实在的表层描述，而进行深层的分析和解释，从而把社会描述作为实现其内在哲学目的性的一种手段或方式。这样一来，对社会实在的描述就构成了整个定性研究方法的一个不可或缺的部分。

定性分析不同于定量分析，它并不依靠大量的、建构完整的数学和统计知识，其资料以文字的形式呈现，相对统计分析而言是不精确的、模糊的，但有较多的意义。因为文字的高度开放的表达模式，有助于连接各种论述和表达的主题，也能够打动聪明的读者，这也正是定性研究中文字描述的魅力所在。可以说，这样的描述使资料的呈现形式更生动，更富有灵活性。

(三)研究视野的整体性

在分析某一社会现象时，通常需要把整体分解为各个部分，把复杂现象或事例分解为简单的各个要素，并具体考察各个方面的现象和事物各自的作用。但对社会现象的定性研究分析，应是在整体性视野下的分析，根据不同形态的、复杂的研究对象，运用一种相关性或整体性的观点来系统地把握和解释各种社会现象在社会系统中的特定地位和作用。所以，整体地、系统地研究某一社会现象在社会系统中的功能，是定性研究的重要特征。在这样一个构架中，社会的历史文化背景、社会的结构形态、实践的方式、价值的评价标准等等都是相关联的，并且决定了每一种社会因素和所要研究的社会现象都只能在这种系统的相互关联中来确定其适当位置和存在意义。

研究视野的整体性主要表现在以下几个方面。首先，分析社会现象的角度要具有整体性，即从多个角度分析社会调查资料，而不是从某一个角度分析社会调查资料。社会调查定性分析的目的在于得出一般的理论认识和结论，而这必须建立在整体概括的基础上才能达到目的。其次，分析的事实要具有整体性，即从社会调查资料反映的全部事实出发，而不能简单地从个别事实出发分析问题。因为如果离开整体、抽离出个别事实进行研究，就很难真正揭示和形成具有普适性的理论。最后，分析社会现象后得出的结论要具有整体性。社会调查定性分析不仅要抽象出社会现象的本质，还必须通过概括抽象的成果，找出社会现象之间的各种联系，从而形成对社会现象整体的、系统的认识。研究视野的整体性，能够拓展研究者研究问题的深度和宽度，有利于把握对象的立体层次，并做好各层次的结合，去除无关紧要的材料，保留有价值的内容，确切把握事物的规律。

(四)研究思维的发散性

思维是人脑的机能和属性，只有运用科学的思维方式，才能在调研工作中真正做到透过现象看本质，掌握调查研究工作的主动权。而社会调查定性研究的思维方式具有发散性的特点，发散性思维是指研究者依据本人已有的知识和经验，沿着不同方向和方位去思考，不仅是为了找到一个正确的答案，更是为了找到所有适当的答案。发散性思维是相对于线性思维而言的，线性思维的特点是单向、狭窄，且习惯思维的倾向性很强。相比于线性思维，发散性思维使人们的智能和才能充分发挥。研究思维的发散性必然要求社会调查必须摆脱一切陈腐习惯和传统经验的束缚，对所研究的某一特定问题，应有新的发现，主张突破原有框架，创造出新的概念。

社会调查定性研究的发散性主要表现在以下几个方面。第一，思维的宽阔性。发散性的思维方式往往不只局限于某一点进行思考，而是为达到某一确定的目的去设想出更多、更实际、涉及面更广的相关问题，其思维方向的辐射是有限和无限的辩证统一。第二，思维的灵活性。灵活性是指思路灵活，不呆板。对事物的考虑善于变通，不钻牛角尖。特别是在当今现代化社会中，思维灵活会提高社会调查研究工作的成功率。第三，思维的敏捷性。敏捷性是指在思路上能够抓住解决问题的关键，在较短时间内对某些问题做出机智而又迅速的反应。遇上某些棘手的问题时，要能够从本人记忆宝库中把已获得的成功经验提取出来，不做无谓的穷尽空想。社会调查定性研究的发散性特点，引导研究者通过多角度、多层次、多结构的不同方向去解决现实问题，不在原有的调研结果和调研方法上打弯逗圈，而能够运用特有的思维方法向更高、更新、更复杂、更难解决问题的多方面去开拓；社会调查定性研究的发散性特点，也使社会调查研究的水平有待进一步提高。

三、社会调查定性分析的主要优势

定性研究方法是由访问、观察、案例研究等多种方法组成，原始资料包括场地笔记、访谈记录、对话、照片、录音和备忘录等，其目的在于描述和解释事物、事件、现象以及人物，并更好地理解所研究问题的研究方法。定性分析能使社会调查在理论上和实践上有所发现，有所突破，能使社会调查资料的价值由隐性变为显性，增强社会调查资料的有效利用率。

社会调查定性分析的优势主要表现在以下几个方面：第一，定性研究在社会调查的微观领域和人的感受方面具有优势。定性研究大多是采用观察和访谈等形式获取一手资料，这不仅能使观察者观察到研究对象采取行动的原因、态度等，还能获得在特定的社会情景中被研究者的心理感受和波动，因而能更全面地了解他们的内心世界，由此所获得的信息通常更真实、更生动、更详尽。另外，定性研究比较注重参与者的观点，关注不同的人如何理解各自生活的意义，相比于定量研究而言，定性研究更具人文色彩。第二，定性研究是深入揭示社会现象本质的工具和手段。通常来讲，在社会调查者对社会现象进行研究的过程中，开始接触研究对象时，主要是从研究对象的外观考究社会现象。然而，感觉是主观的，因为很难凭借感觉分辨一种社会现象是真是假，这样获得的感性材料实际上只是了解了社会现象的整体表象。要在各种研究的现象中把握事物的本质，就必须借助定性分析方法，对社会现象进行质的分析。用正确的观点对这些材料进行去粗取精、去伪存真、由此及彼、由表及里的全面分析和综合，才能从现象中找出规律性。同时，社会调查定性研究的这一优点为采用定量研究提供了指引。第三，定性研究在社会调查中具有灵活性特点。定性研究不是静态而是动态地对待和分析社会存在，具有严密的逻辑性，能够深入社会问题的本质。同时，定性分析相比于定量分析可以避免烦琐的计算，省时快捷，可提高发现所需信息的效率。

随着时代的发展，以及社会科学研究方法的不断创新，定性研究方法不断暴露出自身难以弥补的缺陷和不足。首先，对研究对象概括不全。由于现实条件的局限性，定性研究对熟悉的对象以及小样本的对象进行研究会较为适合，这就造成了定性研究选定的对象往往不能代表整体。定性研究者只能以少数对象作为研究客体，尽管能够对少数对象进行详细的记录，但不可避免地会引起人们对此项研究的“代表性”产生怀疑。虽然定性研究所得结论不一定具有普遍性，但对某些具体的情景和问题，定性研究更为合适和有效。其次，研究推断不确定。定量研究是运用现代数学方法对有关的数据资料进行加工处理，建立各类预测模型，计算研究对象的各项指标及其数值。而定性研究中更多关注的是研究对象的特征、性质等不可量化的信息，不可能提供有力的证据来说明事物之间的因果关系，即现象和本质之间的推断关系，因而在研究推断上表现出一定的不确定性。最后，研究结果的真实性不高。定量研究采用的是统一的、严格的研究技术，所得出的结论通常更具有规范性和客观性。而定性研究更多地依赖于研究者主观体验和感受，这就导致定性研究所得结论带有研究者的情感色彩，一定程度上欠缺客观性和真实性。

辩证唯物主义告诉我们，质与量紧密结合构成了完整的事物，因而不能简单地下结论说定性研究和定量研究孰优孰劣。这两者各有长处，互相补充：定性研究为定量研究提供框架，而定量研究又为进一步的定性研究创造条件。

第二节　社会调查定性分析的主要方法

定量研究与定性研究的主要区别在于定量研究是基于数据去解释事物间的关联性，而定性研究不用统计模型，不做回归分析，往往被看作一种基于种类或质的差别而不是程度的差别的研究。在社会调查定性研究过程中，用于搜集和分析材料的方法一般有三种：访谈法、观察法、文献法。

一、社会调查定性分析中的访谈法

访谈法，也称访问法。访谈法即按照研究者事先设计好的调查研究题目，有目的地向受访者进行谈话，引导调查对象谈出所要了解的情况，这是一种直接了解情况的好方法。在访谈前，访谈者应该向被访者介绍研究课题，并就访谈次数、时间等达成协议。访谈过后，访谈者应尽早对访谈结果进行分析处理，并撰写备忘录。访谈法可以在社会调查定性研究中作为主要的调查方法去搜集所需资料，也可以作为社会调查定性研究的一种辅助方法去补充调查内容或者验证某些资料。

☞【案例分析】

12340 社情民意调查

"12340"是全国统计系统社情民意调查专用号码，是国家统计局为规范全国社情民意调查工作、培育民情民意调查品牌、强化民情民意调查的公益性和公信度而特别申请的全国统一号码。通过"12340"电话调查，可以快速收集人民群众对公共事务的意见和态度，及时反映百姓的利益诉求。市民的每一个回答，都将有可能成为党委和政府决策的依据。如果您接到号码为"12340"的电话，那是省统计局找您做社情民意调查呢，请您给予配合。例如，您可能会被问道：

(1)您感觉目前的社会治安是否安全？

(2)您家附近出现矛盾纠纷或治安问题时有没有人解决？

(3)您知道当地开展的"平安县(市、区)、平安乡镇(街道)、平安村居(社区)"创建活动吗？您或家人参加了吗？

(4)您是否了解乡镇(街道)、村居(社区)的综治组织或派出所、警务室？

(5)您是否知道正在开展的"扫黑除恶"专项斗争？

☞【案例思考】

1. 本案例采取了哪几种访谈法？

2. 访谈法对社会实践活动中"社会调查"环节有什么帮助？

访谈法可以从不同角度进行分类，常见的分类方式有以下几种：

(一)正式访谈和非正式访谈

正式访谈是指按照事先制定的计划和既定的程序进行的访问，调查者采用明显的调查姿态，一般情况下调查者可以当面做记录，完全是有的放矢的调查。正式访问的问题可以提前设计好，其问题可按程序发展，由浅入深，由表及里，使被访问者易于思考，易于回答。非正式访谈指调查者同有关人员自然而然地、亲切地、无拘无束地在互相接触之中进行访谈，采取随便谈话的方式，一般不能做记录，在很平常的接触中将被访问人反映的情况记在脑海中，回去后再进行补记。采用非正式访谈，其问题可以是开放式的，问题可以很多，答案不受限制。非正式访谈较为富有弹性的，问话可进可退，可深可浅，这样的提问式谈话有时有助于问题的深入。

(二)一次性访谈和多次性访谈

一次性访谈通常内容比较简单，主要以搜集事实性信息为主。多次性访谈则通常用于追踪调查，或深入探究某些问题，逐步由浅到深，由表层到深层，由事实信息到意义阐释。在定性研究中，研究者多提倡进行多次访谈。美国学者赛德曼就认为，如果要就有关问题对受访者的经历和看法进行比较深入的了解，起码应该进行三次访谈：第一次是粗略地了解受访者的过去经历，第二次访谈主要就研究的现象重点了解细节问题，第三次访谈的重点是从认知和情感层面对受访者的反应进行探索。

（三）直接访谈和间接访谈

直接访谈是指调查者根据确定的样本、调研范围、规定的访问程序实施调查的一种有效面对面接触访谈的方式。直接访谈能够较完整地了解被访问者的特征、动机、行为等，所以比较直观；并且直接访问的资料回收率高，可信度大。间接访谈与直接访谈的区别就在于是否借用一定的通信工具接近受访者，间接访谈指的是调查者通过电话等通信工具、发放相关表格等对受访者进行访问。

除了上述三种分类，根据不同的角度还有许多其他的分类法，例如个别访谈和集体访谈、正规型访谈和非正规型访谈、结构型访谈、无结构型访谈和半结构型访谈等等。

访谈法的主要特点是研究者与研究对象进行面对面的交谈，这一特点就直接决定了访谈法有如下优点。首先，回答效率高。在交谈过程中，被访者如有不清楚或误解之处，可以直接指出并向访问员咨询，这样可以提高被访问者的理解程度，使被访问者更易于作答。因此，只要被访问者接受调查，则较少出现在访谈过程中拒答或半途而废的情况，问题的回答率是比较高的。其次，灵活性强。在访谈中，一方面，当访员注意到谈话中有缺漏或者不当的内容时，访员可及时做出适当的调整。另一方面，当访员与被访者在互动过程中被激发出对问题的新思路和新认识时，访员可以向研究者汇报，而研究者也可以汇总相关信息，及时调整调查方案。访谈法可以根据受访者的特点、调查环境的变化及时变通方案，使收集的资料更确切，更符合实际情况。再次，对调查对象的要求不高。访谈法以口头的方式向被访问者提出有关问题，只要被访问者具备一定的口头表达能力即可，而不需要有较高的文化水平。因此，访谈法的适用人群相对较广。最后，资料的可靠性强。访谈法能够对资料收集过程进行有效控制，避免了单纯依赖被调查对象的被动局面，有利于搜集到完整、准确的资料。因此，访谈法搜集到的资料的可靠性较高。

二、社会调查定性分析中的观察法

观察法是通过人的眼、耳等感觉器官和借助辅助的科学工具以及先进手段，对社会现象或问题进行了解和考察的一种调查方法。观察法作为定性研究的一种方法，是通过对事件或研究对象的行为进行直接观察来搜集资料并进行研究的工作。在社会调查定性研究中，当其他技术方法不便进行时，作为搜集非语言行为的数据资料的主要技术，观察法便通过对事件和行为的仔细观察提供宝贵的非语言资料。观察法可以从不同角度进行分类，常见的分类方式有以下几种：

（一）参与性观察、非参与性观察和半参与性观察

在参与性观察中，一方面，观察者深入其所要研究的那些人的日常生活中去，通过了解被研究者的文化内部，更深刻地理解他们行为的意义；另一方面，在搜集非语言行为的数据资料方面，可以搜集到其他方法不能轻易获得的资料。因是对被观察对象的日常生活进行观察，故可持续较长的时间，观察者能仔细了解对象的真实面目，可集中地注意任何有意义的变量，有利于进行纵向的分析。但是这样做对研究者的要求比较高，研究者不得不同时扮演双重身份——既是研究者又是参与者，这也就很难保持做研究所必需的心理和空间距离。非参与性观察，即观察者不直接参与调查对象的活动，而是置身事外地观

察，作为旁观者了解事件的动态，由于观察者不介入调查对象的活动，故没有复杂的关系，也容易站在比较公正和客观的立场。而在半参与性观察中，研究者持公开的真实身份实地参与对方的许多群体活动，但又不卷入一些较为敏感的活动中。半参与性观察的折中性，可以弱化参与性观察和不参与性观察两者的缺陷。

（二）标准式观察和非标准式观察

标准式观察是一种用某些调查工具和设备来进行的有系统、有目的、有计划的观察。所以称标准式观察是一种先进的、高度发达的调查研究形式，其结果可以通过统计学的方法用数学公式进行处理，这样的数字统计其手段、程序、技术要求都必须是标准化的，是以各种十分具体的规定做标志来进行有计划、有系统的观察，并记录不同的社会现象和问题。与标准式观察相对的是非标准式观察，非标准式观察可以允许观察者在调查提纲所属范围之内有一定的灵活性，可以随着事物的变化去做适应性的调查，允许有些超越提纲的调研，但内容要在范围之内。

（三）直接观察和间接观察

直接观察是指对正在发生的社会现象进行的观察。在直接观察中，观察者的观察行为和观察对象的活动是同步的，所得到的是当场的现实信息，具有强烈的真实感，但观察结果往往因人而异，带有一定的主观性。而间接观察是指对社会行为事后所留下的痕迹进行的观察。间接观察能够观察过去的社会现象，从而突破直接观察的局限，但其方法比较复杂，所得资料也常缺乏真实感。

除了上述三种分类，根据不同的角度还有许多其他的分类法，如连续性观察与非连续性观察、公开观察和隐蔽观察、长期观察和短期观察等。

观察法具有明显的优点。首先，观察法获得的资料具有可靠性。观察者和观察对象之间不存在中间环节，所得到的资料是第一手的，从而避免原始信息被遗漏、歪曲等情况，这对社会调查定性研究中对资料的高要求十分重要。其次，观察法获得的资料具有及时性。由于直接观察行为和被观察行为两者的同步性，观察资料具有能及时反映社会现象的优点，有效地避免了信息的滞后性，有利于快速对观察对象的本质得出结论。再次，观察法在适用范围上具有不可替代性。观察法可用于了解人们不愿意公开的行为，比如一些非法活动、个人的不良嗜好等。观察法还可用于了解无语言能力的研究对象，包括婴儿、聋哑人等。最后，观察法在应用上具有简便性。观察法在操作上具有一定的弹性，对观察者和观察时间的要求不太严格；并且观察法可以在实地观察中不妨碍被观察一方的正常工作和正常的事情发展过程。例如，上海外国语大学在 2019 年 9 月 1 日至 7 日顺利举行“一带一路背景下泰国文化、社会与旅游环境田野调查”活动，部分老师及学生对泰国曼谷、清迈及其周边城市进行了为期 6 天的文化考察。本次活动通过实地的田野调查活动，多视角、多维度地观察、了解泰国社会和文化，完成了对泰国国情的深度解析，考察了泰国农业种植项目、南邦大象保护中心等项目。

三、社会调查定性分析中的文献法

文献的原义主要指包含各种信息的书面材料或文字材料。随着社会的发展，信息传播的载体也越来越多样化。因此，我们可以将文献定义为包含我们希望加以研究的现象的任何信息形式。根据文献具体形式和来源的不同，我们既可以将其分为个人文献、官方文献及大众传播媒介三大类，也可以把它分为原始文献（也称为初级文献或第一手文献）和二次文献（也称为次级文献或第二手文献）两大类，还可以划分成现时性的文献和回顾性的文献，或者文字文献、画面文献、声音文献等。个人文献主要指个人的日记、自传、回忆录及信件等；官方文献主要指政府机构和有关组织的记录、报告、统计、计划、信函等；大众传播媒介主要指报刊、广播、电视、电影、网络等。所谓原始文献，指的是由亲身经历某一事件或行为的人所写的资料，比如前述个人文献中的日记、信件，官方文献的记录、报告、计划等；二次文献则是指那些利用别人的原始文献所编写或产生出的新的文献资料，比如根据当事人的回忆录和自传撰写的人物传记、利用统计数据撰写的研究报告等。以下我们对社会研究中几种常见的文献略做说明。

（一）日记、回忆录和自传

这三者都是当事人亲自写的第一手文献，人们记日记的原因多种多样。对于大多数普通人来说，记日记主要是把每天所发生的有意义的事记录下来，将来回忆过去的时光时往事又会历历在目；或者通过记日记，达到自己跟自己进行交流交谈的目的；还有的人是将自己在日常生活中所触发的思想火花记录下来。由于日记是人们从纯粹的个人目的出发，自觉自愿写下的，其内容常常是人们内心思想的自然流露，而且它常常会按时间顺序持续相当长的一段时期，因此，日记对于研究人们的思想、感情，理解人们的行为、性格，无疑具有很高的价值。但是由于日记属于个人隐私的范围，不经主人允许，其他人不能随意翻阅，所以，这也给利用日记进行研究造成很大困难，日记这一文献资料的利用所受的局限很大。回忆录和自传既有相似的地方，又有一定的区别。回忆录往往是作者对自己在某一时期中的一些特殊经历的描述。在这一描述中，作者本人可以不是中心人物。自传是对作者从小到大，直至目前的生活历史，按时间顺序给出的连续性记述，传主是记述中唯一的中心人物。回忆录对于研究过去发生的某一事件或运动以及社会变迁来说，有较高的价值。

（二）信件

信件也常常作为一种描述事件或者描述人们对某种事物的个人感情的资料。利用信件来进行社会研究的做法，同样受到不少人的指责。有人仔细地评论了托马斯和兹纳涅斯基利用信件所做的研究，提出一系列批评。有人甚至断言，对于特定的社会学目的来说，现在几乎没有什么类型的通信可以很容易地被利用，也没有什么类型的通信对社会研究有价值。他们指出，即使信件对研究是可用的，也存在很大的局限性。首先，写信的人通常并不能构成普通人口总体的代表。其次，人们在信件中对于事件的描述往往是经过不正常的压缩的，并且往往是从特定角度来描述的。

（三）报刊

这是文献研究中用得较多的资料来源之一。从报刊的版面、封面、标题，直到报刊刊登的文章、消息、报告等，都可以是人们进行社会研究，尤其是采用内容分析方法进行研究时所用的材料。报纸中的新闻报道常常成为人们分析某一事件或运动的依据。但是，有一点应该注意:报纸上的报道文章通常并不是事物的全部。因为它不仅受到报道者个人思维、观察、分析及表达能力的限制——往往只是报道者印象最深或者最受刺激的一部分,同时又会受到报纸版面、编辑部负责人以及上级有关部门各种要求的限制。

(四)官方统计资料

这是文献研究中另一个重要的资料来源。无论是全国人口普查资料,还是由国家统计部门、各级政府部门、各级专业机构编制的月统计报表、年统计图表、年统计报告等等,都是社会学者研究社会的极有价值的资料。这种资料往往提供了一个地区、一个部门或者全国的有关概况,对于研究者从总体上认识社会现象、分析各种因素之间的关系、掌握事物的发展趋势等等,有着不可替代的作用,比如国家统计局编的《中国统计年鉴》《中国社会》。

(五)历史文献

在某种意义上,要从文献中划出"历史"的文献这一部分是不可能的,因为所有的文献资料实际上都是历史的,即都是关于过去的。但是,在实际研究中,人们还是根据若干特征将这一类文献与其他文献区分开来。一般来说,历史文献往往是指那些形成时间距目前较久并且文献的作者以及所记述的事件和运动的当事人都已去世的资料。在通常情况下,历史文献更多地为历史学家所运用。但历史学家只是在陈述和解释过去所发生的事情。他们虽然也研究社会的发展变化,但其重点只是在弄明白历史事实的真相。他们并不打算去证明历史现象之间的因果关系。社会学家则希望从历史事件中找出事物发展变化的一般规律。因此,社会研究者在利用历史文献所进行的研究中,更多地涉及社会关系的结构、组织及管理的原理等,而很少涉及那些吸引历史学家的事件细节。

当然,文献法也有特点。第一,无反应性。文献研究不会打扰研究对象,也不会对这些研究对象产生影响。由于各种形式的文献研究都不需要直接同人打交道,而只是利用和分析那些已存在的文字材料、数据资料以及其他形式的信息材料,所以在整个研究过程中,研究对象不会受到研究者的影响而发生变化。虽然这种方法在收集资料过程中有可能受到研究者主观偏见的影响,但收集资料方法本身不会使正在收集的资料发生变化。第二,费用低,获取较为便捷。尽管进行一项文献分析的费用会依据所分析的文献的类型、文献散布的广度、获取文献方式的难易程度等方面的差别而有所不同,但是,一般来说,它比进行一项大规模调查、一项严格的实验或一项深入的实地研究所需要的费用要少得多。因为它所用的资料往往只需要通过借阅、复印等形式就可得到。一个社会研究者总可以在没有足够的经费、时间和人力的情况下,采用内容分析的方法开展研究,它既不需要大量调查员,也不需要特别的仪器设备。特别是在研究某一历史时期中的人们和事件时,采用其他的社会研究方法,比如调查、实验、参与观察等,显然都不可能。而文献研究却可以帮我们达到这一目的,只要我们能找到足够的与这些人们或事件有关的文献材料。第三,适于做纵贯分析。由于调查、实验、观察等方法所研究的都是现时的情景,而往往难以用来进行纵贯研究或趋势研究。文献研究在这方面则有着它特别的优势。随着时间的流逝,各个不同历史时期的社会现象和社会生活,或多或少总会以各种不同的文献形式记录和描述下来。

第三节 社会调查定性研究报告的写作

社会调查定性研究报告的写作主要从资料的整理过程、分析过程和撰写过程三个方面来进行论述，从而形成一个较为系统和全面的写作过程。

一、定性研究报告的资料整理过程

定性研究报告的资料整理过程是一个对资料的审查、分类和编码、汇总和分析的过程。其基本逻辑是归纳法，即从具体的、个别的、经验的事例中逐步概括、抽象到概念和理论。

(一)资料的审查

在实地研究的过程中，通过较长时间的观察、访问、交往、闲聊和参与，研究者会得到一堆凌乱、无结构、无顺序的现场笔记。整理资料的第一步自然是对这种凌乱的记录资料进行整理，通常的方式是先将实地记录或现场笔记完全按照实地记录本上的内容和文字录入，不要做任何的修改，全部输入计算机，使得所形成的文本与原始记录在内容、文字、时间、前后顺序、各种记号等方面都完全一致。在写作过程中则对复制出的多个备份文件进行删改、编排、摘录处理。

资料审查的目的是消除原始资料中的虚假、差错、短缺、余冗等现象，从而保证进一步分析，主要集中在真实性和适用性上。

所谓真实性审查，也称信度审查，即看资料是否真实可靠地反映了调查对象的客观情况。首先，根据已有的经验和常识进行判断，一旦发现与经验、常识相违，就要再次根据事实进行核实；其次，核查材料的内在逻辑，如果发现前后矛盾，或违背事物发展的逻辑，要找出问题所在，剔除不符合事实的材料；再次，通过资料间的比较进行审核，如对某个问题，既有访谈资料，又有文献及观察记录，就可将这些资料进行比较，看有无出入，以判断真伪；最后，根据资料的来源进行判断。一般地说，有文字记录在案的情况比传说的情况更可靠一些。

所谓适用性审查，也是效度检查，一方面是审查收集到的资料符合原设计要求及对分析所研究的问题有效用的程度，对于那些离题太远、效用不大或不符合要求的资料要清除；另一方面是审查资料对于事实的描述是否准确，特别是有关的事件人物、时间、地点、数字等要准确无误，切忌事实资料含混不清、模棱两可，同时还要考虑资料是否适合分析和解释，包括资料的深度和广度、资料的分量是否合适等问题。

(二)资料的分类和编码

分类是资料整理的一个重要环节。经过审核的资料虽然能达到真实性、准确性的要求，但仍是分散的、杂乱的，很难从中找出规律性的东西。为使资料系统化、条理化，必须对之进行分门别类的整理工作。分类是把不同的资料区分为若干类别，即把性质相同的资料整合起来。因此,分类就是按一定的标准将资料分门别类,使繁杂的资料系统化、条理化的过程。它不仅能方便资料的存取,也是对研究对象的认识方式。分类的关键在于选择和确定分类标准。分类标准可分为品质标准和数量标准两大类。所谓品质标准,就是反映事物属性差异的标准,如性别、民族等。所谓数量标准,就是反映事物数量差异的标准,如以人口作为划分大、中、小城市的标准。分类标准的确定往往反映了研究的目的。

定性资料的分类应注意两点:一是分类标准必须反映事物的重要特征,二是分类标准必须反映研究目的的需要。分类方法因资料的性质不同而有所差异。此外,还必须遵循下述三个原则:一是互斥性,即所划分的各类别之间不能相互重叠,以便每一个对象只能归于一类,不能既归此类又属彼类;二是完备性,即类别的确定应当使每一个对象都有所归属,分类的结果应使所有对象都包容进去,无一遗漏;三是显著性,即分类的效应具有显著性,具体地说,类别界限的确定应使各类别资料之间的差异尽量增大,每一类别资料的内部差异尽量缩小。通过分类,不仅有利于反映事物本身的内部结构,而且对不同类型的社会现象进行比较,从而了解社会现象之间的依存关系。可见,分类是一种整理资料的程序,更是一种分析和认识问题的方向,对于定性研究报告的写作至关重要。

定性资料的编码由研究问题所引导,并牵引出新的问题。与定量研究中编码只是一项简单的"秘书性质"的工作不同,它使研究者从原始资料的细节中摆脱出来,而在更高层次上思考,并使研究者走向概括和理论是两个同时发生的动作:机械式地将资料减少以及将资料放入分析类别的项目中。资料编码是将成堆的原始资料缩减为有意义的几叠资料。除易于管理外,编码也让研究者能够很快找到相关的部分。施特劳斯对三种定性资料编码下了定义,这三种编码类型是开放式编码、主轴式编码、选择式编码。

开放式编码是在刚开始搜集资料的第一阶段形成的。先设置一些主题,将最初的代码或标签分配到资料中去,以便将大量混杂的、零星的资料浓缩转变成不同的类别。研究者慢慢阅读这些田野笔记、历史资料或其他资料,找寻重要议题、关键事件或主题,再加以记录。研究者在笔记卡的留白处或电脑记录中,用不同颜色标示出初步的概念。研究者不受任何约束地来创造新的议题,并在接下来的分析中更改此初始码。开放式编码让资料内部的主题浮现出来。这些主题处在比较低的层次上,并来自研究者最初的研究问题、文献中的概念、社会场域中人们使用的词组以及资料融合后触发的新想法。当然,在开放式编码结束后,某些主题概念的清单还是有其一定作用的:(1)能帮助研究者很快看出主题间的结合;(2)促使研究者在未来的开放式编码时发现新的主题;(3)研究者用这样的清单建立研究中所有主题的共通性,未来分析时可以重新组织、分类、合并、放弃或延伸。

主轴式编码是资料的"第二层过滤"。在开放式编码时,研究者着重于实际的资料,并赋予每个主题一个编码的标签,此时并不试图找出主题间的连接或浓缩出主题所呈现的概念。相反,在主轴式编码时,研究者从一些有组织的最初编码或初级概念开始。在主轴式编码中,研究者更为注重的是主题,而不是资料。在此阶段可能会产生其他编码或新的概念,研究者就将之记录下来,但其基本任务是检视最初的编码。研究者朝概念或主题的组织以及确认分析的主要概念这个主轴来移动。主轴式编码着重于发现和建立类别之间的各种联系,包括因果关系、时间关系、语义关系等。在主轴式编码中,研究者会思考原因和结果、条件和互动、策略和过程,并寻找将它们聚合在一起的类别或概念。主轴式编码不仅引发关于概念或主题间关系的思考,同时也提出新的问题。它可以让一些主题或审视比较深入,此外,也可以增加证据和概念之间的关联性。将编码以及证据合并在一起时,研究者会发现许多地方都有核心主题的证据,并建立紧密的网支持这些定性资料。

选择性编码是对资料浏览和编码后,有选择地查找那些说明主题的个案并对资料进行比较和对照。这是在概念发展完成并开始组织几个核心概念间的全面分析之后开始进行的。在选择性编码过程中,主要的主题或概念始终指引着研究者的研究,并不断对早期编码中所识别的主题进行再组织,并探讨与分析多个不同的重要主题。

(三)资料的汇总和分析

分类标准选出后,就要将资料归类,并按一定的逻辑结构进行编排,即汇总和分析。应先根据研究的目的、要求和客观情况,确定合理的逻辑结构,使汇总和编辑后的资料既能反映客观情况,又能说明研究问题。汇总资料的基本要求:一是完整和系统,大小类要井井有条,层次分明,能系统完整地反映研究对象的面貌;二是简明集中,要使用尽可能简洁清晰的语言,集中说明研究对象的客观情况,并注明资料的来源和出处。

最后,根据不同的标准或从不同的角度,仔细审阅和思考资料中所做的各种记号,思考和比较各种不同的主题及分析型备忘录,看看哪些资料中存在突出差异,并从中归纳或抽象出解释和说明现象或社会生活过程的主要变量、关系和模式。在定性资料的分析阶段,一个十分关键的环节是,我们必须能够从大量的经验材料中识别那些构成更大的社会结构的社会互动和社会关系。我们不能仅仅把在实地观察中所得到的这些互动和关系看作具体的、特别的行为,而要把它们看作更为抽象、更为一般的概念在具体社会生活中的例子。我们必须理解这些行为和关系是如何相互联系并形成社会结构的一种特定类型的。当然,这也是定性资料分析中最困难的一项工作。实地研究所得到的材料是丰富的、生动的和具体的,研究者必须从中进行选择和组织,从而展示更具有普遍意义的社会行为模式、更为一般的社会结构和社会过程。可以说,现实生活为研究者提供了材料,而研究者则要对这些材料进行自己的分析。

二、定性研究报告的资料分析方法

定性研究报告中的资料分析途径主要有两个:一是寻找资料中的相似性,二是寻找资料中的相异性。这里主要对较为常用的四种方法——连续接近法、举例说明法、比较分析法和流程图法进行分析。

(一)连续接近法

连续接近法指的是通过不断反复和循环的步骤,使得研究者从开始时比较含糊的观念以及杂乱、具体的资料细节,得到具有概括性的综合分析结果。具体地说,研究者从所研究的问题和一种概念与假设的框架出发,通过阅读和探查资料,寻找各种证据,并分析概念与资料中所发现的证据之间的适合性,以及概念对资料中的特性的揭示程度。研究者也通过对经验证据进行抽象来创造新的概念,或者修正原来的概念以使之更好地与证据相适合。然后,研究者又从资料中收集另外的证据,对第一阶段中所出现的尚未解决的问题进行探讨。研究者不断地重复这一过程。而在每一阶段，证据与理论之间也不断地进行相互塑造。这种过程就被称作"连续接近"，因为经过多次的反复和循环，修改后的概念和模型几乎"接近"了所有的证据，并且这种经过连续的、一遍又一遍的修改的概念和模型也更加准确。每一阶段的证据往往是暂时的和不完全的，而概念是抽象的，它们根植于具体的证据中并且反映事物的背景。在从经验证据到抽象概括的过程中，可能会受到某些条件和偶然事件的影响，研究者必须不断修改及其与证据的连接，以使其更好地反映证据。

（二）举例说明法

举例说明法即用经验证据来说明某种理论。这是定性资料分析最为普遍的一种方法。根据这一方法，研究者将理论应用于某种事件或背景中，或者根据先前存在的理论来组织资料。这种先前存在的理论提供"空盒子"，研究者在资料中将那些可以作为证据的内容集中起来，去填满这个"空盒子"。当然，这种用来填满"盒子"的经验证据既可以是支持理论的，也可以是否定理论的。举例说明法在具体操作上可以分为两种不同的方式。一种方式主要表明理论模型是如何说明或解释某种特定的个案或特定的现象。研究者所列举的主要是某一个案或现象的证据。另一种方式则是对一种理论模型的平行说明，即研究者平行列举多个不同的个案，比如多个不同的单位或多个不同的时间周期等，来说明这种理论模型可以应用于多个不同的个案，可以解释或说明多个个案中的情况。或者反过来，研究者采用来自多个平行的个案的材料来共同说明某种理论。

（三）比较分析法

定性资料分析中的比较分析法指的是研究者并不是从总的理论模型的"空盒子"开始，然后用资料中的证据去填满"盒子"，而是从先前已有的理论或从归纳中发展出相关的规律或关系模型的思想，然后将注意力集中在少数规律上，用其他替换的解释与之进行比较。在此基础上，研究者进一步考察那些不限于某一特定背景（如某一特定时间、特定地点、特定群体等）的规律性。当然，要说明的是，研究者并不是要寻求那种具有普遍意义的法则，而仅仅是注重那种在某种社会状况中所表现出的规律性。比如，研究者可以去寻找当前我国国有企业中所存在的某种组织管理模式，而不是去寻找某种能应用于所有组织中的普遍的因果法则。根据具体的比较方式的不同，定性资料分析中的比较分析法可以分为两种类型——一致性比较法和差异性比较法。一致性比较法是将注意力集中于不同个案所具有的共同特性上，并通过运用一种排除的过程来进行比较和分析。差异性比较法是指研究者先找出那些在许多方面都十分相同，但在少数方面不同的个案；然后找出那种使这些个案具有不同结果的那些特性，从而进行原因分析和条件分析。

（四）流程图法

流程图法指的是以历史和现时发展过程为标准，对定性资料所进行的描述，这种方法的最大好处是能够很好地展现事物发展变化的过程。除了研究各种活动的时间以外，研究者还分析活动或决策的顺序与过程。历史研究者的焦点在于记录事件的顺序，但是比较研究者和实地研究者则同时考察其过程（流程）。除了事件发生的时间，研究者也运用流程图标示出决策的顺序，以了解事件或决策彼此间的关系。标示出步骤、决策或事件的想法以寻求彼此间的关系可以应用到许多情境中。

无论采取什么样的分析方法，都应记住一点：定性研究的分析过程是一个开放式结构，如果初步建立的分析框架、类别，或所研究的问题不符合收集到的原始材料，研究者可以随时进行修改。为研究结果下结论时应该注意材料之间的异同，避免为了使结论看上去完整精确而牺牲材料的丰富性和复杂性。定性研究在理论建树方面强调"扎根理论"，即在原始材料的基础上发展理论。如果前人建立的有关理论可以用来深化对研究结果的理解，那么我们可以借助于前人的理论；如果这些理论和研究的结论不符，研究者则应该尊重自己的发现，真实地再现被研究者看问题的方式和观点。建立理论时，研究者也可以借助个人的经验和直觉，不过，因此而下的结论必须建立在原始材料的基础之上，不能杜撰。①

三、定性研究报告中的撰写基本过程

一般来说，定性研究报告并没有十分固定的格式，不同的定性研究报告的结构是不同的，在撰写上似乎也无规则可循。定性研究报告在撰写上最重要的要求或许是资料与分析的有机连接。这是因为定性研究报告受资料性质的限制，必须用较大的篇幅、较多的文字语言来表示资料和证据，同时，研究者的分析也应与这些材料相互印证和配合。在撰写定性研究报告的过程中，初学者常犯的主要错误是材料的表述与作者的分析相互脱节，如大段大段地描述实地研究过程中所收集到的特定人物或特定事件的细节资料，描述具体现象的微观过程，却很难看到对这些资料内涵的分析，以及表述这些资料对得出或挖掘研究结果所具有的意义和作用。同时，在撰写定性研究报告时还存在恰当地缩减资料的问题。一般来说，无论是实地研究还是历史比较研究，研究者所得到的资料是非常巨大的。有的实地研究者可能会记下几万、十几万，甚至几十万字的实地研究记录。然而，在一篇篇幅十分有限的研究报告中，研究者能实际利用的资料或许只占全部资料的5%～20%。如何恰当地、有效地缩减资料，是定性研究报告的撰写者所面对的一个主要问题。在定量研究报告中，通过统计分析，大量的数据资料往往可以化简成少数几个表格甚至几个数字。而定性研究报告中，我们没有这种高效的压缩工具。在具体撰写方式上，定性研究报告（特别是实地研究报告）与定量研究报告之间有一个十分重要的区别：报告者的语气不同。在定量研究报告中，研究者往往用比较客观的、正式的、旁观者的语气进行描述和表达。特别是常常采用第三人称如"笔者""研究者"，或者非人称的"研究结果""数据"等来表述。与此相反，定性研究报告中，研究者却往往采用十分主观的、非正式的、参与者的，甚至十分个人化的语气和方式进行描述和表达。而且，定性研究报告常常是从"我"的视角进行描述和分析。这或许是由于定性研究者往往直接地被卷入所研究的现象的背景中，直接与所研究的人打交道，特别地，其他的观察、感觉和认识常常是研究过程的一部分。在实地研究报告中，研究者也需要对研究方法、研究过程进行介绍和说明。当然，这

① 陈向明.社会科学中的定性研究方法[J].中国社会科学，1996(6)：93-102.

种描述和说明不像定量研究报告那样格式化，而是一种自然的研究过程的记述。在历史比较研究报告中，则往往看不到作者对研究方法的说明，通常只有一些对所用资料的说明，以及很大篇幅的注释和文献目录等。

思考题

1. 社会调查定性分析的主要特点是什么？
2. 社会调查定性分析中的访谈法如何分类？
3. 社会调查定性分析中的文献法主要分为哪些类型？
4. 定性研究报告撰写的基本过程有哪些？

第九章　社会调查定量研究的方法概述

定量研究方法源于自然科学，是社会研究中历史最悠久、影响最大的一个方法论类别。定量研究方法论本质上是一种理论检验的研究，因为它从理论出发，用经验证据对理论进行检验或证伪。本章首先探讨定量研究方法的含义和特点，对定量研究方法的发展和特点进行概述，介绍抽样方法、变量测量、问卷调查方法、实验研究法等定量研究的具体方法，对定量研究的统计分析进行概述，对大学生社会实践中后期具有指导作用。

第一节　社会调查定量研究的基本理论

一、社会调查定量研究的理论概述

（一）社会调查定量研究的概念

定量研究方法也称量化研究，是社会科学研究的一个重要方法。它借鉴自然科学中的研究方法，以经验性的证据为依据，以严密的逻辑为准绳，以量化为主要手段，探究社会生活的各个领域，在方法论上自成体系。[①] 具体而言，定量研究方法主要应用于研究事物联系的客观性方面，旨在基于定量理论、原则、技术的指导，通过调查、量化资料或实验等方式获取分析资料，并借助统计程序，以表格、图形或模型等形式，最终客观呈现数量特征或数量关系。定量研究揭示事物或现象量的规定性，其研究过程具有很大的客观性和确定性。

（二）社会调查定量研究的内涵

在社会科学领域，定量研究方法主要包括哲学基础、研究对象、研究目的、研究过程几个核心部分，我们可以从这几个方面来认识定量研究方法。

定量研究方法的哲学基础来源于后实证主义的知识观。后实证主义则是以实证主义为基础，实证主义主要对现象进行研究，主张一种决定论哲学，认为认识客观世界和外在事物必须通过观察或感觉经验。“实证论者认为，虽然每个人接受的教育不同，但他们用来验证感觉经验的原则，并无太大差异。实证主义的目的，是希望建立知识的客观性。而

---

① 欧阳康，张明仓.社会科学研究方法[M].北京：高等教育出版社，2001：2.

“后实证主义在‘知识的绝对真理性’这一观念上挑战传统，认为当我们在研究人类行为(behavior)和行动(actions)时，我们的知识观是无法‘实证’的”①。在这种哲学中，“后实证主义者们认为原因很可能影响结果，因此，就像实验中的结果检验那样，在研究中往往需要检查影响结果的原因”②。在认识世界的过程中，主张开展量化研究和观察个体行为，以此来了解世界变化的规律或者理论。

定量研究方法的研究对象是能够反映事物量的规定性的资料，将现象的特征以一定的数量上的方式表示出来，从而归纳出现象间的关系。定量研究中研究者为保持事物或现象存在的客观性，会与研究对象彼此独立，脱离资料分析。

定量研究方法的研究目的以承认事物和现象的客观规律的存在为前提，为认识客观世界事物的联系，包括研究对象本身各参数的数量关系或其所具备的性质间的数量关系，以及几个对象间的某些性质、特征、相互关系等，用量化的方式进行比较分析。具体的研究方法主要包括调查法、实验法、经验测量、统计分析和建立模型。

二、社会调查定量研究的发展

在方法论历史上，定量研究曾是社会学、心理学、教育学等社会科学学科的主导性范式。定量推理广泛存在于社会研究中，在定量建模、测量、抽样、数据化、数据分析、假设检验、数据储存和检索等领域发挥重要的作用。定量研究在西方和我国经历不同的历史发展过程。

(一)定量研究在西方的发展

定量研究在西方经历了漫长的发展过程，大致可以分为形成和初步发展阶段、成熟和鼎盛阶段、衰落阶段三个历史发展时期。

1.形成和初步发展阶段

社会学定量研究手段主要源自数学和统计学等自然科学。定量分析技术最早可以追溯到古埃及和中国古代。古希腊也有统计技术的萌芽。文艺复兴以后，培根倡导在自然科学中使用观察实验方法。霍布斯(Hobbes)继承了伽利略的传统，提出把自然科学方法应用于研究人类现象。17世纪中叶，英国威廉·配第创立了统计学，他用分组法和图表法等统计技术来分析英国的经济状况，计算了一系列总量指标、相对指标和平均指标。19世纪初叶，孔德首次提出用自然科学方法对社会现象进行分析，使社会学成为一门实证科学。19世纪中叶，法国阿道夫·凯特勒(Quetelet)率先将概率论思想引入社会研究，被称为“经验社会学之父”。他用数理统计学来分析法国的犯罪现象，提出“平均人”概念、人口特性的正态分布律，以及“道德素质”概念的操作化指标。1879年，冯特(Wmdt)建立世界上第一个心理学实验室，提出了用实验法和观察法来分析心理现象，促进实验法在社

---

① Phillips D. C, Burbles N. C. Post-positivism and education research[J]. Rowman & Littlefield, 2000(9): 121-143.

② 约翰·W.克雷斯威尔.研究设计与写作指导：定性、定量与混合研究的路径[M].崔延强，译.重庆：重庆大学出版社，2007:35.

会心理学领域的应用。涂尔干(Durkheim)支持定量社会研究,主张社会科学应该以自然科学为基础,用实证的方法以及确凿的数据来表达社会事实。然而,韦伯反对实证主义,主张通过非量化的"理解"(verstehen)方法来研究人的行为。韦伯和涂尔干都看到了方法和理论的重要性,因为他们两人都撰写了有关方法的著作。

进入20世纪以后,定量方法逐步取代思辨研究,在社会科学领域得到广泛的应用。20世纪20年代,描述性统计分析日益成熟。20世纪30年代,推论统计学得到飞速的发展。伦德伯格(Lundberg)不遗余力地推进社会研究的定量化,积极倡导社会学的操作主义。在他看来,人们不会先处理一个概念,然后再去测量它,因为人们把测量当成界定概念的一种办法。他举例说,某个概念的含义不是给这个概念下定义,而是这个概念的量表所测量的东西。他认为,量化概念存在于日常思想中,也存在于口头社会研究中。社会学中充满着定量概念,无须由外部人为植入,也无须经过特殊的符号化处理。例如,"许多""少许""几个"等词就包含"定量"的意思。

2. 成熟和鼎盛阶段

20世纪40—70年代初,定量研究主导社会科学研究,研究者用"假设—演绎"模式来研究社会现象。拉扎斯菲尔德(Lazarsfeld)和斯托佛(Stouffer)继伦德伯格之后为定量社会学奠定了基础。拉扎斯菲尔德进一步发展了测量技术,对人的行为和态度做了卓有成效的测量和研究,率先在社会学研究中使用问卷法、同组分析(panel analysis)、多元分析和潜在结构分析,开创了定量调查分析法,进一步规范了社会学经验研究。在他的努力下,社会研究的定量化和程序化变得有效易行,他的理论和方法被学界称为哥伦比亚学派。斯托佛四卷本《美国士兵》是其代表性研究成果,他所提出的研究设计、抽样方法、问卷设计以及分析逻辑已成为今天广泛使用的统计研究模式。

20世纪五六十年代,随着抽样理论和统计检验的引入及社会测量法的推广,定量社会学得到了进一步的发展。至20世纪60—70年代初,定量社会学研究达到鼎盛时期,大量的定量社会学论著问世。同时也应该看到,自20世纪60年代以后,波普尔(Popper)的"证伪主义"、库恩(Kuhn)的"科学范式"、拉卡托斯(Lakatos)的"精致的证伪主义"和费耶阿本德(Feyerahend)的"知识无政府主义"等理论观点纷纷对实证主义质疑,动摇了实证主义在社会研究中的霸主地位。

3. 衰落阶段

20世纪70年代末以来,随着定性研究的崛起,实证主义在形式上已有所改变,出现所谓的新实证主义或后实证主义。华莱士(Wallace)、特纳(Turner)和亚历山大(Alexander)是其代表人物。华莱士提出,科学社会学的主要目标是做出可靠预测,社会学应该关注规律性东西,构建共同的标准,追求可能性知识及其真实性。特纳在理论层面上坚持实证主义观点,提出"重建社会物理学"口号。亚历山大强调,要提升实证主义的解释力,就要更新实证主义的内容。这个时期的主要著作包括法拉罗(Fararo,1989)的《普通理论社会学的含义》、布莱洛克(Blalock,1982)的《社会科学的概念化和测量》等。

(二)定量研究在我国的发展

我国古代就有以课税和征兵为目的的人口统计调查,尽管如此,现代意义上的社会调查在我国出现得比较晚。19世纪末和20世纪初,我国的社会调查基本上是由西方学者把持的。直到20世纪20年代,我国才有独立主持的社会调查工作。陈达对北平城府村居民和清华校工所做的生活费调查是我国最早的社会调查。此后,比较著名的社会调查有毛泽东的《中国社会各阶级的分析》(1926)、《湖南农民运动考察报告》(1926)和《长冈乡调查》(1933),李景汉的《北京郊外之乡村家庭》(1929)和《定县社会概况调查》(1933)。李景汉将实地调查与问卷调查结合起来,使用随机抽样和分层抽样,设计314个统计表格,初步建立了我国农村调查的统计指标系统。严景耀对我国犯罪问题进行调查并做了统计分析(1927—1933)。陈瀚笙对无锡、广东和保定三地农村进行社会经济调查(1929—1930),这些都直接促进了20世纪30年代广泛的社会问题调查。20世纪30年代后期和40年代,比较著名的社会调查有毛泽东的《关于农村调查》、陈达的《南洋华侨与闽粤社会》(1938)、费孝通的《江村经济》(1939)、史国衡的《昆厂劳工》(1943),以及费孝通的《乡土中国》(1947)等。

中华人民共和国成立以后,由于种种原因,学术性的调查研究没有取得很大进展。改革开放以后,随着社会学学科的恢复和发展,学术性社会调查有了新的发展。针对改革开放以来的社会变迁和社会发展,我国社会学者已经在各个方面做了大量的调查研究,取得了丰硕的成果。

三、社会调查定量研究的特点

对定量研究方法的认识,必须把它与定性研究方法等其他方法进行比较,从而找出该方法有别于其他研究方法的特点。定量研究方法基于实证主义范式和“假设—演绎”模式,它具有以下六个方面的基本特征:

(1)在哲学基础上,定量研究秉承实证主义观点,在本体论上承认客观世界的因果性,认为客观世界独立存在于人的感知之外。在认识论上,定量研究坚持客观主义认识论立场,认为研究者与研究对象之间的关系是客观的,研究者在研究客观对象时,要采取价值中立的立场。

(2)在研究目的上,定量研究旨在找出相关关系和因果关系,确定各研究对象之间的关系、相互影响以及因果关系,更多地关注单个变量或因素以及彼此之间的相互关系,而不关心整体的作用。

(3)在研究路径上,定量研究通常从既有理论出发,提出一系列假设,然后通过问卷和实验等测量工具来收集经验证据,通过统计分析来验证预想的模型、假设或理论。这是从一般到特殊的演绎过程,突出了对既有理论的验证或推断。

(4)在表现形式上,定量研究强调标准化的研究程序和设计,追求客观的、结构化的、可重复的研究过程。定量研究借助测量和统计等量化手段来理解事物或现象,强调用数字而不用文字来描述研究对象,采用数理统计工具来进行数据分析,对研究结果的描述以统计表格和图表为基础。

(5)在主观性成分上,定量研究将研究者视为局外人(etic),力求将人从研究环境中剥离开来,强调研究过程中的价值中立,采取随机抽样方法,以中性证据为依据,尽量做到客观。但是,在假设的形成、对事实的选取,以及对结果的解释和推论上,定量研究无法做到完全客观。

(6)在研究结果上,定量研究追求准确测量和精确预测。不同的研究者只要使用相同的研究设计和研究方法就可以得出相同的结论。在研究结果推广上,所得出的研究结论可以作为一般结论应用到更广泛的研究总体中。在研究成果报告上,以第三人称和被动语态来撰写研究报告。

第二节　社会调查定量研究的主要方法

定量研究是理论检验的研究,遵循"假设—演绎"逻辑,从一般到具体进行演绎推理。但是,定量研究并不是抽象的,它包括许多具体的研究方法,即抽样方法、变量测量、问卷调查法、实验研究方法等。下面分别进行论述。

一、社会调查定量研究中的抽样方法

在社会调查定量方法的内容中,抽样理论与方法是其中两方面重要的内容,尤其是现代社会调查研究,抽样不仅与研究目的及研究内容紧密相关,还直接关系到资料的收集和整理分析,影响到调查研究的质量。利用抽样理论方法,我们可以从局部得到整体的概况描述。用统计的语言,即可以由样本来推断总体。

(一)抽样理论的基本概念

1.总体与总体指标

总体指的是由所研究对象的全体构成的集合。在社会学调研中,常见的研究对象基本上有四种类型,即个人、团体、组织和社区。例如:将江苏省在校大学毕业生的择业倾向及心理分析作为研究课题,则研究对象就是江苏省所有在校的大学毕业生,由他们构成的集合就是本课题的抽样总体;为了解某省的国有企业体制改革的一般情况,则研究对象就是该省的各国有企业,总体就为由该省的各国有企业作为个体元素构成的集合;为了解全国各县社会保障政策的实施概况,则研究对象就是全国的每个县,而总体则为以县作为个体元素构成的总体。

总体指标就是有关总体的参数,它是关于总体中某一变量的综合描述,或者说是总体中所有个体的某种特征的综合数量表现,如世界杯足球赛决赛电视直播观众的平均收视率,某集团公司全体职工的月工资收入或职工的平均收入。这些都是总体指标,往往都是要调查的目标量,或称为总体参数。抽样调查中,这些总体参数要通过样本统计量来估计。例如,用样本总量、样本均值、样本标准差等来对总体的总量、总体均值、总体标准差进行估计。

2.样本与样本指标

样本就是从总体中抽取的某些个体或单位构成的集合。例如,某校从2500名应届大

学毕业生中抽取了50名毕业生以了解他们的择业心理，这50人就是样本。

样本指标也称为统计量或样本值，它是关于样本中某一变量特征的综合描述，该描述在社会调查中都是以数量的形式表现的，如样本均值、样本方差、样本矩等等。抽样调查的目的就是通过样本统计量去估计或推断总体的指标值。

3.随机抽样与非随机抽样

随机抽样（或称为概率抽样）即抽取样本时遵循随机原则，且通过某种随机过程使得总体中都有相等的机会被选中。从理论上讲，随机抽样是最理想、最科学的抽样方法。它能保证样本数据对总体参数的代表性，而且能够将调查误差中的抽样误差控制在一定的范围内，因而随机抽样样本能够将其统计量推断到总体。在某些情形下，随机抽样也有采用不等概率抽样的情况，不过在计算时必须考虑权重的问题，这势必加大了计算工作量及工作的复杂性，故一般的随机抽样均指总体中的每一个个体被抽到的概率相等。

非随机抽样是指不是完全按随机原则抽取样本，与随机抽样相比，非随机抽样的抽样过程并不很严格。总体的每个个体入选样本的概率是未知的，而且往往还带有调查者的主观影响，并且无法说明样本是否重现了总体的结构，因而其样本的统计量不能推断总体；但这不能说明非随机抽样在社会调查中就没有用武之地。事实上，对于探索性调查，对于一些不希望由样本推论总体的调查，以及考虑到操作方便，省时省力省钱，研究者往往都采用非随机抽样以获取初步资料信息。如果研究者事前已经对总体及调查对象有较好的了解，此时非随机抽样也有可能获得成功。常见的非随机抽样有如下五种形式，即偶遇抽样、判断抽样、定额抽样、滚雪球抽样、空间抽样。

偶遇抽样是指研究者根据课题的实际情况，以自己方便的形式将所能偶然遇到或较方便接触到的人作为调查对象。例如，为了解观众对某影片的看法，研究者对散场的观众采用遇见谁就采访谁这种方法。由于操作起来非常方便，故有人把这种抽样又称为方便抽样。

判断抽样是基于研究者对总体的了解及主观的分析，从总体中抽选“有代表性的”或“典型”个体作为样本。例如，人们通常讲的“典型调查”实际上就是一类判断抽样调查。事实说明，如果判断正确，则判断抽样的样本就有可能对总体有较好的代表性。

定额抽样是根据对总体各研究变量的特征进行分层，然后根据各层在总体中所占的比例或者考虑到其他一些因素去选择被调查对象，使样本中的个体基于上述各种因素、特征及它们的比例上大体反映总体。例如，研究者根据人们的性别、年龄、民族的构成来规定样本中性别、年龄、民族的被调查人数。定额抽样的目的是要使样本对总体具有较好的代表性。但是用这种方法抽样时，研究者易受主观因素的影响而产生抽样误差。

滚雪球抽样是指在我们无法了解总体的情况下希望了解总体或部分单位，可以先以总体中的少数个体入手，对他们进行调查，并通过这些个体了解到更多的个体，然后通过更多的个体去了解另外的个体，如同滚雪球，使研究者了解的个体越来越多，越来越趋近于总体。但是滚雪球抽样的技术有一定的局限性：如果总体中的个体都是独立的，它们之间彼此缺乏联系或有意识地割断了联系，此时就不好进行滚雪球抽样的操作。

空间抽样是指，当总体的可变性大而使人们看不清总体时，由若干研究者同时分别对总体实施抽样调查。

4.抽样单位与抽样框

抽样单位是总体的构成单位。在抽样调查中,抽样单位随具体的调查对象不同而有所不同。在社会调研中,抽样单位一般可以是个人、群体、组织、社区。例如:我们为研究某企业职工的生活保障问题所进行的抽样,此时抽样单位就是个人;为了解某市各单位贯彻上级方针政策的情况而进行的抽样,此时的抽样单位就是组织。另外,在实际抽样中,抽样单位还具有多层次的特征。在多阶段抽样技术中,每一级都有该级的抽样单位。例如,在一个以家庭为个体的省级总体中进行多阶段抽样,第一级的抽样单位是县,第二级的抽样单位是乡,第三级的抽样单位是村,最后一级才抽到家庭。

抽样框是对全部抽样单位进行逐一编号排列而成的登记册。在抽样调查中,抽样框内每个抽样单位都有自己的对应位置,它通常通过给抽样单位进行编号来实现。抽样框的质量从抽样一开始就决定着抽样的质量。因此在编制抽样框时,要高度重视抽样框的质量。

5.抽样误差与系统误差

在抽样调查中,样本是总体的一部分,虽然有代表性,但是不等于总体,我们把用样本来估计总体所产生的误差,称作抽样误差。样本的随机性决定了抽样误差的不可避免性。尽管如此,抽样误差的大小可以通过样本容量的改变而事先进行控制。非抽样误差是指在抽样调查中由于人为的差错所造成的误差。例如抽样中因误抄、计算出错等人为过失及其他一些因违反随机原则而产生的误差。这类误差是无法测量的,它只能通过一定的人为措施尽量减少。

6.统计值

统计值也称为样本值,是关于样本中某一变量的综合描述,或者说是样本中所有元素的某种特征的综合数量表现。样本值是从样本的所有元素中计算出来的,它是相应的总体值的估计量。例如,样本的平均值就是通过对样本中的每一个元素进行调查或测量后计算出来的,它是相应的总体平均值的估计量。抽样的目的之一,就是要通过这些样本值去估计和推算各种总体值。可以根据不同的抽样设计,从一个相同的总体得到若干个不同的样本,所以,从每一个样本中所得到的估计量都只是总体的许多个可能的估计量中的一个。抽样设计的目标,就是尽可能使所抽出的样本的估计量接近总体的参数值。

(二)抽样的优越性

对调查对象的全体逐一调查的方式称为全面调查,也叫普查。由于进行普查费用高,耗时长,指标少,因而不可能做深入研究。普查的最基本特点是广而不深。只对少数几个研究对象做深入调查研究的方法叫作个案调查。个案调查虽然可进行得深入细致,但没有代表性。它的特点是深而不广。相比之下,抽样调查则有取普查、个案调查之长,补其之短的特点,既可以做得深入,又能够有代表性。抽样调查与全面调查相比,具有许多明显的优点。

(1)花费少。如果总体包含的研究对象数目较大,全面调查的资金花费将比较高。而抽样调查仅仅是总体的一部分,所需的调查成本自然就较少。

(2)速度快。由于抽样调查仅调查总体的部分,故能较迅速地获取所需的资料信息,这在信息化时代尤其重要。

(3)应用广泛。在现代的社会调查中,有多种类型的研究课题,有时候很难准确地预知调查总体,故对研究对象进行全面调查,就变得不可能。例如研究城市中的民工潮问题,研究人员很难确切地知道某一城市民工的具体数字。另外,一些研究对象难以接触,以至于无法进行全面调查。因此,研究人员往往都是采用抽样调查的方法来收集调查信息。鉴于此,抽样调查更显出其应用的广泛性,目前研究人员已把抽样理论和技术应用于各个学科、各个领域的相关课题。

(4)科学地设计抽样。样本相对于总体具有代表性,而抽样误差可以在事先进行计算并加以控制,同时通过增加样本容量及采用有效的抽样组织形式可提高抽样估计量的准确性。

(三)抽样的作用

从抽样的定义中不难看出,抽样主要涉及和处理有关总体与部分之间的关系的问题。抽样作为人们由部分认识整体这一过程的关键环节,其基本作用是向人们提供一种实现“由部分认识总体”这一目标的途径和手段。实际上,抽样早就在人们的日常认识活动中发挥着这种作用。抽样的基本思想或基本逻辑早就被人们自觉或不自觉地运用着。例如,厨师在做菜时,常常从一大锅汤中舀一勺汤尝一尝,以便知道整锅汤的味道如何;顾客在买米时,往往先从一大袋米中随手抓一把看看,便知道这批米的质量好不好;医生只要从病人身上抽取很少的一点血液,便可以了解病人全部血液的各种情况。当然,抽样方法被更广泛地应用在各种形式的社会科学研究、自然科学研究,以及生产、销售等经济活动中。例如,对社会热点问题进行民意测验、对不同水稻品种的产量进行估计、对各种商品的质量进行检验或评比,都少不了抽样方法的运用和帮助。

在社会研究中,抽样主要解决的是对象的选取问题,即如何从总体中选出一部分对象作为总体的代表的问题。广大研究人员常常会在时间、经费、人力等方面遇到难题,甚至陷入困境,从而不得不在庞大的总体与有限的时间、人力、经费之间寻求平衡。以现代统计学和概率论为基础的现代抽样理论,以及不断发展、完善的各种抽样方法正好适应了社会研究的发展和应用的需要,成为社会研究知识体系中必不可少的一部分。可以说,抽样方法是架在研究者十分有限的人力、财力、时间与庞杂、广阔、纷繁、多变的社会现象之间的一座桥梁。有了它的帮助,研究者可以方便地从很小的部分达到很大的整体。

二、社会调查定量研究中变量的测量

调研课题如采用定量的研究方法,则对成果质量直接产生影响的一个因素就是对研究变量的测量。可以这么说,没有测量就没有定量方法,因此测量作为社会学定量方法的一个重要环节,必须引起社会研究者的高度重视。

(一)测量的概念

所谓测量,就是依据一定的规则,对研究的变量给予赋值或赋予某一符号。由于研究变量分为若干种类型,且每一种类型又有多种多样,故对变量的赋值也各不相同。测量每一个现象都应该设计一个测量工具。在社会测量中,所有的测量都离不开测量客体的属性与特征、测量规则、数字与符号三个基本要素。

测量首先要有客体即测量的对象,这一客体可以是人、人的行为、事件、现象等。由于客体是一个与课题的研究对象有关的笼统的概念,故测量的并不是客体本身,测量者应该要指明要测量客体的什么方面。一般来说,对客观的测量对象,在指出了测量客体的内容后,用何种类型的测量工具也就随之而定。而如果测量的对象是主观方面的东西,如人的心理行为,或者比较抽象的概念,则必须通过被测者的主观陈述或测量者对外部表现的主观判断来反映,通过对概念的界定与具体化使之转化为研究变量和一个或一组测量指标,然后对其进行测量。

测量规则是测量中最基本也是难度较大的工作。它是把数字或符号分派给调查对象的某一特征或属性,故分派的这些数字或符号与特征及属性存在必然的联系。为保证不同的特征所对应数字的有效性,这就要设立一种如何分派数字或符号的准则。例如,人们可以用一系列语义,也可以用一组数字来测量表示出某个人的情绪,说一个人"情绪好"或说一个人的"情绪坏"这些语义式的测量方法,也经常被人运用,但它不能精确地反映"情绪"的变化。如果我们把情绪从极度消沉到兴高采烈分派 1～5 的数字,情绪表现出兴高采烈就给他分派为数字"5",表现出极度消沉则给他分派数字"1"。介于两者之间则分派中间的数字"2～4",这样这些抽象的数字符号实际上是依据我们规定的法则表示一个人"情绪"的好坏。显然这种测量方式比起语义式测量方式要精确得多。并且,选取测量规则必须依据调研课题的目的及环境背景,例如经费问题。使测量精度越高的测量规则,可能收集资料的成本也越大。例如,有的探索性调研,本身调研经费有限,同时也不需要那么高的精确度,用粗糙一点的测量规则也是可以考虑的。

对于研究变量的测量,当测量规则确定后,由于自变量通过某一规则有唯一的一个量与之对应,这样,测量的结果也随之而定,社会学表示测量的结果基本上都用数字或符号表示。

(二)测量的层次分类

按照运算的标准,将研究对象的相应特征分成四个层次的类型,它们是定类测量、定序测量、定距测量和定比测量。

定类测量就是确定研究对象的类别所属,从特征及属性上对研究对象进行分类。由于定类测量是对研究对象的特征与属性进行分类,因此必须要求所分的类别具有尽含与互斥的性质,定类变量的每一个值在某一个类别中存在,而且仅在某一个类别中存在。换句话说,定类变量的某一个值如果属于这个类别,就不能再属于其他的类别。例如,某一个生理年龄已经属于老年人阶层的人,就不可能再属于年轻人阶层。分类是任何一门科学中最基本也是最简单的操作,故应用很广,几乎每一个社会问题的研究都要用到。如果不是为了利用计算机运算的方便,定类测量级的变量只要用它们的名称来表示其类别就可以了。

定序测量以定类测量为基础建立起来,它将研究变量以某种方式排序或分级。定序变量仅研究变量之间按某种方式分等级与排序,而不关心变量之间的差异大小。同时要说明的是，为了统计分析的需要，研究者在研究定序类型的测量时，往往用“1”“2”“3”等分别表示有顺序的研究变量，但这种数字仅反映定序变量某种特征或属性的顺序级别，而不具有数字的实际内涵和功能。

定距测量以定类测量级与定序测量级为双重基础而建立起来。它不仅可以测量研究变量特征的类别与次序，还可以测量研究变量特征的差异大小，而每一类特征的差异大小在同一个测量单位之下可以表示出其差异值。

定距测量没有绝对的零点（因为可能有人会理解零就表示没有），因此这一测量类型所得出的数据在数学运算上只能进行加、减运算，而不能做乘、除等运算。

定比测量是以定类、定序、定距三个测量级为基础建立起来的，除了具有上述三个测量级的全部性质之外，还有一个有实际意义的零点（绝对零点）。正因为这样，定比测量级的变量除了可做加减运算，还能做乘除运算。

判断某一测量变量是定比变量还是定距变量，就看它是否具有实际意义的零点。如果含有实际意义的零点就是定比测量级的变量，否则就是定距测量级的变量。

社会学定量研究方法涉及的研究变量一般都是定类、定序、定距、定比测量级的变量。由于各类型测量级的性质不同，适用的对象也不同，在资料整理及资料分析中，统计分析的方法也不同，无论研究变量是以单变量的形式出现还是以多变量的形式出现均是如此。

三、社会调查定量研究中的问卷调查法

问卷调查是社会调查中最常用的资料收集方法。美国社会学家艾尔·巴比（Earl R. Babbie）称“问卷是社会调查的支柱”，英国社会学家莫泽（Moser）则称“十项社会调查中就有九项是采用问卷进行的”。在西方国家，问卷调查被广泛地应用于民意测验和社会问题研究。近些年，问卷调查在我国也日益普及。

（一）问卷调查的含义

问卷调查简称问卷法，它是调查者运用统一设计的问卷向被选取的调查对象了解情况或者征询意见的一种调查方法。问卷调查主要具有以下特点：

1. 简单方便

调查可以采用查找文献资料、访谈及问卷调查等方式进行。在很多情况下，查找文献资料不能找到调查目标所要求的全部资料和信息，而访谈法要求调查人员具备相当高的询问技巧，同时调查人员还要进行记录。问卷调查可以将所有的问题以提问的方式写在卷面上，再提供多种现成的答案，由被调查者选择，容易被人们接受，调查人员也不要求一定具备很干练的交际技巧；且一份设计完善的问卷能够有效地减少回答误差，提高调查的精确度。

2. 易于对资料进行统计处理和定量分析

问卷设计将调查内容分解为一些详细的问题和答案，并将其规范地排列在问卷中，绝大多数问题列出备选答案，供被调查者选答，这样就有利于调查内容的系统化和标准化，也便于利用手工或计算机对所取得的资料进行汇总。同时，问卷调查能将人们的态度、观点、行为、看法等定性认识转化为定量数据，这样不仅便于调查人员对调查对象的基本状

况进行了解，在随机抽样的情况下，还可以对各种现象的各种因素进行统计分析，例如相关分析、回归分析和聚类分析等。

3. 节省调查时间，提高调查效率

由于问卷设计中已对调查目的、调查内容进行简单说明，除非有特殊情况，一般不需要调查者再对各种问题做文字方面的解答，这样就节省了调查时间，提高了调查工作的效率。

（二）问卷调查的类型

按问卷填写者的不同可将问卷调查分为自填式问卷调查和代填式问卷调查两种。

1. 自填式问卷调查

自填式问卷调查是问卷法的一种主要形式，由被调查者自己填答问卷。自填式问卷调查按照传递形式的不同，又可以分为报刊问卷调查、网络问卷调查、送发问卷调查三种形式。

（1）报刊问卷调查

报刊问卷调查是指将调查问卷登载在报刊上，随报刊发行传递到被调查者手中，并号召报刊读者对问卷做出书面回答后，按规定时间寄还给报刊编辑部或调查组织者。报刊编辑部常用这种问卷征询读者对报刊的意见，以便改进工作；也有很多机构利用报刊问卷节省费用、方便迅速的特点进行民意调查。报刊问卷调查以读者为调查对象，有稳定的传递渠道、广泛的传递面，能保证匿名性，回答的质量较高，又能节省费用和时间。但它也存在一些缺陷，如调查对象的代表性差、非读者的意见无法反映；另外，报刊问卷的回复率低，调查者难以控制对填答问卷产生影响的各种因素。

（2）网络问卷调查

网络问卷调查是指调查者通过网络邀请参与回答问卷以获取市场信息的一种调查方式，属于在线调查的一种。网络调查问卷的优点是容易分享和传播，可以在更大范围内收集更多调研对象的问卷数据，节约调查者的走访时间，避免调查者在调查过程中因语言、语气给受访者带来误导，同时网络问卷调查还可以降低调查成本。

（3）送发问卷调查

送发问卷调查是指调查者派专人或亲自将问卷送发给被选定的调查对象，被调查者按规定填答后，调查者再派专人收回问卷。送发问卷调查具体又分为个别送发和集体送发两种形式。所谓个别送发，是指调查者直接将问卷一一送发到被调查者个人手中。个别送发匿名性强，有助于提高回答质量和回复率。所谓集体送发，是指调查者将问卷派发给某些组织，如居委会、村委会、工会、团委、学生会等，再通过这些组织将问卷分派给被调查者个人。集体送发可以有组织地集体回收问卷，虽然保密性差，但回复率比较有保证。送发问卷调查最大的特点是回复率高，问卷回收整齐、迅速，而且方便对调查对象做某些口头宣传和解释。[①] 它的缺点主要是：若调查对象过于集中，调查范围比较狭窄，被调查者之间往往相互询问，相互影响，回答结果容易失真，甚至出现请人代答的情况。

---

① 李莉. 实用社会调查[M]. 广州：暨南大学出版社，2002：190.

2. 代填式问卷调查

代填式问卷调查是由调查者根据被调查者的口头回答代为填写问卷的一种调查方式,主要有访问问卷调查和电话问卷调查两种形式。

(1)访问问卷调查

访问问卷调查是指调查人员按照统一设计的问卷向被调查者当面提出问题,然后由调查人员根据被调查者的口头回答来填写问卷的一种调查方式。当被调查者对所提问题不理解时,调查人员可解释。访问问卷调查的最大优点是便于选择调查对象和控制访问过程,有利于灵活使用各种访谈方法和技巧,有利于对回答的结果做出正确的分析和评价,而且回复率和有效率高。但是,访问问卷调查费时、费力、费钱,而且调查人员的专业素质、被调查者的合作态度,以及他们之间的相互关系都直接影响访问结果。另外,政治敏感问题和私人问题不宜采用这种调查方式。

(2)电话问卷调查

电话问卷调查是指调查人员通过电话,按照问卷的项目逐一询问被调查者,再按其回答填写问卷的调查方式,这种方式在欧美被普遍采用。其优点是速度快,费用省。但局限性也很明显:一是要求电话普及率高;二是调查内容不能多,只能就简短的问题进行专题调查。代填式问卷调查的最大优点是有利于控制访谈过程,易于对回答的结果做出正确的分析和评价,而且回收率高。但是,代填式问卷调查也具有费力、费时、费钱等缺点,回答结果要受调查人员的主观素质、被调查者的合作态度以及他们之间相互关系的影响,回答的质量往往因人而异,差别较大,且有些问题又不宜于当面询问。

(三)问卷调查的实施

问卷调查的一般程序是:设计调查问卷,选择调查对象,发放问卷,回收和审查问卷。

1. 设计调查问卷

问卷的设计必须做到问卷整体的严谨性,即问卷结构的各组成部分都不能少,而且要按顺序排列,尤其是问卷的主体部分。问题的排列顺序要科学,这样有利于被调查者顺利完成回答;同时还必须做到清楚明确,即问卷各部分的表述要清楚明确,特别是问卷主体部分的问题与答案。

另外,问卷的初稿设计工作完毕之后,不要急于投入使用,特别是对于一些大规模的问卷调查,最好的办法是先组织问卷的测试,如果发现问题,再及时修改;如果第一次测试后有很大的改动,可以考虑是否有必要组织第二次测试。在问卷测试工作完成,确定没有必要再进一步修改后,可以考虑定稿,问卷定稿后就可以交付打印,正式投入使用。

2. 选择调查对象

对于问卷调查,我们必须考虑两个因素。一是问卷的回收率,即发出问卷后,经调查对象填答并能被调查人员收回的问卷比率。回收率的多少与问卷的发放方式和问卷设计质量有关。二是问卷的有效率,凡未作回答或者不按要求填答的,都属于无效回答。有效率等于实际回收的问卷数减去无效问卷数再除以实际回收的问卷数,即:

$$问卷回收率(R)=\frac{实际收回的问卷数}{发出问卷总数}\times 100\%$$

$$问卷有效率(K)=\frac{实际回收的问卷数-无效问卷数}{实际收回的问卷数}\times 100\%$$

考虑到问卷调查的回收率和有效率一般都不可能达到100%，因此选择调查对象时，其数目应多于根据抽样要求的研究对象数，即：

$$n=\frac{n_0}{R\times K}$$

式中，n_0代表通过抽样确定的研究对象数，R代表预测问卷回收率，K代表预计问卷有效率。

例如，假定通过抽样确定研究对象有1000人，采用邮寄方式发放问卷，邮寄问卷回收率一般为30%～60%，取R为50%，预计问卷有效率可达80%，则应选取的调查对象是：

$$n=\frac{1000}{50\%\times 80\%}=2500(人)$$

3. 发放问卷

发放问卷的途径主要有通过报刊发行、网络、送发等。其中，通过网络和送发问卷是我国目前问卷调查中使用最为普遍的两种形式。

问卷发放时必须注意两个问题：一是要有利于提高问卷的填答质量，二是要有利于提高问卷的回收率。为了满足这两个要求，通过报刊发行的问卷调查，可以采用一些奖励的办法来激发广大读者填答问卷和回复问卷的兴趣和积极性，如抽奖、赠送礼品、赠阅报刊等。运用这些方法时要注意奖励的面要大一些，要让配合调查的多数被调查者都能得到一点回报。送发问卷可以由调查人员亲自到现场发放问卷，也可以委托组织或他人发放问卷，两者各有优缺点。发放问卷最好是利用调查对象集中的机会，这样效率比较高。但调查人员亲临被调查者单位的机会一般不是很多，所以，如果能委托对方的组织出面或与自己关系密切的人出面发放问卷就会比较方便；但是如果调查人员能亲自到场发放问卷，则能亲自做解释，这对于提高问卷的填写质量和回收率是有好处的。因此，只要调查人员有时间，应尽可能亲自到场发放问卷并指导问卷的填写；如果要委托他人发放，则一定要委托负责任的组织或个人，绝不能草率从事。另外，不管是调查人员本人到场发放问卷还是委托他人发放，都必须征得有关组织的同意，取得它们的支持与配合，这是送发问卷调查能否取得成功的一个重要条件。①

4. 回收和审查问卷

对于回收的问卷必须进行认真的审查，回答不完整、不按要求回答和回答不正确的问卷都应作为无效问卷。在对问卷数据进行整理加工时，不能计算无效问卷的数据，否则会降低研究的可靠性和准确性。对问卷的数据处理，必须建立在有效问卷的基础上，这样才能保证问卷调查结论的科学性。

---

① 吴增基.现代社会调查方法[M].上海：上海人民出版社，2018：171.

四、社会调查定量研究中的实验研究方法

实验研究方法属于量化研究方法的一种，在自然科学、心理学和教育学等领域应用得比较广泛。实验研究方法的目的在于验证自变量因素在某种条件下对因变量可能具有的影响。在理想状态下，实验研究方法可以通过控制自变量范围以外的因素，相对准确地确定自变量对因变量的影响程度。因此，实验研究类似于一种因果机制研究，它的优势在于可以有效识别出一个变量具有何种程度的直接因果效应。社会科学的实验研究方法起源于自然科学的实验研究，其研究假设、具体方法和理论推断明显具有自然科学实验研究的特征。实验研究方法属于定量研究方法的一种，所以学习实验研究方法需要具备一定的数据分析能力。

(一)实验研究方法概述

实验研究方法肇始于自然科学的研究，后来逐步运用到社会科学研究之中，因此，实验研究方法具有机械的操作方法与方式。作为一种研究方法，实验的主旨在于区分出实验变量的相关效应，在研究者需要相对精确地测试影响效应的方向和大小时，实验研究方法尤其适用。所以，相对于定性研究方法而言，实验研究方法的相关术语的界定和步骤相对比较严格。

1. 实验研究方法的相关概念

按照实验环境的差异，可以将实验研究方法划分为实验室研究方法和田野实验研究方法。实验研究是一种通过实验方式获得相关领域知识的研究方式，传统的实验研究非常类似于自然科学家在实验室中所从事的自然科学实验，通过将事物置于控制的或特定的条件下加以观测，从中获得相关的理论结论，理论上称这种实验研究方法为实验室研究方法。实验室研究方法取得成功的关键在于确保除实验干预外，实验组和控制组处在完全相同的环境下，以准确衡量出实验干预所产生的影响。实验室研究方法具有明显的自然科学研究的特征，在自然科学和生物科学研究领域取得了非凡的成就，这也是社会科学研究者学习这种研究方法的主要原因。

综上所述，实验研究方法包括两种类型，科学合理地界定实验研究方法存在诸多困难，许多社会科学研究方法对此多采取回避的方式，只对实验研究方法进行描述。国内有学者将实验研究方法界定为："研究者按照研究目的，经过精心的设计，充分地控制实验的环境，创设一定的实验条件，科学地选择研究对象，以确立自变量与因变量之间的因果关系，探索研究对象本质和规律的一种研究方法。"①部分学者把实验研究方法概括为："人们根据一定的研究目的，在人为的严格控制条件下，运用一定的实验手段，通过实验观测来确定条件与结果之间关系的研究方法。"②综合前人研究的成果，实验研究方法可以界定为：研究者以研究目的为指导，通过控制实验环境，科学选择实验对象，运用一定的实验手段，确定自变量与因变量之间的因果关系，探讨研究对象的本质和规律的一种研究方

---

① 范柏乃，蓝志勇. 公共管理研究与定量分析方法[M]. 北京：科学出版社，2008：119.

② 吴建南. 公共管理研究方法导论[M]. 北京：科学出版社，2006：187.

法。任何一项实验研究,都不可避免地涉及该研究方法的一些基本要素。一般而言,一个完整的实验涉及自变量与因变量、实验组与控制组、前测与后测、实验研究的效度等概念。

2.实验研究的类型

伴随着自然科学的进步,用于实验研究的技术逐渐发展并成熟,这种趋势也逐渐反映在社会科学实验方面。以自然科学的实验研究方法为参照,社会科学的实验研究方法也不断地得到发展和完善。按照不同的标准,可以对社会科学的实验研究方法进行不同的分类,这种多角度的分类方法可以加深我们对实验研究方法的认识。根据实验研究实施场所的不同,可以将实验研究划分为实验室研究和实地实验研究;根据实验控制条件的严格程度,可将实验研究划分为前实验、真实验和准实验;根据实验在科学研究过程中的不同作用,可以将实验研究划分为对比实验、析因实验、探索性实验和模拟实验;根据实验结果的性质,可以将实验研究划分为定性研究和定量研究。

(二)实验研究的一般程序

1.选择研究问题

作为一种相对更加严谨的社会科学研究方法,实验研究方法同样需要坚持社会科学研究以问题为导向的研究规则。在进行实验研究的过程中,必须从服务于理论和现实的需要出发,首先确立研究的具体领域,然后深入发掘研究领域中尚待解决的问题,特别是学科领域内的理论前沿问题和能够解决社会实际问题、具有重大社会意义、能够对社会实践起重大推动作用的研究问题。在选择进行实验研究的问题时,还必须考虑研究的可行性,根据实验研究者的主观条件和社会外部环境的支持条件,科学实施问题选择;好高骛远或不切实际地选择研究问题,都会造成研究资源的浪费和滥用。

2.提出研究假设

研究问题的选择为提出研究假设提供了基础。当研究问题确定以后,研究者就需要结合研究目的,提出实验问题的研究假设。研究假设通常是相关变量之间潜在关系的理论陈述。由于研究假设是实验研究的核心,对整个实验研究起着关键性的指导作用,所以,提出研究假设,必须与研究的可行性相结合。如果所提出的研究假设难以测量其相关变量,则实验研究不可能取得成功。在实验研究过程中,研究假设提出之后才能进行实验的具体操作,所以,提出研究假设必须考虑到后续步骤的各项要求,以提高实验研究的准确性。实验研究假设必须清晰地表达出来,以便通过研究过程加以检验,从而有效地解决研究问题。

3.确立研究变量

在社会科学的研究过程中,研究问题的解决和研究假设的检验,只有通过测量相关变量间的关系才能实现。由于研究假设通常以概念的形式提出,而概念自身是不能通过实验的方法来确立其间的相互关系的,所以必须借助概念的操作性定义,确立可以进行测量的变量形式,从而对概念间的关系进行研究。“概念操作化的关键就是寻找一定的、能够明显区分的测量指标来说明概念的属性，其中每一项指标反映概念的某一方面或某一变量。”①研究者可以通过文献检索或借鉴相似研究的方法，获得概念操作化的基本指标，然后结合实验研究的研究假设，加以完善，从而有效满足进行概念操作的需要。为了准确地测量相关变量之间的关系，研究者还应该借鉴前人的研究成果，对相关的研究变量进行明确的界定，以方便他人进行研究成果的鉴定和借鉴。研究变量的确立与研究假设之间存在较强的关联，研究变量也决定了实施实验的准确性和可行性，所以它在整个研究过程中发挥着关键性的作用，也是实验研究的一个重点和难点问题。实验研究内在质量的高低和学术影响，在很大程度上取决于实验研究过程中操作性概念的指标选择。

4.选择研究对象

选择研究对象，又称确立研究对象。在具体实施实验研究之前，研究者必须清楚地确定研究的对象，这不仅包括确定研究对象的总体，而且包括选择测试的样本。为了提高实验研究的外部效度，研究者在选择研究样本时，必须考虑样本的代表性。如果样本的代表性不足，必将降低实验研究结论的外部效度。在实验研究对象的总体中选择测试对象，通常采用两种方式。一种是采取随机抽样的方式，从总体中任意选择研究个体，以确保测试对象选择的随机性，从而保证测试对象的代表性，提高实验研究的外部效度和说服力。但这种选择方式要求研究总体的基数较大，个体之间的同质性较高。另一种是依据研究者的主观判断，根据实验研究的目的，筛选总体中具有较强代表性的样本参与测试。这种选择方法通常适用于研究者对研究对象比较熟悉，研究个体之间具有较大的差异，而且可供选择的对象相对有效的情况。研究者选择这种研究方法，主要目的在于确保参加实验研究的各组对象的状况基本相同，以准确衡量实验研究中自变量所产生的影响。选择研究对象是实验研究过程中非常关键的步骤之一。保证所选择的研究对象具有代表性，是提高研究结论外部效度的一种有效方式。研究抽样直接决定了测试样本是否能够反映总体的基本特征。

5.控制研究变量

从事实验研究，主要在于通过对相关变量的控制，测量参与实验的研究对象之间的差异，确定在研究假设中所提出的相关概念之间的关系，从而达到验证研究假设的目的。所以在实施研究之前，必须进行实验设计，考虑如何控制研究变量，为稳妥地进行实验奠定基础。在实验研究中，需要控制的变量主要包括自变量、因变量和干扰变量。自变量是实验处理的基本目标。实验研究主要通过测试自变量所引发的因变量变化，达到验证研究假设的目的。因变量又称反应变量，随自变量的变化而变化，所以，因变量的选择必须符合进行验证研究假设的需要；在选择因变量的过程中，必须注意其有效性、可靠性和灵敏度。此外，在实验过程中，还需要注重对干扰变量的控制。干扰变量也称无关变量，属于研究中的非实验因素，主要来自实验研究人员、实验对象和实验环境。实验研究中的干扰变量会导致研究中自变量对因变量的影响，从而影响测量结果的准确性。在实验研究中，

---

① 范柏乃，蓝志勇.公共管理研究与定量分析方法[M].北京：科学出版社，2008：119.

必须尽量减少干扰变量所产生的影响,以提高研究结果的内在效度。

6. 实施研究实验

在实验研究的各项目准备工作完成后,实验研究者即可按照预定的计划控制相关的研究变量,按照步骤进行具体的研究实验。在实验实施阶段,关键是按照实验设计设定的测量方式,有效地进行前测和后测,并准确地进行记录。在对研究对象进行测量时,必须保证测量方式的统一,以客观衡量实验中自变量所产生的影响。

7. 分析数据资料

在实验成功实施后,研究者可以获得一定数量的研究数据。只有对实验过程中获得的数据进行梳理,并采用科学的统计方法进行分析处理,才能将反映实验结果的原始资料的数字特征分析出来。研究者在分析数字特征的基础上,即可以根据统计学的基本原理,检验研究中设定的自变量和因变量之间的关系,并以之为基础确定是接受还是拒绝研究假设,从而有效地回答实验设计的研究问题。进行实验数据的分析,不仅需要良好的统计学基础,而且需要关于研究问题的深厚知识储备,能够根据统计分析的数字信息和原始假设进行理论的分析与研判,深入揭示实验数据所隐藏的信息,有效地增加人们在相关领域的知识。

8. 撰写研究报告

撰写研究报告是实验研究的最后一个程序。撰写研究报告不仅可以对研究过程进行科学合理的分析,而且可以有效地就研究结果与同行进行交流,分享实验研究的发现,从而有助于研究目标的实现。一份优秀的研究报告应该数据真实、组织严谨、逻辑性和条理性较强,能够清楚、准确地报告研究者为解决研究问题所做的一切努力,因此,研究报告的撰写水平也是衡量研究人员素质的标准之一。在内容构成方面,研究报告应该包括对研究问题与研究方法的描述、实验的实施计划、实验的结果分析和实验研究的基本结论。一份优秀的研究报告,应该能够使阅读者准确地理解研究者所做的一切努力,特别是应该有助于人们理解研究者从实验数据中得出研究结论的内在逻辑。

第三节　社会调查定量研究的统计分析

掌握正确的定量资料统计方法,有利于从社会实践分析中获得更加科学的结论。目前统计方法已渗透到诸多社会科学领域,种类繁多,具有庞大的学科体系。下面仅从描述统计、推论统计和统计软件三个方面分别进行简单介绍。

一、描述统计

描述统计是通过图表或数学方法,对数据资料进行整理、分析,并对数据的分布状态、数字特征和随机变量之间的关系进行估计和描述的方法。描述统计分为集中趋势分析、离散程度分析、分布形状分析和相关分析四大部分。

(一)集中趋势分析

集中趋势是指一组数据向某一中心值靠拢的程度,反映一组数据中心点的位置所在。常用的测度值有众数、中位数和平均数。众数是一组数据中出现次数最多的数值,中位数是处于一组数据中间位置上的值,而平均数则是全部数据的算术平均值。它们都有各自的特点,在应用中应根据实际情况进行选择。众数的优点是不受极端值的影响;缺点是具有不唯一性,可能存在多个众数。当数据量较少时,不宜使用众数。中位数具有稳健性,不受极端值的影响。当一组数据的分布偏斜程度较大时,中位数是较好的选择。平均数是应用最广泛的集中趋势测度值,其缺点是易受极端值的影响。对于偏态分布的数据,平均值的代表性较差,这时可以考虑使用中位数或众数。当然,若数据呈对称分布或接近对称分布,上述三个测度值相等或接近相等。

(二)离散程度分析

数据的离散程度反映的是一组数据远离中心值的程度。数据的离散程度越大,集中趋势的测度值对该组数据的代表性就越差;离散程度越小,其代表性就越好。根据数据类型的不同主要包括异众比率、四分位数、方差和标准差。此外,还有极差、平均差以及测度相对离散程度的离散系数等。异众比率是指非众数组的频数占总频数的比例,用于衡量众数对一组数据的代表程度,适合测度分类数据的离散程度。四分位数是上四分位数与下四分位数之差,反映中间50%的数据的离散程度;数值越小,说明中间的数据越集中。四分位数主要用于测度顺序数据的离散程度,不适合分类数据。方差是各变量值与其平均数离差平方的平均数,其平方根称为标准差,适用于数值型数据。方法是应用最广的离散程度测度值。

(三)分布形状分析

集中趋势和离散程度是数据分布的两个重要特征,但要全面了解数据分布的特点,还需要知道数据分布的形状是否对称、偏斜的程度以及分布的扁平程度等。偏态和峰态就是对分布形状的测度。偏态是对数据分布对称性的测度,常用的统计量是偏态系数。若一组数据的分布是对称的,则偏态系数等于0;若偏态系数明显不为0,则说明数据的分布是非对称的。偏态系数的绝对值越大,数据的偏斜程度越大。峰态是对数据分布平峰或尖峰程度的测度,常用的统计量是峰态系数。峰态通常是与标准正态分布相比较而言的。若一组数据服从标准正态分布,则峰态系数的值等于0;若峰态系数的值明显异于0,则表明分布比正态分布更平或更尖。一般来说,峰度系数越大,分布越尖。

(四)相关分析

相关分析探讨的是两个(两组)变量之间(或一个变量与一组变量)有无关系及其相关程度。两个变量之间的相关程度可通过相关系数来表示。相关系数的取值在−1和1之间。若其取值大于0,则称两变量正相关,这时一个变量增加,另一个变量也增加;若其取值小于0,则称两变量负相关,此时一个变量增加,另一个变量将减少。相关系数的绝对值越接近1,两变量的线性关联程度越高,越接近0,两变量的线性关联程度越低。两组变量之间的相关程度可用典型相关系数表达,典型相关系数越大,关系越密切。研究一个变量与另一组变量之间的相关程度可用复相关系数,其值愈大,变量间的关系愈密切。在多变量的情况下，当控制部分变量影响时，两个变量间的线性相关程度可用偏相关系表示，数值愈大关系愈密切。讨论两个定序变量间的相关的程度与方向可用 Spearman 相关系数和 Kendall 相关系数，绝对值愈大，变量间的等级相关程度愈大高。此外，回归分析可以用来考查变量之间的因果关系，通过数学模型的方法表达一个或多个变量的变化对另一个变量的影响程度，可分为一元回归分析和多元回归分析，常用来做估计和预测。

二、推论统计

如果能够掌握总体的全部数据，那么只需要做一些简单的描述统计就可以得到所关心的总体特征。但现实情况往往比较复杂，通常只能得到部分个体的样本数据。推论统计就是在部分样本数据的基础上推导出总体特征结论的方法，主要包括参数估计和假设检验。

（一）参数估计

参数估计就是用样本统计量去估计总体的参数，分为点估计和区间估计。点估计是用样本统计量的某个值直接作为总体参数的估计值。比如用部分学生的平均成绩估计总体学生的平均成绩就是点估计。虽然在重复抽样条件下点估计的均值可望等于总体真值，但现实情况往往希望一次抽样就能推断总体，然而一次抽样带有随机性，由此得到的样本数据计算的估计值可能和总体真值差异很大。因此，在用点估计值代表总体参数时，希望给出点估计的可靠性。遗憾的是，一个具体的点估计无法给出可靠性的度量。于是，区间估计应运而生，它是在点估计的基础上给出总体参数估计的一个区间范围，并用置信水平衡量这一估计区间的可靠性。比如用置信水平为 95%的区间（60 分，80 分）来估计学生成绩就是区间估计。

通常称所构造的参数估计区间为置信区间，在理解上要注意：(1)如果用某种方法构造的所有区间中有 95%的区间包含总体参数的真值，5%的区间不包含总体参数的真值，那么，用该方法构造的区间称为置信水平为 95%的置信区间。(2)总体参数的真值是固定的、未知的，而用样本构造的区间是不固定的，不同样本可推论出不同置信区间。因此，并不是所有区间都包含总体参数的真值。(3)实际问题中，一个样本数据将确定一个特定的区间，解释时不能说以多大的概率包含总体真值。比如用 95%的置信水平得到学生成绩的置信区间为（60 分，80 分），解释时不能说（60 分，80 分）这个区间以 95%的概率包含全部学生平均成绩的真值或全部学生的平均成绩以 95%的概率落在 60 分至 80 分之间。

（二）假设检验

假设检验在逻辑上与参数估计有所不同，首先假设总体情况是怎样的，然后以一个随机样本的统计值来检验这个假设是否正确。一般先设定要检验的假设，称为原假设，再设定一个与原假设对立的假设，称为备择假设。检验依据的是小概率原理，即概率很小的事件在一次抽样中几乎不可能发生，若发生了，则应拒绝原假设，接受备择假设，否则接受原假设。实际上，小概率事件仍有可能发生，因此假设检验所做的统计推论仍然可能存在错误。原本真实的结论被拒绝的错误称为弃真错误，原本错误的结论被接受的错误称为纳伪错误。自然，两类错误的概率越小越好，但在样本量一定的条件下，无法同时减少两类错误。于是假设检验就存在对两类错误控制的问题。一般来说，哪一类错误所带来的后果越严重，危害越大，在假设检验中就应当把哪一类错误作为首要的控制目标。但在实际应用中，大家普遍执行奈曼－皮尔逊准则，即首先控制弃真错误，使之不超过某一个给定的值（称为显著性水平），常取 0.01、0.05 和 0.1 等标准化的值。这样做的原因主要有两点：其一是大家都遵循一个统一的原则，讨论问题比较方便；其二是原假设是什么常常比较明确，而备择假设是什么则常常模糊不清。

假设检验的一般流程如下：首先根据实际问题提出原假设和备择假设，说明检验假设的具体内容；其次，需要确定适当的检验统计量，确保原假设为真时该统计量的精确分布或渐近分布；然后根据给定的显著性水平确定拒绝域或临界值；最后由样本数据计算检验统计量的数值，并与临界值比较或判断是否落入拒绝域，从而做出拒绝或接受原假设的决策。上述假设检验的程序是根据检验统计量的值是否落入拒绝域而做出决策。确定显著性水平后，拒绝域的位置也就确定了，其好处是进行决策的界限清晰，但缺陷是进行决策面临的风险是笼统的。比如不同的检验统计值可能落入同一拒绝域，而拒绝的风险（犯错误的概率）都是一样的。实际上，根据不同的样本结果进行决策，面临的风险是有差异的，为了精确地反映决策的风险程度，社会科学中经常用 P 值进行决策。所谓 P 值，就是当原假设为真时样本数据出现的概率。如果 P 值很小（常和 0.05、0.01、0.001 相比较），说明这种情况发生的概率很小。如果还是出现了，根据小概率原理，我们有理由拒绝原假设，P 值越小，拒绝原假设的理由就越充分。但手工计算 P 值比较复杂，可借助统计软件进行计算。

三、统计软件

统计软件能方便地完成各种描述统计和推论统计，在社会科学中得到了广泛的应用。目前能进行统计分析的软件种类繁多，如 Excel、SPSS、SAS、Stata、EViews、Minitab、Statistica、R、S-PLUS、Python、MATLAB 等。以下简单介绍部分常用的统计软件。

Excel 是一种使用极方便的电子表格软件，它有强大的数据管理功能，能制作各种统计图表，包含丰富的财会和统计函数，并且 Excel 在“分析工具库”中提供了一组数据分析工具。使用这些分析工具时，只需指出数据所在的单元格和提供必要的参数，该工具就会使用适宜的统计或工程函数，对数据做处理，给出相应结果。有些工具在输出时还能产生图表。例如用 Excel 分析样本数据的集中趋势、离散程度等基本情况，可通过添加“分析工具库”加载项找到“数据—数据分析—描述统计”，进而得到这组数据的中位数、众数、峰度、偏度等描述统计测度值。此外，数据分析中还有假设检验、方差分析等其他统计推论的命令。

SPSS（Statistical Product and Service Solutions）是一种集成化的计算机数据处理应用软件，也是世界上公认的三大数据分析软件（SAS、SPSS 和 Stata）之一。SPSS 最突出的特点就是操作界面极为友好，输出结果美观。它将几乎所有的功能都以统一、规范的界面展现出来。SPSS 采用类似 Excel 表格的方式输入与管理数据，数据接口较为通用，能方便地从其他数据库中读入数据。SPSS 统计分析过程包括描述性统计、均值比较、一般线性模型、相关分析、回归分析、对数线性模型、聚类分析、数据简化、生存分析、时间序列分析、多重响应等几大类，每类又分好几个统计过程，比如回归分析又分线性回归分析、曲线估计、Logistic 回归、Probit 回归、加权估计、两阶段最小二乘法、非线性回归等多个统计过程，而且每个过程又允许用户选择不同的方法及参数。SPSS 也有专门的绘图系统，可以根据数据绘制各种图形。

SAS(Statistical Analysis System)是由美国北卡罗来纳州立大学于 1966 年开发的统计分析软件，被誉为统计分析的标准软件。它由数十个专用模块构成，功能包括数据访问、数据储存及管理、应用开发、图形处理、数据分析、报告编制、运筹学方法、计量经济学与预测等等。SAS 提供从基本统计量的计算到各种实验设计的方差分析、回归分析等多种统计分析过程，几乎包括所有最新分析方法，其分析技术先进、可靠。分析方法的实现通过过程调用完成。许多过程同时拥有多种算法和选项。

STATA 最初由美国计算机资源中心研制，现为 STATA 公司的产品，是一套提供给使用者数据分析、数据管理以及绘制专业图表的完整及整合性统计软件。它最为突出的特点是短小精悍、功能强大，包含全部统计分析、数据管理和绘图等功能，尤其擅长统计分析。另外，由于 STATA 在分析时是将数据全部读入内存，在计算全部完成后才和磁盘交换数据，因此计算速度极快。STATA 也采用命令行方式操作，但使用上远比 SAS 简单，其在生存数据分析、纵向数据(重复测量数据)分析等模块的功能甚至超过了 SAS。STATA 公司提供的 Web resources 涵盖大量相关网络资源，其 FAQ 提供了各种常见问题的解答。Statalist 则是一个类似于人大经济论坛的免费讨论区。加入 Statalist 的方法很简单，你只需要发送邮件至 Stata-maillist，邮件内容无须任何称谓，只需写上“subscribe Statalist”的字样即可。接到确认信息后，你便成为一名 Statalist 的成员了。当然，即使不加入，你仍然可以浏览，但不能提问。

上述软件各有优劣，可根据所处理问题的性质进行选择。比如只进行简单的描述统计，可以用普遍熟悉的 Excel；要进行方差分析，可选择 SPSS；若要用混合模型进行统计推论，可选择 SAS；进行 Logistic 回归分析则选择 STATA。当然，同时掌握多种统计软件比较困难，而所有统计软件都能实现基本的统计分析功能，这时可根据个人能力进行选择。比如 Excel 和 SPSS 具有可以点击的交互界面，无须编程基础就可以入门，最为初学者所接受；SAS 和 STATA 需要一定的编程能力，适合中、高级用户。此外，上述软件的安装和启动都比较简单，可通过搜索引擎找到，市场上相关的学习指导书籍也很全面。

阅读材料

广西某大学学生考驾驶证情况调查

为了了解大学生在校期间考驾驶证的意向相关问题，为驾校和广大有考驾驶证意向的学生提供有价值的参考,我们基于本校大学生考驾驶证的情况做了一个抽样调查。

一、抽样方案的设计

(一)调查对象:广西科技大学的全日制本科生

对于总体数量的调查,方法是在学校教务信息网上查询学生数据,将各班的学生名册导出到 Excel 表中,将需要的分层数据汇总,表 9-1 是汇总得到的总体容量数据。

表 9-1　广西科技大学的学生人数统计表

年级	总人数	男	女
大一	4012	2738	1274
大二	3998	2650	1348
大三	3631	2545	1086
大四	3874	2704	1170
合计	15515	10637	4878

(二)抽样方法:分层抽样多阶段抽样方法

关于我们学校的学生考驾驶证情况的调查,一般情况而言,不同的年级对考驾驶证的想法、学车情况、拥有驾驶证情况是存在一定差异的。大部分的大一学生刚刚踏入校园,在各方面还处于一个相对懵懂的状态,对于自己的未来也没有很明确的规划,因此,很少有同学会考虑关于是否要考取驾驶证。而到了大二,对于周边环境渐渐适应加之生活条件的稳定,大家就开始处于各种"考证"和提升自己能力的忙碌状态中,为了全方面提升个人素质,会有部分学生渐渐萌生考驾驶证的思想。大三是我们明确职业生涯规划的重要阶段,随着周边同学考驾驶证热度的增加,不少同学也加入学车的行列之中。大四是大学总结阶段,这时毕业生们对于知识的储备、自身能力的提升已达到一定的程度,思想观念和考虑问题的方式也有了很大改变。

因此,首先按年级分层抽样。按常理推论,由于男女思维观念的差异和社会压力、目标的不同,男生和女生会有不同的考取驾驶证的需求。因此,在按年级分层后,在各年级层下按性别进行分层抽样。

由于我们面对的总体单元数很庞大,而且分布范围很广,为了便于组织抽样和提高抽样的估计效率,在采用分层抽样方法的基础上,我们结合了多阶段抽样的方法。

(三)样本容量的确定

(1)确定调查的估计精度:绝对误差限度 $d=5\%$,置信水平 $1-\alpha=90\%$。

(2)对总体方差的预估:$S_2=P(1-P)=0.25$。

(3)确定初始样本量:$n_0=(Z\alpha/22\times S_2)/d_2=1.6452\times 0.25/0.052=271$。

(4)针对分层多阶段抽样方法,取设计效应 deff=1 对样本容量进行调整:

$$n_1= n_0 \cdot \mathrm{deff}=271\times 1=271$$

(5)预估有效回答率对样本容量进行再调整:预估有效回答率 $r=90\%$,计算 $n_2= n_1/$

$r=302$,最终确定总的样本量为 $n=302$。

(6)各层样本容量的确定:用比例分配法。

先按年级分层:$W_1=0.2586, W_2=0.2577, W_3=0.2340, W_4=0.2497$。

于是 $n_1=n\cdot W_1=78, n_2=n\cdot W_2=78, n_3=n\cdot W_3=71, n_4=n\cdot W_4=75$。

再按性别分层:最终确定的各层的样本量如表 9-2 所示。

表 9-2 各层的学生样本人数

年级	男	女
大一	53	25
大二	52	26
大三	50	21
大四	52	23

(7)在各层中结合多阶段抽样方法抽取样本

PSU:学生宿舍楼层;SSU:学生宿舍;TSU:学生。

①首先,调查每个年级的学生居住的楼层。

②其次,男生样本多阶段抽样:

初级阶段:在每个年级的男生宿舍楼层中各随机抽取 10 个单元。

第二阶段:再在被抽中的各个初级单元中随机抽取 5 个单元,即每个年级中抽中的 10 层宿舍楼中随机抽取 5 间学生宿舍。

第三阶段:在每间学生宿舍单元中随机抽取 1 名学生,这样就构成了每个年级的 $10\times5\times1=50$ 个样本量。

③根据分层所需样本量做出相应的调整:由于分层抽样中确定的各层样本量中,大一、大二、大四所需样本量都超过 50,对于超出的部分,我们再在这些年级的学生宿舍楼层中随机抽一个单元(如果同初级阶段已抽取的 10 个单元重复的话,舍弃再抽);然后在抽中的一层学生宿舍楼中随机抽取多余数量的学生宿舍(大一的抽 3 间宿舍,大二、大四的分别抽 2 间宿舍);在抽中的宿舍中随机抽取一名学生作为补充的样本,至经过多阶段抽样后得到的各层的样本容量达到需求。

④女生样本多阶段抽样:

初级阶段:在每个年级的女生宿舍楼层中各随机抽取 5 个单元。

第二阶段:被抽中的大一、大二的女生楼层中再随机各抽取 5 间宿舍;被抽中的大三、大四的女生楼层中再随机各抽取 4 间宿舍。

第三阶段:在每间学生宿舍单元中随机抽取 1 名学生,这样就构成了大一、大二年级的 $5\times5\times1=25$ 个样本量和大三、大四年级的 $5\times4\times1=20$ 个样本量。

⑤对于不足的样本量,再根据步骤③的思路进行补充抽取样本量直至所需样本量足够。

二、抽样调查的实施过程

首先必须知道各年级的男女生分别居住的楼层。因此我们走访学校里的每一栋学生宿舍，根据每层楼部分宿舍门口粘贴的宿舍成员表来推断他们所属的年级，对于没有标识性无法进行推断的，我们采取询问的方式打听每层楼的年级分布情况，并在了解的过程中对各年级的分布楼层进行登记。

在大概了解了我们学校的学生宿舍分布情况后，在Excel表中分别罗列出男女生的不同年级的宿舍楼层，由于部分学生宿舍楼层的年级分配不统一，因此我们规定该层楼的该年级的学生宿舍超过5间，就可以把该楼层作为对应年级的样本单元。然后对这些楼层逐一编号，在这些编号的范围内产生一定的随机数(男生各年级产生10个不重复的随机数，女生各年级产生5个不重复的随机数)，得到的随机数对应的宿舍楼层就是我们所需要的初级阶段的抽样单元。

接着在抽取的各楼层单元中，按照该楼层的宿舍门牌号随机地抽取所需要的第二阶段的样本单元。在确定了总共需要调查的宿舍后，我们就可以开始搜集数据了。

搜集数据的方式是由调查员发放问卷给被调查者自填，填完之后收回问卷。发放问卷的对象是已经随机抽出的各间宿舍里的随机一名学生。

三、调查问卷的设计

广西某大学学生考驾驶证情况调查问卷

在竞争激烈的当今社会，“会开车”已被不少大学生视为求职就业应具备的基本素质，高校中逐渐兴起一股“考驾驶证”的热潮。为了调查我校在校大学生的考驾驶证情况，我们设计了这份问卷。这个调查只是用于课程研究，对于您答复的资料，我们绝对保密，请您放心。谢谢合作！

1. 您的年级？

□大一　　□大二　　□大三　　□大四

2. 您的性别？

□男　　□女

3. 您的户口？

□城镇　　□农村

4. 您是否已经获得驾驶证了？

□否（提示：包括正在学车的）(请跳至第5题)

□是（请跳至第15题）

5. 您是否打算考取驾驶证？

□是，打算在大学毕业前取得驾驶证（请跳至第6题）

□是，但准备大学毕业后再考取驾驶证（请跳至第12题）

□否，没这个打算（请跳至第14题）

6. 您对考取驾驶证的预期价格是多少？

□2000 以下　□2000～2500　□2500～3000

□3000～3500　□3500～4000　□4000 以上

7. 您打算在大学期间考取驾驶证的考虑因素有哪些？[多选题](最多 4 项)

□大学期间时间宽裕，为了消磨时间　□为就业添筹码

□大学期间时间充裕，毕业后会没时间学车　□父母要求

□从众心理，看见别人学车，自己也想学　□校内有驾校，比较方便

□学车费上涨，早学能便宜些　□为将来开车作准备

□其他

8. 您打算什么时间去学车？(单选题)

□寒暑假　□周末　□每天晚上

□除上课以外的空闲时间　□时间由教练安排

9. 如果您去考驾驶证，学费主要来自哪里？(单选题)

□父母供给　□自己储蓄　□亲戚赞助　□其他

10. 您打算考哪种类型的驾驶证？(单选题)

□A1 大型客车和 A3、B1、B2　□A2 牵引车和 B1、B2、M

□A3 城市公交车和 C1　□B1 中型客车和 C1、M

□B2 大型货车和 C1、M　□C1 小型汽车和 C2、C3

□C2 小型自动挡汽车　□C3 低速载货汽车和 C4

□其他

11. 您认为导致大学生考驾驶证积极性高涨的根本原因是什么？[多选题]

□市场竞争的要求　□国家政策导向的结果

□就业压力大，多一份技能，多一份保障　□学校的教学优势

□跟随潮流　□其他

*请您填写完本题后提交答卷，不需要往下答题。

---

12. 您对考取驾驶证的预期价格是多少？

□2000 以下　□2000～2500　□2500～3000

□3000～3500　□3500～4000　□4000 以上

13. 您不打算在大学期间考取驾驶证，主要原因是什么？[多选题](最多 3 项)

□大学期间没必要，等工作了再考　□家庭经济不允许

□若学成后，无车练习会变得生疏　□要做其他的事情，没时间

□大家都学我就学嘛？简直是盲目追求　□与上课时间冲突

□其他

*请您填写完本题后提交答卷，不需要往下答题。

---

14. 您不打算考取驾驶证的原因是什么?[多选题]

□恐惧开车 □将来不打算买车 □经济不允许

□担心不能通过 □无所谓 □其他

*请您填写完本题后提交答卷,不需要往下答题。

---

15. 您考取的是哪个类型的驾驶证?[填空题]________________

16. 您考驾驶证的花费大概是多少?

□2000 以下 □2000~2500 □2500~3000

□3000~3500 □3500~4000 □4000 以上

17. 您学车大概花了多少时间?

□1 个月以内 □1~2 个月 □2 个月~半年 □半年~1 年 □1 年以上

18. 您是什么时候考取的驾驶证?

□高中阶段 □高考结束至上大学之前 □大学期间

19. 您对驾校和教练的满意度如何?

很不满意□1 □2 □3 □4 □5 很满意

20. 您对驾校和教练有何建议?[多选题](最多 4 项)

□合理安排学员的有效练习时间

□教练要提升责任感,能熟练掌握驾驶技巧

□提供舒适的休息场所

□车内环境应该舒适

□实行一次性收费,不收取额外与学车无关的费用

□驾校注重规模化管理,扩大规模

□加强培训力度

□政府应加大管理力度,对于乱收费、不负责任的教练和驾校实施惩罚

□其他

*答题结束,感谢参与。

四、抽样数据的分析

我校的大学生中已经有驾驶证的人数约占我校大学生总人数的 14.19%~23.41%,他们考取的驾驶证类型绝大多数是 C1,而且男生已取得驾驶证的人数比例多于女生。在还没有驾驶证的学生中,大部分人都有考驾驶证的打算,不想考驾驶证的人数比例较少,说明当代的大学生大多数对于考驾驶证是相当重视的,考驾驶证对于我们来说并不算陌生,反而越来越热门。还有,男生考驾驶证的意愿会比女生的要高一些,大部分的男生打算在大学毕业前拿到驾驶证。

有驾驶证的人数是随年级递增而增长的。年级的差异对于考驾驶证的决定和观念有一定的影响,性别的差异对于考驾驶证的意愿和学车的观念没有显著的影响。

有考驾驶证打算的学生对学车费用的预期跟实际考驾驶证的花费相近，可见那部分学生对自己的目标很明确，对考驾驶证的事宜和市场的发展做过合理的考虑和考量。

现在我校的学生较为迫切地在大学期间考取驾驶证，所考虑的因素主要是现在就业形势严峻，多掌握一项技能有利于将来求职过程中提升自己的优势；另外，我们学校有汽车驾驶员培训中心，利用大学的空闲时间学车，会比较便利在时间安排上也比较充裕，还有，随着我国物价上涨显著加速，早些学车可以节省开支。

有些同学虽然打算考驾驶证，但是他们打算毕业后再考，是因为认为大学期间没有考驾驶证的必要，怕学成后，日久不练车会变得生疏；或者受家庭经济的制约，没有足够的经费去学车；还有，有些同学在大学期间要忙学业、工作、生活上的事情，无暇去考驾驶证。另外，有些同学不打算考驾驶证的最主要因素也是经济问题。

打算在校期间学车的同学的学车费用大部分是由父母供给的，可见，经济因素成为学生决定是否考驾驶证和什么时候考驾驶证的至关重要的因素，对于没有家庭经济负担或经济负担较小的学生会选择更早地去考取驾驶证。想在校期间学车的同学，希望学车的时间一般在寒暑假、周末等比较空闲的时间。由于学车是个比较消耗时间的事情，很多学生学车时很注重学车的时间安排。

已有驾驶证的学生对于学车时所在的驾校和教他们的教练的满意度还不错，但是还有一些需要改善或改进的地方，他们认为驾校和教练应该合理安排学员的有效练车时间；教练需要提升对学员的责任感；驾校应该提供更舒适的休息场所，使学员在等待学车的过程中能够更轻松、更有耐心；驾校应该实行一次性收费，在收取学车费之后尽量少收额外的费用。

思考题

1. 社会实践的调查方法有哪些？
2. 抽样调查的定义是什么？怎样进行抽样调查？
3. 问卷调查的类型有哪些？怎么设计问卷调查？
4. 常用的数据统计软件有哪些？

第十章　大学生社会实践安全与礼仪

高校开展的大学生社会实践活动是大学生了解社会、接触社会、适应社会的一种方式，是大学生将理论与实际联系起来的最好阵营，还是大学生服务社会的最好窗口。在高校开展大学生社会实践活动，不仅为在校大学生提供了展现自我风采、发挥自我专长、提升自我才能、体会团队精神、汲取丰富经验、重新定位自己的舞台，而且还是锻炼大学生综合实践能力的一个阶梯，更是大学生毕业后走上工作岗位、融入社会的演习场地，为大学生将来就业、创业做好铺垫。而高校大学生在社会实践活动中具备一定安全常识和社交礼仪常识是必不可少的。

第一节　大学生社会实践活动安全防范

近年来，高校开展大学生社会实践的形式越来越丰富，参与的人数和时间也在逐渐增加，学生的社会实践已经成为高校人才培养的一个重要环节。大学生社会实践活动不单纯是高校共青团学生组织开展的暑期社会实践，同时也是高校落实人才培养目标，对大学生进行素质教育，培养大学生创新、创业能力的重要形式，是大学生全面接触社会的一种重要手段，是提高大学生实践能力、沟通协作能力、创造能力、就业能力和创业能力的重要途径和手段，是大学生第一课堂教学活动的补充和延伸。大学生社会实践的内容和形式主要包括理论宣讲、社会调查、学习参观、生产劳动、社会服务、科技发明、勤工俭学、挂职锻炼、预就业实习、科技文化卫生“三下乡”活动、科技文体法律卫生“四进社区”活动等充分发挥大学生专业特长和满足社会需求的学生实习实践活动。近年来，在党和政府的高度重视和大力支持下，我国高校大学生社会实践活动的开展取得了显著成效，尤其是随着全国“互联网＋”创新创业大赛在全国高校如火如荼地开展，社会实践在育人环节中的作用更加突出。大学生在社会实践过程中，往往需要离开学校，深入社会，走进企事业单位、社区、农村等，由于大学生社会经验相对欠缺，安全防范意识不强，因而安全问题时有发生且呈现出增多趋势，有些安全事件对学生本人及其家庭和学校都造成了无法弥补的损失。因此，完善大学生参与社会实践的安全保障机制，进一步明确学生、学校、社会、家庭应当承担的责任，有利于为大学生积极参与社会实践且提升实践效果创造更好的环境。

一、大学生社会实践主要安全问题概述

大学生社会实践安全，即大学生参加社会实践活动过程中的各种安全问题，主要涉及交通、交友、财产、住宿、野外、网络、疾病、饮食卫生等方面的安全问题。

目前，大学生参与社会实践的形式主要有两种：一是毕业实习，二是利用双休日、假期到社区、企业、社会组织、农村等进行各种社会服务活动。毕业实习是学生在完成毕业论文设计前进行实践学习的主要途径。从各高校组织学生实习的情况看，学生实习的形式主要有两种：一是由学校出面联系单位，并组织学生到这些指定的单位完成毕业实习；二是由学校提出实习要求，学生按照学校的要求自己联系单位并完成实习任务。同时，大学生利用闲暇时间、周末或寒暑假参加勤工俭学、社会调研、志愿服务活动的人数也日益增多。然而由于各种原因，大学生在调研、兼职、打工、实习的过程中，遭遇欺骗、敲诈、偷盗、受伤的意外事件频繁发生，甚至有部分学生在实践过程中陷入了非法传销的组织无法自拔。另外，也有相当一部分的学生在外出活动的过程中，贪图方便和价格便宜而搭乘没有运营资质的车辆可能出现因车祸而死亡、受伤的情况。这些事件的发生为社会、家庭和教育工作者敲响了警钟，要求我们必须重视学生在实习实践期间的安全问题。中宣部、中央文明办、教育部、共青团中央《关于进一步加强和改进大学生社会实践的意见》中的具体实施意见，对大学生社会实践做了要求，对安全保障提出了指导性建议。

因此明确义务、分清责任、强化教育是有效防范和控制危险事故发生的重要措施，可以促使相关各方规范自己的行为，谨慎履行自己的义务，并采取必要的措施，将可能发生的危险和事故控制在最小的范围。同时，在意外事件发生后，学生及其家长也应当清楚如何行使自己的权利，请求损害赔偿或者补偿。

☞【案例分析】

大学生社会实践过程中常见安全事故类型

交通类安全问题——2011 年 10 月，广西某高校 3 名男生参加社会实践后同乘一辆助力车，在返校途中和一辆摩托车猛烈对撞，最终导致 1 名学生死亡，2 名学生重伤。

志愿服务安全问题——陕西某大学大二学生 A 是学校志愿者协会的会长，2012 年 12 月份接到了来自“西安大学生创业先锋营”的通知，一项既能服务残弱又能获得社会实践证书的活动在等着这些大学生。这个活动吸引了该大学 150 多名学生报名，实际 34 人参加。活动开始后，A 才发现他们受骗了，他说：“我们去做家政服务的没有一个是残疾人和贫困家庭，都是家政公司的客户，公司给我们每小时 9 块钱的工钱，而客户支付给公司的却是每小时 35 块钱。”

家教兼职安全问题——河北某政法系大四女生 A 在外出找家教过程中，遇到一戴墨镜的中年女人。该中年女人在了解了 A 的情况后便同意聘用 A 作为其孩子的家教。中年女人要领 A 去她家，途中，中年女人说孩子正在学钢琴，要晚点回去，让

A 先陪着她去买辆电动车。A 欣然应允，不料中年女人骑上电动车后扬长而去，留下 A 苦苦等候，3 小时后，A 才明白自己是上当了，被电动车行的人员关押起来一顿毒打，并被移交公安机关。公安机关以诈骗罪将其批捕。

义务支教的安全问题——暑假，她没有选择回家，而是和同学们一起来到贫穷的云贵高原支教，本来一个月的支教期，她却再也没有走出来，21 岁的生命，永远长眠在大山深处的布依族苗族山寨——她叫赵小亭。2010 年 7 月 21 日，她在贵州支教期间，在崎岖山路上行走时，不幸被一块巨石砸中头部，当场遇难。赵小亭是如皋市人，家中的独生女，2008 年从如皋中学毕业，并考取武汉大学电气工程学院电气工程与自动化专业。7 月 12 日，她和学院的 18 名同学来到贵州省黔南布依族苗族自治州贵定县马场河乡中心小学开展暑期义务支教，时间为一个月。这是武汉大学电气工程学院第四年来到贵定县支教了。每年，大学生们带来的音乐、舞蹈、体育、朗诵等课程，都深受当地孩子们的喜爱。贵定县马场河乡中心小学位于距离县城几十千米之遥的大山中，人烟稀少，举目四望都是茫茫大山。这所学校是一所留守农民工子女学校。此次支教，活泼开朗的赵小亭担任学校安全课和合唱课老师，一旦站上讲台，“开心果”赵小亭就变成了一位严肃认真的老师；下课铃一响，她又恢复了笑嘻嘻的面容，和学生们一起玩耍，山里孩子们都特别喜欢这位笑吟吟的“赵老师”。然而，一场灾难却永远夺走了他们的“赵老师”。7 月 21 日下午 5 时许，19 名队员与往常一样，分头进行实践活动，但当赵小亭走在一段崎岖的山路上时，突然，一块巨石从高高的山上滚落，不幸砸中了躲闪不及的赵小亭，巨石从她的头部滚落，身材娇小的赵小亭顿时倒在地上，当场遇难。

☞【案例思考】

1. 以上案例中，学校、家庭、学生三个主体在事故中分别存在哪些问题？

2. 在大学生社会实践活动中要如何加强安全教育？

在以上案例中，除学生自身警惕性不足以外，学校和家庭相关的防范教育缺失也是一个重要的因素。所有这些在学生社会实践活动中出现的安全问题都值得我们深思和反省。

二、社会实践安全问题产生的主要原因

大学生社会实践安全问题的产生，不仅与高校、家庭对大学生的安全教育实效性不够、社会实践管理制度不够健全等因素有关，同时大学生安全防范意识薄弱及自我保护能力的缺乏等自身层面的问题，也是不可忽视的重要因素。

（一）高校社会实践管理制度不完善

目前，很多高校在组织社会实践的工作过程中都只注重活动过程的开展以及活动成果的收集，对于活动过程中可能出现的安全问题关注不够，活动开始前的安全教育工作也不够系统，安全预案流于形式。同时，在活动的组织力量上也有所欠缺，许多高校的社会

实践工作都是由团委负责具体落实实施的，但像社会实践这样一种复杂的教育工作，单依靠团委的力量是难以完善和做好的。必须有学校职能部门的参加（如学生处、教务处、保卫处等），并制定一整套科学的管理制度，从学生实习开始到结束都有具体的规范和指导，做到多管齐下，提高领导对社会实践的重视度，才能使社会实践有规可循，有章可依。

（二）大学生社会实践基地的建设不完善

社会实践基地是大学生社会实践活动的重要的场所，是大学生离开校园走向社会、接触社会、了解社会、服务社会的桥梁。目前，相当一部分高校没有建立长期稳定的社会实践基地，或者建立的实践基地数量远远无法满足学生的实际需求。因此大部分学生的实习实践活动需要依靠自己找单位，比较分散，对安全监督、管理造成了困难，同时也不利于学校和实践单位对学生的安全齐抓共管。有的高校即使建立了社会实践基地，有了统一的组织，但是双方没有签署具体协议，双方对各自的职责和义务都不大清楚。同时，学校和实践基地之间日常的沟通比较少，学校一方只知道派学生假期到基地去实践，平时很少关心基地建设的情况，而基地在接收、安排大学生社会实践时也存在敷衍了事的现象，没有关心学生的实际需求，从而使大学生社会实践基地建设失去实效，学生在实践期间的安全工作缺乏组织保障。

（三）缺乏配套的专业指导体系

大学生群体虽然绝大部分已经成年，但在思想能力上尚未完全成熟，由于相关教育的缺失，很难全面地处理实践过程中遇到的突发情况，需要指导教师的帮助；但在社会实践活动中指导教师配备往往无法满足学生的实际需求，存在人员流动性大、工作缺乏连续性和系统性的问题，部分教师只关注学生实践专业性和知识性的指导，对于实践过程中遇到的思想、生活、安全问题介入不够，无法及时防范和解决安全问题。有的时候往往会由于缺乏指导老师的协调，部分社会实践活动因为发生安全意外事件而草草结束，这样既无法满足学生参加社会实践的意愿，也给学生在社会实践中的安全管理带来了挑战。

（四）大学生自身的社会经验不足

当前，大多数大学生都是在家庭的各种保护关注下成长起来的，父母的过度关爱导致他们自身的社会阅历与复杂的社会环境之间的反差很大；且在参加社会实践过程中需要面对诸多不确定的环境因素，如可能会遇到地震、洪灾、火灾，不幸遭遇车祸，外出被狗、蛇咬伤等，如果平时没有进行相关知识的学习，在面对这些情况时就无法做出及时有效的应对。同时，大学生思想相对比较单纯，看待问题的角度比较单一，明辨是非的能力不强，在复杂的社会环境中，容易上当受骗，理性有限的他们遇到突发事件时往往容易冲动，导致许多不必要的事情发生。

（五）大学生自身安全意识较薄弱

大学生在用电、诈骗、交通、饮食等方面的安全意识不容乐观。高校中普遍存在对寝室违规电器的严格查处和管理，尽管各级部门再三强调、宣传大功率电器、违禁电器的危害，并制定各项制度加以约束，但在学生寝室中仍然存在使用电热锅、电暖气等现象，学生对可能出现的安全隐患麻痹大意。一项大学生安全意识调查表明，54.0％的大学生使用过大功率电器，45.1％的大学生不会使用消防栓或灭火器等消防器材；54.8％的大学生曾经在不同程度上上当受骗，88.0%的大学生认为上当受骗的主要原因是社会阅历浅以及自身安全意识薄弱、不法分子利用大学生思想单纯、富有同情心对其进行诈骗；45.9%的大学生有可能会和陌生异性单独见面；50.6%的大学生基本上不了解食物中毒的急救措施；51.3%的大学生曾经因图一时之便搭乘摩托车或“黑”出租等无经营执照车辆。① 以上调查数据显示，大学生的安全意识不容乐观，而在大学生社会实践过程中，正是因为自身的安全意识不强，安全事件屡有发生。

(六)大学生自身安全防范技能不高

大学生在社会实践中普遍存在安全防范技能不高的情况。一是日常生活的安全技能不高，如在实践中对一些意外的危险因素处理不当，造成不必要的后果。一些高校每年都组织消防逃生演练，但在实际操作中，学生扮演的往往只是“演员”角色，并没有真正达到“演练”的目的，对于相关消防设施的使用依旧不明白，不了解。调查发现，对于最基本的用电常识和触电急救知识，只有66%的学生选择马上切断电源的正确方法，而34%的学生不知道如何进行触电后施救；竟然还有13%的学生选择直接用手拉开触电者，如果这些学生真正遇到类似情况，后果将不堪设想。② 二是在实践中特别是在工厂作业过程的安全技能不高。由于大学生参加实践的时间不长，工作经验少，对于一些设施设备的操作不够熟练，加上安全意识不强，有时会导致安全事故发生。有些事故不仅对个人，也对实践企业造成了一定经济损失，这也造成相关专业的实践基地在接收和处理大学生实习的问题上存在两难的局面。

(七)大学生自身法制意识薄弱

遵纪守法是每一个公民的义务和行为准则，大学生作为高等教育的受益者、国家的栋梁和社会文明的代表群体，理应是遵纪守法的楷模。但是部分大学生法制意识薄弱，导致安全事件时有发生，极少数大学生甚至触碰法律底线，违法乱纪事件时有发生。有些大学生利用自身的专业特长通过互联网实施高科技、高智能犯罪，在触犯法律、身陷囹圄后才悔不当初。有的大学生在外出实践的过程中，受到校外不法人员的利诱，提供自己的身份信息及银行卡用于来路不明资金的流转，从中收取一定的好处费，在被公安机关发现以后才恍然大悟，知道自己触犯了法律，但是不良的后果已经造成无法挽回的影响。类似这样因法律意识薄弱引起的案例，每年皆有，并呈现逐渐增多的趋势。

三、大学生社会实践安全问题应对措施

大学生社会实践安全保障问题，涉及学生、学校、家庭和社会等各个方面的因素，确保大学生社会实践的安全是一项系统工程，需要各方，切实采取措施做好安全保障工作。

(一)加强大学生社会实践的组织领导

就学校层面而言，要明确责任，各个部门之间要加强联动，做好安全防范教育，并形成

---

① 张惠丽．大学生安全意识调查分析[J]．出国与就业，2011(4)：38．

② 黄迎乒．大学安全教育、学生安全意识与安全技能现状调查及对策研究[J]．河南社会科学，2007(5)：180．

相应管理机制，制定相应的安全防范措施。切实提高学生在交通安全、财产安全、投宿安全、野外安全、交友安全、疾病预防、滋扰防范、饮食安全等方面防范意识和技能，防患于未然。同时，可以考虑将大学生社会实践活动列入教学计划，放到与思想品德教育、专业理论课程教育同等重要的位置，引起全校上下对社会实践工作的高度重视。根据学校的实际情况和专业特色制定社会实践活动大纲和配套制度，使大学生社会实践活动拥有制度保障，从上至下设计载体，共同推进实践活动的改革和发展。同时，可加强对大学生的引导和教育，使大学生自身重视社会实践活动，在校园内通过实践分享会、实践报告会等形式让大学生充分体会实践的意义和收获。另外，也可将大学生参加社会实践活动的成绩反映在学籍档案中或者作为学生综合测评的一项重要指标等。

(二)切实加强安全教育和法制教育

大学生安全教育是高校教育的重要组成部分，是以相关法律法规、方针政策为依据，以增强大学生安全防范意识，掌握必要的安全知识和安全防范技能，减少安全隐患为目标，使在校大学生更好地适应大学生活和顺利走向社会而进行的教育。高校平时要有计划、有针对性地对大学生进行安全教育，从新生入学到大四毕业实习，根据不同年级学生参加实践活动的不同类型进行分类教育指导，特别是要针对大学生在社会实践过程中可能面对的各种安全隐患，通过案例进行安全防范知识教育，提高大学生的防范意识和技能，让大学生在社会实践过程中始终绷紧安全这一根弦。如果不幸发生安全事故，懂得如何从容去应对。①

法律规范是一种特殊的社会规范，任何人都没有超越法律的特权。要有针对性地加强对大学生的法制教育，让他们掌握一些基本的法律知识，思考问题和解决问题时要符合法律要求，增强遵纪守法的意识，依法规范和约束自己的行为，不参与违法犯罪活动。

安全和法制教育一方面要通过课堂教学和知识教育的方式让学生掌握了解基本要求，全面提升大学生安全、法制意识，另一方面，要将教育融入第二课堂活动中，组织各种类型的讲座、知识竞赛、演讲等活动，寓教于乐，努力将消防演练等活动落到实处，力求活动中有收获、演练中受教育。

(三)切实建立健全大学生社会实践管理制度

1. 制订大学生社会实践安全预案

各项社会实践内容、具体形式不同，涉及面广，且地域、环境、需侧重考虑的因素各不相同。为了更好地保障实践过程中的各方安全，保证实践成效，可在社会实践活动开展前，在指导老师的帮助下，有针对性地制定各实践项目的应急处理预案。让参与社会实践的大学生有充足的心理准备，以确保在实践过程中遇到突发事件时能够镇定、冷静地应对和处理。预案应包括对社会实践队伍管理的具体要求、社会实践途经路线的注意事项、人员构成及联系方式、出现突发事件时如何应对等。对交通、财产、投宿、野外、交友、疾病、滋扰防范、饮食等方面的安全，要有明确的应对细则。在开展活动前，要充分掌握实践活

---

① 陈爱民.大学生社会实践过程中的安全问题及应对措施[J].梧州学院学报，2013(4)：89.

动地点的治安状况、风俗习惯、实践对象等相关信息。活动过程中，要保持手机畅通，定时和家长、辅导员联系。

2. 签订安全协议书

在校外开展实践活动之前，学校与学生签订风险责任的相关协议。协议应当约定校方承担的责任和学生自己承担的责任。协议书应该包含以下内容：一是学生自愿参加社会实践活动，二是学生保证遵守国家的法律法规和学校的有关规章制度，三是要明确一些明令禁止的事项。对于较特殊的社会实践活动，还需要经学生家长签字。

3. 对社会实践活动进行投保

实践活动中可能会发生一些人身意外事故，为了能在事件发生后更加及时、有效地处理相关事务，可以在实践活动开始前统一购买保险，保险的费用可以由学校和学生协商后进行支付。阳光学院从 2008 年开始对每年由校方组织的暑期社会实践统一购买保险，保险的有效期覆盖学生参与社会实践的时间范围，费用均由学校进行支付，这样就使活动开展过程中发生意外的学生能够得到保险公司一定的赔付。

(四)加强社会实践指导教师队伍建设

建立一支具有丰富实践经验、责任心强、能吃苦耐劳的社会实践指导教师队伍，对确保大学生社会实践的顺利开展有重要意义。这支队伍可以由专业教师、思政辅导员、教育管理人员、实践单位相关人员等组成。建立一支综合素质高、专业性较强且稳定的指导教师队伍，不仅能保证社会实践项目的顺利完成，而且从前期准备、中期实施、后期总结等各个方面都更具有专业性和科学性。同时，指导教师与实践队伍"一对一"的模式也更加保障了实践过程中的安全问题。通过培训、考核指导教师，就可以有力地保障社会实践活动的效果，最终使工作做到科学化、规范化、制度化。

(五)建立相对稳定的社会实践基地

建立相对稳定的社会实践基地，对社会实践的安全也有着积极的作用。一方面，稳定的社会实践基地可以使实践单位和学校相互之间比较了解，对学生长期的社会实践过程有宏观上的把握、微观细节上的经验提炼，一定程度上能提供安全保障。另一方面，稳定的实践基地也保障了社会实践的效果，真正能做到实践中学习、快乐中成长。秉承"互惠互利、双向受益"，高校满足了教育的需要，学生得到了实际锻炼，计划得以顺利完成，而同时也满足了社会的需求，给当地建设做出贡献，进而达到良性循环。①

社会实践安全工作是一项需要不断完善、长期坚持的任务，面对大学生社会实践的安全问题，我们不能否定大学生社会实践的意义，停止社会实践前进的步伐。而确保大学生社会实践安全，必定是学校、实践单位、家庭、大学生本人共同的责任。对学校而言，要明确责任，加强教育，形成机制；对大学生而言，要重视社会实践的作用，提高安全意识、技能等。虽然在规范大学生社会实践活动上还存在很多问题，但只要不断摸索路径，完善机制和确保队伍建设，社会实践一定可以成为一项体现学校教学质量与办学特色的创新工作。

---

① 张宏敏，孟季风. 独立学院大学生社会实践安全问题及解决路径[J]. 教育管理，2014(7)：200.

第二节 大学生社会实践活动社会交往

大学生社会实践活动是社会主义高等教育的重要组成部分，是对大学生进行素质教育的重要载体。它是有目的、有计划地组织大学生深入实际、深入社会、服务社会，充分发挥大学生主体作用，并依靠社会力量完成的一种贯彻党的教育方针、促进大学生全面发展的教育活动。社会实践活动为大学生提供了广泛交往的平台。具备良好的社会交往能力也是大学生在参加社会实践过程中能否取得成功的重要保障，在大学生一生的发展中具有重要作用；同时，具备良好的社会交往能力能够帮助大学生建立良好的社会人际关系，积累交往经验，提升交往技巧，促进心理健康成长。

一、大学生社会实践中的社会交往概述

社会交往，简称“社交”，是指在一定的历史条件下，个体之间相互往来，进行物质、精神交流的社会活动。从不同的角度，社会交往可划分为：个体交往与群体交往；直接交往与间接交往；竞争、合作、冲突、调适等。社会交往是人类特有的活动和存在形式，是人共同活动和互相交换其活动所展开的社会关系的统一，也是人相互作用、相互联系的统一。从静态上看，它使人的种种交往关系状态得以形成，是人的社会化的根源和动力所在；从动态上看，它表现为人的各种交往实践活动。因此，社会交往既是一种关系性范畴，也是一种活动性范畴，是关系性与活动性的有机统一。

大学生社会实践中的社会交往按照交往的范围可分为三类：个体与个体之间的交往、个体与群体之间的交往、群体与群体之间的交往。在社会实践交往中，大学生需要获得明确的自我价值感和安全感，因为大学生的性格趋于稳定，其价值观、世界观正处于形成阶段，在很多问题上都表现出自己独到的见解，甚至出现偏执。因此，大学生要建立和谐的社会交往关系，要不断地学会掌握社会交往的技巧，克服社会交往的心理障碍。谦虚谨慎，摆正位置；平等相待，真诚相处；合作协助，友好竞争，共同进步。

二、大学生社会实践中社会交往的原则

社会交往是大学生社会实践的重要内容，大学生在社会交往实践中，应当遵循以下基本原则。

（一）真诚原则

社会交往中，最根本的一条原则就是真诚原则。它要求大学生在社会实践交往中，用真实、诚恳的态度来指导社会实践交往行为。交往双方只有彼此以心换心，才能相互理解，相互接纳，相互信任。人们常说的“精诚所至，金石为开”，就是倡导真诚原则，提倡用真诚去打开社会交往的心灵之门。真诚原则既是社会交往的基础，也是社会交往得以延续和深化的保证。大学生在社会交往中，只有按照真诚原则与人交往，才能与交往者保持

友好的社会交往关系。一旦交往者发现对方有虚假的言行，担心上当受骗，势必放弃与他交往，彼此的交往关系就会失去基础。只有人人遵守真诚原则，彼此信任，才能使社会交往持续发展。真诚原则，说起来容易，做起来难。大学生常常因为各种利害关系，出现待人处世不真诚的问题。坚持真诚原则，就要从日常生活做起，时时、事事、处处检点自己是否感情用事，是否具有本位主义，是否缺乏思维理性，经常反省自己的言行是否违背真诚原则。如此，大学生才能不断培养和提高自己社会交往的道德修养。

(二)尊重原则

在社会交往中，交往双方在气质、性格、能力、知识等方面都可能存在差异，社会分工的不同也造成每个人具有不同的身份，但是，每个人在人格上是平等的。没有对他人的尊重就不可能建立起良好的人际关系。大学生在社会交往中要做到尊重他人，就必须善于了解他人。要通过听其言，观其行，洞察他人的心理，了解他人思想行为的特点，从而对不同类型的人采取包容的态度。理解他人就是懂得他人。理解是尊重的基础，只有理解了才能尊重。现实中不管人们的思想和行为差异有多大，都有其产生的条件，都有其存在的合理性。因此，大学生在社会交往中，要有换位思考的意识和能力，要善于从对方的角度来看待问题，这样才能够理解他人，才能做到尊重差异，求同存异。

(三)宽容原则

宽容原则，就是交往者在社会交往中，对于一些非原则性问题，不斤斤计较，做到以德报怨，宽以待人。大学生在社会交往过程中，总是与形形色色的人打交道，这就难免会产生矛盾和隔阂、冲撞与误会。如别人不小心踩了你的脚，弄脏了你的衣服，或者说话伤了你，就可能使你对别人产生不好的影响。别人侵犯了你，伤害了你，你反击一下，心里才会感到平衡。可是，你是否想过，得理不饶人，以牙还牙，只会导致一场舌战，甚至大动干戈。这样因小失大会带来更糟的后果，在给别人带来伤害的同时，也深深地伤害了自己。这时，宽容是化解矛盾的最佳方法。人不可能脱离群体而单独生活，人与人之间需要融洽、和谐的关系。“有理也须让人。”宽容可以减少摩擦，甚至可以化干戈为玉帛。人非圣贤，孰能无过。一个宽容的人，必然能得到别人的尊敬，必然在社会交往中获得赞誉。宽容的人际关系，需要我们自己去创造。别人离不开你的宽容，你也离不开别人的谅解，你的宽容滋润着别人，感化着别人，会收到“润物细无声”的效果。

如有一男同学诉说这样一件事：有一天中午，他因回寝室晚了一点，恰好又忘了带钥匙，已经午休的同室同学 A 君就是不给他开门。另一日中午，A 君也出现了同样的情况，没带钥匙，他为了“报一箭之仇”，也不给 A 君开门。其结果是，两人从争吵到大动干戈，导致两人的关系变得紧张。如果是你遇到这种情况，你又该如何处理呢？

当代大学生大多是独生子女，是家庭中的娇子。固执好胜、偏激狭隘是一些学生的性格特征。在人际交往中，他们往往因一些小事而互不谦让，为一些不同观点而争执不下，甚至产生矛盾冲突，从而导致矛盾激化与人际关系紧张。要做到宽容，就应当严于律己，宽以待人，能体谅他人，原谅他人的过失，并给他人改正的机会。

(四)互惠原则

互惠原则是指交往双方相互满足需要的过程，用一个词来表达，就是“礼尚往来”。古人云:“来而不往,非礼也。”在现实生活中,人人都需要被肯定、被接纳、被认可,都需要得到关心、体贴、友爱。在人际交往中,双方的互惠性越高,双方的关系就越稳定、密切;互惠性越低,交往双方的关系就可能越疏远。当别人身处困难的时候,你伸出援助之手,得到精神上的慰藉与满足,对方也可能会因此“滴水之恩,涌泉相报”。这会调节你与他的交往关系:如果你与他原来是一般的同学关系,因为你的帮助,你与他可能会成为朋友;如果你与他原来还有矛盾,因为你的帮助,你与他会消除误会,增进友谊。

如在现实生活中有这样的情况:你给予别人关心与帮助,但并未得到别人的理解;你给予别人友爱与资助,但未得到对方任何回报。对此,该如何理解?互惠交往原则的实现取决于交往双方的文明素质、道德修养和人格。作为助人者,不应以获得他人回报为目的。助人是一种道德品质,是一种高尚人格的体现;助人为乐则是一种崇高的道德精神和思想境界。作为一个大学生,就应当培养这种精神,追求这种境界,从而完善自己的人格。所以,我们不能因未获回报而放弃助人的行为、舍弃助人为乐的道德精神。

作为受助者,应当对他人“投之以桃,报之以李”,这应当是做人的最基本的原则,也是交往的基本要求。哪怕是最简单的“谢谢”,一个真诚的微笑也能给予助人者精神上的回报,同时也体现出一个人应有的文明素养。因此,大学生在社会交往中,在培养助人为乐的精神的同时,切忌忽略了对助人者的热情回报。

在大学生社会交往中,还存在很多的为人处世的原则。归结起来,这些原则的根本目的都是要求大学生在社会交往中真诚平等待人,宽容尊重他人,从而构建和谐的社会交往关系。

三、社会实践对大学生社会交往的影响

社会实践活动是高校综合素质教育的重要组成部分,是学生接触社会、了解社会、增长知识、增加才干的有效载体。形式多样、生动活泼、寓教于乐的社会实践活动,有利于大学生正确把握社会人际交往的技巧和方法,有利于大学生心理健康的良性发展。

(一)社会实践活动改变了大学生对社会交往关系的认识

学生身处大学校园,主要交际对象为老师、同学。交际范围相对狭小,交际关系相对单纯。而在社会实践中,特别是在校外兼职,会接触到各种各样的人。如果大学生还是以自我为中心,且心理承受能力较差,那么在面对复杂的社会交往关系中必然会受到重挫。而社会交往的失败,一方面会给大学生带来挫败感,另一方面也会促使大学生面对复杂的现实状况,有意识地进行调整。首先是角色转化,他们不再自视为“天之骄子”,而是现实社会的普通成员。其次是价值观转变。他们更加注重人际关系的功利性和工具性,认为人际关系就是日后可以利用的人脉资源;一部分大学生正是因为认识到人际关系的重要性,而开始注重人际交往。

(二)社会实践活动使大学生在处理社会交往关系时更加包容自信

自卑、羞怯是大学生社会交往过程中最容易产生的心理障碍之一。而社会实践活动恰恰有助于大学生克服这类心理障碍,使大学生能够更加主动地与他人交往。第一,大学生在社会实践过程中与外界的互动增加,对自己和他人的认识会更加全面深刻,如对于自

己以前的一些缺点，他们会发现这其实是大部分人的通病。有时甚至发现自己在某些方面具有一般人没有的特长和潜力，从而更好地接纳自我。第二，社会实践活动让大学生认识到，他人并不会时刻关注自己的行为，自己也不必过分苛求完美，别人对自己的评论并不总是消极负面的。这些都有利于大学生更好地树立自信心。

(三)社会实践活动使大学生掌握更多的社会交往技巧

我们都知道，自己的亲身经历往往印象更加深刻。大学生通过实践与尝试，会逐步认识到社会交往技巧的重要性，尤其是从事产品销售、团体活动等配合度较高的工作，对社会交往技巧的要求更高。通过亲身参与、产生失误失败、总结经验教训等过程，大学生能够更快掌握人际交往的技巧。大学生发现一些领导或者前辈能够很好地处理人际关系，那么通过自身的观察交流便能不断掌握提升处理人际关系的技巧，诸如良好的语言沟通技巧、办公室礼仪，这些都是大学生学习交往的“第一章”。目前严峻的就业形势也迫使大学生优化自己的各方面能力，大学生渴求通过“第一印象”占据先机，提升自我的核心竞争力。因此，社会交往能力已被视为适应社会的重要能力之一。

社会实践活动为大学生们提供了广阔的交往平台，帮助其建立良好的人际关系，积累交往经验，提升交往技巧，促进大学生心理健康成长。

第三节　大学生社会实践活动基本礼仪

社会实践活动是大学生走出校门、锻炼社交能力的一次重要机会，当我们走出校园，投身实践时，我们的一举一动不仅代表我们个人，而且代表新时代大学生的风采和大学校园的整体形象。要将大学生的文明精神带到我们的所到之处，处理好与接收单位的关系，给当地留下良好的印象，顺利完成社会实践活动，就需要我们掌握一定的社交礼仪的基本知识。

一、社交礼仪概述

(一)礼仪的概念

礼仪是指人们在社会交往中共同遵守的表示尊重、友好的行为规范和准则。礼仪作为一种行为规范，体现着对他人的敬意与尊重，要求人们自觉遵守社会公德，自觉尊重他人和尊重自己，自觉平等待人，自觉真诚守信，自觉注重仪表、仪态、谈吐等。对一个人来说，礼仪是一个人的思想道德修养、精神面貌和文化教养的综合反映；对一个社会来说，礼仪是一个民族精神文明、道德风尚和文化素质的直接体现。

(二)社交礼仪的概念

社交礼仪是指人际交往活动中，用于表示尊重、友善的行为规范和准则。由于人际关系是通过人与人之间的交往和联系表现出来的，需保证这些交往和联系正常进行，就需要用一定的行为规范来调节。社交礼仪正是在这种情况下产生的。随着社会的发展，社会成员的文明素质不断提高，讲究礼仪、注重礼貌更是成为人们日常生活中必不可少的内容。通过社交，人们可以沟通心灵，建立深厚友谊，互相支持与帮助；通过社交，人们可以互通信息，共享资源，对取得事业成功大有裨益。遵守社交礼仪，你就会获得别人的认同和赞许，为自己塑造理想的个人形象或团队形象，为自己的工作和生活赢得和谐的空间；反之，就会给自己带来很多的麻烦，甚至不被人们接纳。因此，提倡大学生的文明礼仪，不仅有助于提升大学生的内在修养，促进大学生的健康成长，而且有利于维护校园的良好形象，构建和谐和社会环境。

二、大学生社会实践中的基本社交礼仪种类

大学生社会实践中的基本礼仪包括仪容仪表礼仪、仪态礼仪、电话礼仪、就餐礼仪、住宿礼仪五个方面。

(一)仪容仪表礼仪

仪容仪表通常是指人的外观、外貌，是一个人精神面貌的外观体现。在仪容的修饰方面要注意五点事项：(1)要干净，要勤洗澡、勤洗脸，脖颈、手都应干干净净，并经常注意去除眼角、口角及鼻孔的分泌物。要勤换衣服，消除身体异味。(2)应整洁。整洁，即整齐洁净、清爽。要使仪容整洁，重在持之以恒，这一条与自我形象的优劣关系极大。(3)应讲究卫生。讲究卫生，是公民的义务，这是每个人都应当自觉做好的，注意口腔卫生，早晚刷牙，饭后漱口，不能当着客人面嚼口香糖；指甲要常剪，头发按时理，不得蓬头垢面，体味熏人。(4)应简约。仪容既要修饰，又忌讳标新立异，简练、朴素最好。(5)应端庄。仪容庄重大方，斯文雅气，不仅会给人美感，而且易于使自己赢得他人的信任。相形之下，将仪容修饰得花里胡哨、轻浮怪诞，是得不偿失的。(6)着装要自然得体，协调大方，又要遵守某种约定俗成的原则。在社会实践过程中，团队成员应该统一着装，最好是穿与活动协调的服装，以显示良好的团队风貌。

(二)仪态礼仪

仪态也叫仪姿、姿态，它包括举止动作、神态表情和相对静止的体态。日常生活中人的一举手一投足，一颦一笑，都可概括为仪态。

第一，站姿。站立是人最基本的姿势，是一种静态的美。站立时，身体应与地面垂直，重心放在两个前脚掌上，挺胸，收腹，收颌，抬头，双肩放松。双臂自然下垂或在体前交叉，眼睛平视，面带笑容。站立时不要歪脖、斜腰、屈腿等，在一些正式场合不宜将手插在裤袋里或交叉在胸前，更不要下意识地做些小动作，那样不但显得拘谨，给人不自信之感，而且有失仪态的庄重。在等人或与人交谈的非正式场合，可采取一种比较轻松的姿势。脚或前后交叉，或左右开立，肩、臂不要用力，尽量放松，可自由摆放，头部须自然直视前方，使脊背能够挺直。采用此姿势，重心不要频繁转移，否则给人不安稳的感觉。

第二，坐姿。坐，也是一种静态造型。端庄优美的坐，会给人以文雅、稳重、自然大方的美感。正确的坐姿是：上身自然挺直，肩放松，两臂屈曲放在双膝上，或两手半握放在膝上，手心都要向下，不要有摆弄手指、拉衣角、整理头发等懒散的姿态。谈话时，可以侧坐。侧坐时上体与腿同时向一侧。要把双膝靠拢，脚跟靠紧。女性应两膝并拢；男性膝部可分

开一些，但不要过大，一般不超过肩宽。在正式场合，入座时要轻柔和缓，起座要端庄稳重，不可猛起猛坐，弄得桌椅乱响。不论何种坐姿，上身都要保持端正，如古人所言的“坐如钟”。若坚持这一点，那么不管怎样变换身体的姿态，都会优美、自然。

第三，走姿。行走是人生活中的主要动作，走姿是一种动态的美。“行如风”就是用风行水上来形容轻快自然的步态。正确的走姿是：轻而稳，胸要挺，头要抬，肩放松，两眼平视，面带微笑，自然摆臂。行走的步子大小适中，自然稳健。与女士同行，男士步子应与女士保持一致。行走时挺直上身，切忌左右摇摆或摇头晃肩。多人一起行走时，不要排成横队，不勾肩搭背。

第四，微笑。在社交中，如果出现尴尬或语言障碍时，微笑则是迅速达到预期交流效果的“润滑剂”。微笑即在脸上露出愉快的表情，是善良、友好、赞美的表示。亲切、温馨的微笑能迅速缩小彼此间的心理距离，创造出交流与沟通的良好氛围。

☞【案例分析】

尴尬的聚会

李刚忽然接到同学张鑫磊的电话，被问什么时候来参加生日聚会，这时李刚才想起自己答应今晚参加他的生日聚会。于是匆匆忙忙赶到聚会地点，发现来的人很多，有一些相识的同学，但也有很多不认识的人。李刚一整天在外奔波，衣服穿得很随便，加之连日来事情很多，脸上也满是疲惫之色。当拖着有些疲惫的步子走进聚会厅时，李刚看到别人都衣着光鲜，神采飞扬，不觉心里有点不快，后悔自己勉强过来参加聚会，所以脸色更是难看，没有一点笑容。张鑫磊过来招呼李刚，李刚勉强表达了祝福，便坐在一旁喝了几杯啤酒，也不想与人寒暄，坐了一会便又借故离开了。

☞【分析】

在赴宴时，要注重赴宴礼仪。在接受他人邀请后，如因故不能出席，应深致歉意或登门致歉。作为宾客，应略早到达为好，且应在参加前做好仪容准备工作。席间交谈应与主人和同桌亲切交谈。告辞时间不宜过早。而李刚在劳累时不应该勉强出席。而后，他匆忙赶到聚会厅，且衣着随意，显示出他对宴会的不重视。在宴会中，面无笑容，且提前离开，都显示出他的不礼貌。这既影响自己的心情，让自己过于疲惫，又影响他人心情，是失败的社交事件。

(三)见面礼仪

见面礼仪是指日常社交礼仪中最常用与最基础的礼仪，它包括握手礼仪、问候礼仪、介绍礼仪三部分。

第一，握手礼仪。握手顺序：一般“尊者决定”，即年长(尊)者伸手后，另一方及时呼应。若要与许多人握手，先长辈后晚辈，先主人后客人，先上级后下级，切忌交叉握手。通常用右手握手。握手时间:时间一般不宜超过3秒。握手力度:力度要适中,太轻给人以轻视,过紧则给人以疼痛感。握手时双目注视对方,微笑致意或问好,不可心不在焉、左顾右盼,不可戴帽子和手套与人握手。必须站立握手,以示对他人的尊重、礼貌。握手要注意场合和分寸。被介绍之后,最好不要立即主动伸手。年轻者、职务低者被介绍给年长者、职务高者时,应根据年长者、职务高者的反应行事,即当年长者、职务高者用点头致意代替握手时,年轻者、职务低者也应随之点头致意。和女性握手,一般男士不要先伸手。

第二,问候礼仪。问候要有顺序:一般来讲,位低的先行,下级首先问候上级,主人先问候客人,男士先问候女士,这是社会公德。称呼有别:适当提及对方的称呼,以示尊重,慎用简称。礼貌致意:面带微笑,礼貌问候,如"您好""久仰"等。在各种场合,可适当用举手、点头、欠身、脱帽等方式向对方打招呼或致意。

第三,介绍礼仪。在社交活动中,如无人引见,即可向对方自报家门,自己将自己介绍给对方。若有介绍人在场,自我介绍则被视为不礼貌的。一般在1分钟之内,以半分钟左右为佳。介绍时还可利用名片、介绍信加以辅助。态度要亲切、随和。语气要自然,语速要正常,语音要清晰。介绍要简单明了,实事求是,真实可信,不可自吹自擂,夸大其词,要按照场合的需要进行介绍。

☞【案例分析】

小小接待有学问

小李刚参加工作不久,学校举办了一次全国高校校长联席会议,要求国内很多高校校长参加。小李被安排在接待工作岗位上。接待当天,小李早早来到机场,当等到来参加会议的人时,他便开口说:"您好!是来参加全国高校校长联席会议的吗?麻烦告知您的单位及姓名,以便我们安排好就餐与住宿问题。"小李有条不紊地做好了记录。后来在会场,小李帮客人引路。小李一直小心翼翼,虽然自己一向走路很快,但是他放慢步伐,很注意与客人的距离不能太远,一路带着客人。电梯上下,小李也是走在前面,做好带路工作。原本心想很简单的事情,却几次被上级批评。

☞【分析】

在接待过程中,小李与客人职位和身份并不相当,他应主动向客人做出礼貌的解释。而小李没有做出任何解释,容易引起客人误会。接到客人后要主动打招呼,握手表示欢迎,同时说些寒暄辞令、礼貌用语等,而小李没有事先了解要接待客人的相关信息,张口就问,十分不礼貌。在引导客人时,应主动配合客人步伐,保持一定距离。在出电梯时,应改为客人先走出电梯,自己在后面,以保证客人安全,而小李出电梯时,自己走在前面也是不恰当的。小李既破坏了客人的心情,也被上级批评了,因此是失败的社交事件。

(四)电话礼仪

在社会实践活动的整个过程中,经常会通过电话的方式进行各项事宜的联系。成功的电话沟通,不仅可以使对方对我们产生好感,而且也便于实践活动的成功开展。因此,我们在电话沟通中需要注意以下细节:

第一,主动拨打电话的基本礼仪。打电话看似简单,有的人也许会说:"不就是拿起电话,一拨号码,说几句话的事吗?"关键是如何说、怎么说、说些什么,这里面是有学问的。打电话要牢记"5W1H",即 When(什么时候)、Who(对象是谁)、Where(什么地点)、What(说什么事)、Why(为什么)和 How(如何说)。

第二,接听电话的基本礼仪。电话的开头语要使用礼貌用词,如"您好""请""谢谢""麻烦您"等等。尤其避免以"喂,喂""你找谁呀""有什么事儿呀"作为"见面礼"。电话铃响两遍就接,不要拖时间。一般是三声,拿起话筒问"您好"。如果电话铃响过四遍后,拿起听筒要向对方说:"对不起,让您久等了。"这是礼貌的表示,可消除久等的不快心情。如果电话内容比较重要,应做好电话记录,包括单位名称、来电人姓名、谈话内容,通话日期、时间和对方电话号码等。挂电话前的礼貌也不应忽视,向对方说声"谢谢""再见"等等。

(五)就餐礼仪

在社会实践活动的整个过程中,就餐礼仪包括学生餐厅礼仪、快餐礼仪、自助餐礼仪、中餐礼仪和西餐礼仪五部分。

第一,学生餐厅礼仪。学生在餐厅就餐时要按时就餐,自觉排队,不要冲跑挤,不要夹塞。要保持安静,在就餐座位紧张的时候,要互相谦让,互相宽容。要爱惜食物,勤俭节约,尽量不要剩菜剩饭,如有要将剩菜剩饭倒入指定地点。要文明就餐,坐姿自然,严禁把脚踩在凳子上。吃东西或喝汤时要小口吞咽,闭口咀嚼,尽量不发生响声。

第二,快餐礼仪。在就餐高峰期,快餐厅内人比较多,有时座位不够。等座位时不要直接站在正在就餐客人的身后,而应该在不影响他人就餐的区域等候,或请服务人员帮忙寻找座位。在人多时要注意排队,提前想好要点的食品,准备好相应的钱,这样可以节约自己和其他顾客的时间。点餐后端着食物走向座位时,要注意安全。一定不要只顾寻找座位忘记看路,如果撞到别人身上,热饮料或热食物容易烫到自己和别人,也容易弄脏衣物。

第三,自助餐礼仪。进入餐厅后,先扫视一圈。对菜点的摆布和服务设施有个基本的了解,这样在取菜时可做到心中有数。取用每种菜点时,都不要贪多。如果是大家都爱吃的东西就更是如此。宁可吃完后再取,也不要取满满一盘让人笑话,甚至吃不下造成浪费。取菜时要有秩序,不要挤在一起取菜。如果人多,可在一旁适当等一会儿。取菜点时要依菜点原来摆放的样子取用,不要在盘中来回翻找,这样既不雅观,也不礼貌。热菜、冷食要分开放入自己的盘中,切勿堆放在一起。凡取到自己盘中的菜点,即使不合口味,也绝不能再倒回去,可剩在盘中,放在桌子边上,待服务员取走。尽量做到吃什么取什么,吃多少取多少,不够可以再取,不要造成浪费,不要因一次性取食物过多又无法处理而让人笑话。取完食物后,应回到座位上用餐,不要迫不及待,就近站着就开始食用,显得吃相极不雅观。

第四，中餐礼仪。准时出席，应等长者、女士坐定后，方可入座。入座后姿势端正，与餐桌的距离保持得宜，脚踏在本人座位下，不可任意伸直，手肘不得靠桌缘，或将手放在邻座椅背上。用餐时须温文尔雅，从容安静，不能急躁。送食物入口时，两肘不要碰及邻座。吃东西时不要发出声音，要闭嘴嚼，鱼刺、骨头、硬壳等，不要直接外吐，应用筷子取出，然后放在骨盘内，不要放在桌上。用餐时，自己食盘内不要盛太多，如遇本人不能吃或不喜欢的菜，服务员上菜或主人劝菜时，不要拒绝，可取少量放在盘内，并及时致谢。对不合口味的菜，切勿露出难堪的表情。用餐期间，切忌用手指掏牙，应用牙签，并以手或手帕遮掩。不要当众修饰，如不要梳理头发、化妆补妆、宽衣解带、脱袜脱鞋等。积极参与同桌人的交谈，特别是左右邻座，不能仅同熟人或只同一两人交谈。邻座如不相识，可先做自我介绍。进餐的速度宜与大家同步，不宜太快，亦不宜太慢。食毕，餐具务必摆放整齐。离席时，应帮助隔座长者或女士拖拉座椅，等主人离席后，方可离席。

第五，西餐礼仪。不要穿休闲服，男士穿整洁的上衣和皮鞋，尽量打领带；女士要穿套装和有跟的鞋子。进入西餐厅时，男士应先开门，请女士先进入。如果有服务员带位，也应请女士走在前面。入座、餐点端来时，都应女士优先。吃西餐时，入座时应从左侧进入。当椅子被拉开后，身体在几乎要碰到桌子的距离站直，领位者将椅子推进来，腿弯碰到后面的椅子时，自然落座。用餐时，上臂和背部要靠到椅背，腹部与桌子保持约一个拳头的距离。进食应该噤声，也就是说，在吃喝过程中，尽量不要弄出声响，即使是交谈，也不要放声，不要引起他人的注意，更不要妨碍他人。用餐结束时，将餐巾折好后放在桌子上就可以了。

(六)住宿礼仪

大学生在社会实践活动中安排住宿问题是必不可少的环节，一般由实践团队自身负责或实践基地负责团队的住宿。最为常见的住宿地点为民宅、学生宿舍、招待所、小旅馆、大酒店等。

1. 预约的礼仪

出发之前预定住宿地点，这是礼仪。团队根据活动的具体要求确定入住地点，然后可通过电话、邮件、传真等方式告之要求以及入住和停留的时间，入住人的性别和人数，房间的类型，并问清房费。若到达时间比预定时间晚，尽快打电话联系，否则预定就会被取消。

2. 登记入住的礼仪

到达目的地之后，首先应该到学生宿舍或民宅的管理部门、旅馆酒店的前台进行登记，主动出示证件，耐心回答工作人员的询问，按规章制度办理登记手续。住房要服从工作人员的安排，有事多协商。如果登记的顾客较多，应该静静地按照顺序等候，与其他客人保持一定的距离，不要乱站、乱挤或采取任性无理的态度。登记结束拿到钥匙之后，可走楼梯、乘电梯去房间。走楼梯时，尽量靠右，为身后的客人留下左面的快速通道；乘电梯时，能够主动为后来的客人扶住门，中途下电梯前，自己按下关门的按钮，尽量给别人减少麻烦。

3. 住宿礼仪

(1)入住学生宿舍的礼仪。遵章守纪，遵守学生宿舍的管理制度，不做学校禁止的事。

互相尊重,互相关心,团结友爱。自觉遵守宿舍生活秩序,按时就餐、起床;上下床动作轻,拿东西声音要小,上铺翻身要轻,下铺要多给上铺同学方便。有事回来晚了应先说一声"对不起"。

(2)入住民宅的礼仪。俗语说"客随主便",虽说客人和主人两者之间是一种商业化、服务化的关系,但是,保持安静、讲究公共卫生、注意文明礼貌、尊重主人会赢来尊重和更好的服务。不过于打乱正常的作息,会给主人带来很大的方便。如果有时间和主人聊聊天,或者参与到他们的劳动中,不仅可以体会到人与人交往的乐趣,而且能增进对当地民风民俗的了解,同时这还会成为我们实践活动中一笔不小的收获。

(3)入住旅店的礼仪。进入房间后,应该读懂客房门背后的"逃生路线图",查看紧急出口、安全出口和疏散通道,清点房间物品。若有问题,及时请服务员帮忙解决,不要等到晚上再要,因为晚上的值班服务人员可能会较少。在酒店里住宿,对于自己所遇到的一切人,都应以礼相待。对于为自己服务的酒店工作人员,要充分尊重和体谅。旅店是休息的场所,所以保持安静是基本规矩。在旅店的内部公共场所,一定要注意降低自己说话的音量,走路轻手轻脚。外出时,不要将现金或贵重的物品放在房间里,尽量自身携带或者存寄前台。尽量不与陌生人交谈,以免发生以老乡、打牌、推销等为由的诈骗。

4.离宿礼仪

离开宿舍、民宅之前,应该主动打扫好公共卫生;离开旅店之前,清点物品,洗发膏、牙刷、肥皂、信封、信纸之类的小用品可以带走,但有些物品是有偿使用的,除注意谨慎使用之外更不要带走,否则会导致尴尬的局面并为此付款。如果不小心弄坏了学校、民宅、旅店的物品,不要隐瞒抵赖,要勇于承担责任并赔付。结完账,保留好住宿发票,礼貌致谢并道别。

三、大学生社会实践社交礼仪日常用语

初次见面说"久仰",陪伴朋友说"奉陪";
麻烦别人说"打扰",请人解答用"请教";
托人办事说"拜托",归还原物用"奉还";
道己家里用"寒舍",称人家庭用"府上";
向人祝贺说"恭喜",求人原谅说"包涵";
客人到来用"光临",与人分别用"告辞";
中途先走说"失陪",很久不见说"久违";
等候帮忙说"劳驾",求人方便说"借光";
看望别人用"拜访",请人勿送用"留步";
对方来信用"惠书",赠送作品用"斧正";
请人指点用"赐教",赞人见解用"高见"。

思考题

1. 社会实践礼仪的基本原则有哪些?

2. 握手礼仪的顺序是什么?

3. 结合自身实际论述社会实践交往中对礼仪原则的运用。

4. 大学生社会实践中住宿礼仪包括哪些?

5. 请看以下材料:并分析是什么原因导致这些同学失去机会?这些同学有哪些行为是不合乎礼仪的?

一老师带领学生前往一大集团公司参观,老总是该老师的大学同学。老总亲自接待不说还非常客气。工作人员为每名同学倒水,席间有位女生表示自己只喝红茶。学生们在有空调的大会议室坐着,大多坦然接受服务,没有半分客气。当老总办完事情回来后,不断向学生表示歉意,竟然没有人应声。当工作人员送来笔记本,老总亲自双手递送时,学生们大都伸着手随意接过,没有起身也没有致谢。从头到尾只有一名同学起身双手接过工作人员递过来的茶和老总递来的笔记本时客气地说了声:"谢谢,辛苦了!"

最后,只有这名同学收到了这家公司的录用通知。有同学很疑惑甚至不服"他的成绩并没有我好,凭什么让他去而不让我去?"。老师叹气说:"我给你们创造了机会,是你们自己失去了。"

第十一章　怎样撰写大学生社会实践文章

社会实践文章是大学生参加社会实践活动的内容、过程与成果的文字反映。实践文章写作也是大学生社会实践活动的重要组成部分，它不仅记录和反映实践活动，总结实践成果，还可以在对社会实践中的问题调查、探讨、分析与解决中，培养大学生思维和逻辑能力，提高分析与解决问题的能力，训练语言文字的表达能力，提升大学生的理论素养和思想认识水平。因此，熟悉社会实践文章的文体特点和写作知识，进行相应文体的写作训练，从而较好地掌握社会实践文章的写作本领，是大学生更好地进行社会实践活动的必备能力和素质条件，对于提升大学生社会实践的效果和质量具有重要意义。本章即在对大学生社会实践文章一般性论述的基础上，主要就社会调查报告和实践总结报告这两种在大学生社会实践活动中最常用的文章类型，谈一谈其文体特点、写作要求和文体规范等问题。

第一节　大学生社会实践文章写作概述

大学生社会实践文章是各种类型社会实践活动中所形成的各种不同文字写作的总称。从培养方案和课程设置来看，目前各大院校基本上形成了较为全面的社会实践课程体系。其中比较常见的社会实践课程包括军政训练、生产劳动、志愿者服务、社会调查、勤工俭学、课外科技活动和科技发明、教学实践、创业训练和专业实习等。在这些实践活动中形成的文体类型，既有共性，又有个性。我们有必要对其总体性质特点和写作要求以及不同的文体类型有所了解。

一、大学生社会实践文章的性质、特点

与一般的创意写作或文学写作不同，大学生社会实践文章属于应用文，但又与一般的应用公文有别，它是对具体的社会实践活动全过程的文字反映，包括实践前的方案与计划设计、制定，实践中具体问题的专题调查与研究，实践中具体实践内容的记录与宣传，实践后对实践活动的反思与成果总结，等等。它是具体的实践活动与身心体悟、专业理论知识相结合在文字上的反映。

虽然社会实践文章的不同文体会有各自不同的特点与要求，但从总体上看，大学生社会实践文章也具有一定的共性，主要体现在以下几个方面：

(一)社会性

这是由社会实践的性质决定的。大学生之所以要进行社会实践,就是为了避免在校大学生的专业学习仅仅停留在专业知识和理论认知的局限上,以致产生与社会脱节、与实践脱节、专业学习的应用性能力不够等问题。同样,社会实践文章的写作,就要求紧密贴近社会性,突出所参与的"社会性"活动内容的呈现,着力体现对实践"社会性"的认识、自己从实践中所获得的"社会性"影响。

(二)真实性

"读万卷书,行万里路",重在一个"行"字;"社会实践",重在"实践"二字,强调的是真实的实践体验。社会实践文章也必须建立在真实的实践经验基础上,强调亲身参与性和客观性,它是对真实活动经历的记录与总结,而不能凭空想象与编造。在信息化和大数据时代,对于社会实践文章的真实性,还应处理好客观现实经验与间接经验、第一手数据材料与第二手数据材料的关系。网络可以作为撰写社会实践性文章的辅助,但文章的具体对象、内容和体会必须来源于自己的亲身经历。网络经验和数据可以作为参考和资料支撑。

(三)针对性

所谓针对性,首先是指实践文章的主题要集中,要切合自己所从事的具体的社会实践内容。这就要求在实践活动中,善于总结,聚焦实践活动的核心和本质,同时围绕中心问题,搜集和分析材料。有不少同学在实践活动结束后写总结报告时,所归纳的主题与自己所从事的具体活动内容扣得不紧密,缺乏针对性。其次,所谓的针对性要切近自己实践的初衷。为什么要进行这样的实践活动,课程设置的目的是什么,是为了锻炼学生哪方面的社会实践能力,在具体的实践文章写作中,应能体现这样的目的性。

(四)认知性

成功的社会实践文章不仅通过对实践活动的记录、分析与总结,让大学生收获对社会的经验认知,获得理论学习所达不到的收获与启示,同时也能让阅读文章的人从中获得深刻的社会认知和经验积累,产生一种间接的认知传播。比如毛泽东的《湖南农民运动考察报告》,不仅让毛泽东本人通过湖南农民运动的现实情况,看到了农民的特点及中国革命的特性,也让当时大量的革命者了解了农民运动的特点,加深了对中国农民运动及其与中国革命关系的认知。

(五)思想性

社会实践文章的思想性主要表现在三个方面。一是要以马克思辩证唯物主义为思想和方法指导,体现理论与实践相结合的原则。二是要立足中国特色社会主义理论和现实,在实践活动中关切社会现实和国计民生,在活生生的社会实践活动中既锻炼自己的社会能力,又进一步加强对社会主义核心价值观的认识与理解。三是要有一定的思想深度,不能仅仅停留于表面的客观叙述,要善于透过现象发现本质,使实践文章具有一定的思想启发性。

二、大学生社会实践文章的文体类型

大学生社会实践类型多样,在具体的社会实践过程中,又有不同的阶段性,根据实践类型、实践过程以及具体的功能和目的,大学生社会实践文章的文体类型也是多种多样的，比如实践计划或方案、实践简报、实践新闻稿、实践日志、社会调查报告、社会实践总结报告等。

(一)实践计划或方案

在实践前对即将开展的具体社会实践活动进行的预先设计和规划，都属于这一类。简单的计划包括时间和阶段安排、相应时间段内的实践内容与方式、预期的实践结果及成果呈现形式等，也就是常说的打算在什么时间、地点做，做什么，怎么做，希望做成什么样。比较复杂的计划比如方案类文章，还要进行复杂的论证，比如大学生创业训练中的创业计划书。

创业计划书，又名商业计划(business plan)，是由创业者准备的一份书面规划方案，是大学生创业实践中的基础性工作。它不仅是对后面要开展的商业实践的业务构思和策划，还是一份商业与市场宣传单，还在一定程度上成为以后商业实践运作的书面指导。好的计划书，可以将头脑中的商业创意与规划书面化、具体化、条理化，更具理性和说服力，从而吸引投资商，使得创业项目获得进一步发展的机会。具体地说，在创业计划书的撰写技巧中，要特别关注几个问题：第一，突显投资价值，吸引投资商的眼球。应准确描绘产品的独特性，定位产品的发展阶段，明确产品分销方法，准确分析产品的消费对象，准确核算产品的成本、售价。第二，细致分析和掌握竞争者信息情况。要准确了解竞争者及其产品，分析与自己产品的差异、优劣等。第三，给投资者提供准确深入的市场分析与认识。第四，要尽可能周密论证，以给投资者现实计划没有漏洞可寻的印象。第五，展示自己创业实践团队的整体实力。第六，要在简洁的计划书内容提要中凸显关键词和亮点。

一般创业计划书的内容主要包括：摘要(项目简介、联系方式和主要联系人、业务类型与范畴、管理和运作团队、产品或服务及其竞争情况、市场情况、资金计划、财务计划、生产经营计划、投资退出方式)，业务历史与未来，研发情况，产品或服务，管理运营团队，市场分析，生产经营计划，财务分析与融资需求，风险分析，投资回报与退出。

(二)实践简报

顾名思义，简报就是有关实践工作简要的情况报告。大学生社会实践简报主要用于向校内外导师和学院系所报告社会实践动态、经验或问题。实践简报要求逻辑合理，结构清晰；主题明确，素材典型；内容能够反映实时动态、现有成果、活动亮点和存在的典型问题与困难等。

实践简报写作方法灵活多样，除叙述外，可以描写、议论，也可以穿插人物对话、自叙和自己的体会、感受，既可以用第三人称的报道形式，也可以写成第一人称的访问记、印象记或日记体等。可以小标题的形式将要简报的内容条理化。

(三)实践新闻稿

这里的社会实践新闻稿强调的是为了宣传和教育的需要，由参加社会实践的大学生个人或群体撰写的新闻作品，主要是针对校报、校园网站的需要，好的新闻稿也可以上达省市级及以上媒体。

大学生社会实践新闻稿常用的主要有消息和通讯两种。

消息是新闻的主要形式之一。它篇幅简短，报道迅速，时效性强，适合传播新鲜的、重要的或有趣的事实。消息又可分为动态消息、综合消息、典型消息、述评消息。动态消息一事一报，简洁明快，篇幅短小，能迅速、及时传播现实生活中各种新鲜事。综合消息是若干动态消息的综合报道。典型消息又称经验报道，是关于某地区、某部门或某单位在工作中形成的最新经验的报道。述评消息是指在传播新闻事件的同时还兼顾对事实的评述，是介于消息和评论之间的文体。

与消息相比，通讯在反映新闻事件方面，具有完整性、形象性、灵活性等特点。通讯可分为人物通讯、事件通讯、工作通讯、概貌通讯和小通讯几种。人物通讯以人物为主要报道对象，可写全人全貌，也可截取一段来写；可写一人，可写几人，可正面报道，也可以反面报道。事件通讯以事件为主要报道对象，事件要有典型性，可以是正面事件，也可以是反面事件。工作通讯以研究工作问题、介绍工作经验为主，具体形式有采访札记、记者来信、工作研究等。概貌通讯以写概貌、观感为主，常使用概括叙述加描写的方式，介绍某地区、单位或行业的新貌。小通讯即篇幅短小的新闻故事，多择取事件的某一片段进行刻画。

消息和通讯在结构上主要分成标题和正文两部分。新闻标题要求准确、鲜明、生动、简练。形式有单行式、双行式、多行式。单行标题一般概括或评价新闻主要内容，一目了然。双行标题分正题和副题，正题把新闻中最主要事实浓缩为一句话，副题则用于渲染气氛或揭示事件的意义等。多行标题由引题、正题和副题凑成，常用于重要的新闻报道。关于正文部分，消息包括导语和主体，通讯一般没有导语。导语是对新闻核心事实或最重要问题的概括。导语里要有实质性的内容，要善于突出最主要、最新鲜的事实或材料，并力求生动、有趣，语言上要简洁明了，短小精悍；可以独立成段，也可不独立成段。正文主体部分的材料组合顺序完全取决于材料的重要性程度，重要居前，次要居后。还要注意相关背景材料的介绍，以助于读者对新闻事件或人物的进一步认识。

无论是消息还是通讯的写作，都要求选择有价值的人物或事件；语言表达上以叙述为主，用事实说话。

（四）实践日志

实践日志是对一天实践活动的具体记录，也可以是一天的小结和感想。实践日志写作比较随意，形式语言不拘，详略因人而异。它不仅记录当日的社会实践活动的具体情形和感受，也为进一步的社会实践文章比如社会调查报告和社会实践总结报告写作提供第一手的材料准备。

（五）社会调查报告

社会调查报告有时也叫社会调研报告，是通过调查研究反映客观事实并力求揭示事实本质或发展规律的文体。调查报告的写作不能没有调查，它必须建立在实地、实物、实事、实人、实情的真实、深入调查了解基础上；调查报告的产生也不能没有研究，所以它不是简单的直接和间接材料的堆砌，而是要以一定的理论、方法论或思想为依据，对具体调查所得的事实、情况或数据进行仔细分析、概括，去伪存真，由表及里，揭示事实本质，得出正确结论。从内容上看，调查报告具有针对性和指导性的特点。它或是总结推广某一方面的典型经验，以引领带动其他方面的工作；或者对实践工作中发现的问题进行专题调研分析，形成解决办法；或是根据选定的主题，搜集情报信息，然后加以分析综合，得出调查结论，供相关部门参考。调查报告建立在客观事实的基础上，但它不是简单的事实叙述，而是要进行事实分析研究，挖掘背后的内在特点和规律，并能体现党和国家有关方针政策精神。

从调查内容和目的功能的角度，调查报告大致可以分为三种类型。一是经验调查报告。比如在社会实际工作中出现了一种新的经验，对其他相关工作具有启发性和指导性，在大学生社会活动中，就可以进行这样的社会调查。二是问题调查报告。针对社会生活、生产中的某个或某类问题进行调查，在充分深入考察和掌握第一手材料的基础上，进行科学深入的分析，发现问题出现的背景、原因、特点，并研究提出解决问题的思路与方法。三是情况调查报告，主要是基础性调查或资料性调查形成的文字成果。调查的主要目的是为了给相关的业务部门提供真实、客观、准确的情况，以供决策之需。比如“浙南地区古村落现状调查”，是某高校大学生民俗学研学工作坊承担的省文化部门的一个项目，但它只是负责完成对浙南地区古村落现状的摸底和初步的总结归类，以为文化部门和相关专家提供关于古村落保护或开发、改造的决策依据，而不提供具体的方案和解决办法。但即使如此，也要对材料有基本的归纳分类和梳理。有关社会调查报告的写作规范与要求，后文有详细介绍，在此不赘述。

（六）社会实践总结报告

社会实践总结报告是社会实践活动完成后，在对实践活动总结的基础上形成的文字材料，换句话说，是对有目的、有组织、有计划的具有一定时间长度的社会实践活动的书面总结。它主要是对照前期的计划和方案，结合具体实践活动中落实完成的情况，总结该社会实践活动执行计划的情况如何，做了哪些工作，如何进行的，取得了什么成果，有哪些经验，存在哪些问题和教训，对下一步的工作有什么启示，等等。总结报告要客观，不回避也不夸大事实。社会实践总结报告不是对之前的社会实践活动做简单的了结，而是一次深入的回顾、反思与总结，是对社会实践活动的思想和经验概括，是对理论联系实际程度与效果的一次全面检视。它也是进行大学生实践课程考核与评价，对活动中的先进个人与实践成果进行评比与表彰的重要材料依据。无论对个人的成长和成才还是进一步推动社会实践活动的深入发展与提高，社会实践总结报告都是很有意义的。

从总结对象范围与写作主体上看，大学生社会实践总结报告一般可以分为五类。一是学校团委的总结报告。团委是大学生社会实践活动及教育的组织者，其总结报告的内容一般包括社会实践教育的活动主题，全校参与社会实践活动学生的数量、活动类型、分布区域的情况，具体实践开展的情况与成效，经验与教训，组织者对社会实践活动的新认识、新思路，以及对下一轮社会实践工作开展的设想。二是学院分团委总结报告。应包括集体组织和个体开展社会实践活动的学生的数量、实践区域、实践成果等等。三是基层团支部总结报告。比如暑期社会实践活动，各团支部可以主题团日的方式，组织学生分享社会实践的经历和心得体会，进行交流，然后根据记录，形成文字稿总结报告。四是大学生实践团队总结报告。其是团队小组围绕当初的实践选题，在讨论实践得失的基础上形成的总结报告。五是大学生个人总结报告，是大学生社会实践个体对自我具体实践活动的总结报告，侧重于阐述实践过程中自己值得肯定的工作内容和成果，对实践活动中遇到的问题的实际解决方法及其成效，对存在问题的发现与分析，对自己实践活动的总体体会、心得和收获的总结，对自己的评价，等等。

此外，按照性质和内容不同，实践总结报告还可以分为综合性总结和专题性总结。综合性总结是对在一定时期内的所有社会实践情况进行全面反映和评析的总结；专题性总结则是对某项社会实践活动的情况或某个时期的某个方面活动情况的专门反映和评析的总结。

三、大学生社会实践文章写作的意义

第一，社会实践文章的写作是大学生完整的社会实践课程的重要组成部分。既然是一门规范性的课程，就不能简单停留在一般活动的层面。在以实践活动为主要课程形式的同时，也要强调实践总结的必要性，这才能达到课程的要求。另外，既然是正规的课程设置，就涉及课程的考核与评价问题，而大学生社会实践文章，尤其是其中的实践总结报告，是课程评价和考核的重要依据。大学生社会实践文章写作正是课程建设的重要内容之一。

第二，社会实践文章让实践活动的总结避免流于口头和形式，书面总结的方式更正规，也更能体现文字表述的逻辑性和理性，有利于实践活动总结变得更加完整和深入，更具有理论性内涵。

第三，社会实践文章是知与行、理论与实践相结合的重要体现。学生在课堂上主要掌握的是知识和理论，而在实践活动中会有意或无意地利用到这些专业知识和理论。在以实践为主的课程活动中，学生往往无暇去做更深入的思考，利用书面总结的机会，正好可以全面整理在实践活动中是如何将理论与实践结合起来的，有哪些成功体验，有哪些还没有意识到的问题，有哪些是错误的知识与理论应用，等等，通过文字的梳理，就会更加清晰和细致。

第四，社会实践文章的写作对培养大学生的思维能力，尤其是对提升学生发现问题、分析问题、解决问题的能力，具有良好的效果。比如在新闻报道中，能培养他们发现新闻事件、新闻热点的敏锐感；在调查报告写作中，能提高他们发现问题、分析问题、整理思维、解决矛盾等方面的意识与能力。我们当代大学生普遍对社会民生问题关注度不够，有质量的社会实践文章的写作训练会改善这方面的现状，促使学生在文字的沉潜中涵养思考现实的习惯。

第五，大学生社会实践文章的写作和相应成果的积累，有助于不断推进大学生社会实践活动教育工作的深入开展。它不仅提供社会实践的文字总结，让社会实践活动的评价与考量有了扎实的材料基础，而且一年年一届届的大学生各种不同形式和风貌的社会实践活动文章，也为我们就读的学校在更高的层面总结、创新大学生社会实践活动有了可资借鉴的“资本”。其中不乏优秀之作，如果将之编辑成册，它就成为我们大学生社会实践活动成果的更好呈现形式；如果再进一步推广出去，对于相互借鉴和相互推进大学社会实践活动工作也会产生良好的影响。

第六，将社会实践文章写作作为大学生社会实践课程的重要组成部分和考核要求之一，在一定程度上锻炼了我们学生的文字表达与应用文体写作能力，对将来走上社会、开展工作将大有裨益。

第二节　大学生社会实践文章写作训练

上一节我们介绍了几种常见的社会实践文体类型，其中最常用也最能体现大学生社会实践活动目的和功能的就是社会调查报告和社会实践总结报告。因此，本节主要阐述这两种应用文体的写作训练问题。

一、社会实践文章写作的训练方法

大学生社会实践文章写作训练主要体现在两方面：一是在大学生“应用写作”课程中的写作训练，一是在“大学生社会实践”课程体系中的写作训练。

“应用写作”目前已经成为很多大学的公共必修课，它是针对大学生将来走上社会处理日常生活和工作中的实用文书写作而开设的。该课程往往在大学低年段开设，在一定程度上为后面逐渐开展的社会实践课程涉及的应用文体写作打下基础。其中，社会调查报告和社会实践总结报告都是实用文体中的重要类别。此类应用文写作训练主要以课堂学习和训练为主。教学与写作训练主要由五个部分构成：了解社会调查报告与社会实践总结报告的基本知识和方法—了解社会调查报告与社会实践总结报告文体写作的基本知识—范文解析—模拟写作—习作评析与修改。如果学时允许，可以进行多篇次、多轮次的范文分析和仿写训练，这样有利于我们大学生对社会实践中的应用文体更加熟悉，真正掌握写作知识和写作方法。

以社会调查报告为例，学生可以运用周末时间自主地进行近距离小型化的社会调查活动，可以小组的方式协作分工完成。然后根据调查所得，进行社会调查报告的实际写作。教师可以将此实际写作和课堂模拟写作结合起来，作为评价学生课程学习的依据之一，并且可以适当加大实作的占比。

除此之外，在“大学生社会实践”课程体系中的社会实践文章写作训练更加具有针对性和实效性。例如，在大学生奔赴具体调查地开展实际的社会调查研究之前，可以组织适当的前期培训，请专业老师讲解社会调查理论与方法，以及社会调查报告的写作方法和技巧。而且可以选取往届学生社会调查报告中的优秀作品作为案例，进行分析讲解。调查结束后，学生带着获得的调查材料和调查感受回来，情绪往往还处在实践活动的氛围里，这个时候趁热打铁，是学生完成调查报告写作的最佳时机。此时可以集中安排一定的场所和时间，进行集中辅导。在进行正式的调查报告写作前，可以进行一定时间的“专项训练”。首先是主题拟定训练，学生可以分组口头讲述各自的调查选题和主要内容，在指导老师引导下，以全体学生“出谋划策”的形式，讨论确定各组的主题。其次是如何取舍材料，进行科学论证。可以进行有关材料的专题训练，可以个别调查材料为例，接受老师的示范分析，然后再以分组讨论、教师分别指导的方式，完成材料整理、筛选与归类工作。再次是以往届优秀的调查报告作品为例，学习有关文体写作方面的知识，在指导老师的引导下领会和掌握具体的写作步骤、方法、技巧及注意事项。最后是及时积极地进行初稿写作，在限定的时间内完成初稿。在这个过程中，可以建立包括指导老师在内的社会调查报告写作工作群，老师可随时答疑与指导，学生可及时查看老师的评改、反馈信息，以修改完善文章。社会实践总结报告的写作，也可以仿此进行。

社会实践文章写作是学生最终完成社会实践教育活动和全部课程的重要标志，必须使组织者和参与者摆正态度。高质量的社会调查报告和实践总结报告有赖于高要求和高度重视。社会实践文章一旦流于形式，必然导致社会实践活动教学的质量大打折扣。

二、社会调查报告写作的注意事项

社会调查报告是实地调查研究的产物，是根据预定选题或特定目的，运用辩证唯物主义的观点与方法，对社会生活或生产中的某一情况、某一事件、某一问题，进行深入细致的调查研究和综合分析，并将这些调查情况和分析结果进行系统、客观的整理而形成的书面报告。好的社会调查报告会成为科学决策的可靠参考和资料来源，因此强调摆事实、讲道理时要客观如实，表述清晰，逻辑严密，论证完整系统，有说服力。

(一)了解社会调查报告写作的步骤

社会调查报告的写作一般要经历确定主题、选择材料、拟定提纲、撰写报告等几个步骤。

1.确定主题

调查报告的主题是报告的宗旨和灵魂，是报告的中心思想，正确地确定主题是写好报告的关键。确定调查报告主题需要注意以下几点：第一，从事实出发；第二，抓住事物的本质；第三，体现创新性；第四，根据调查目的。总之，主题的确定要做到正确、集中、深刻、创新。正确指主题符合党的和国家的基本政策方针，符合社会的主流思想；集中指主题的中心点突出，主题大小合适；深刻指能够深入揭示事物的本质；创新指主题新颖，包含新思想、新观点、新思路。

2.选择材料

一项调查所获取的资料与调查报告所用的材料并非完全一致。在写报告前，必须对所获得的材料进行筛选。选择材料必须注意以下几点：第一，根据材料的真实性、丰富性和完整性；第二，紧扣主题；第三，根据材料的恰当性；第四，重视定量分析。总而言之，调查报告所涉及的材料种类繁多，在选择材料的时候要尽量配合使用各类材料，既要求相互印证，又能从不同的角度围绕主题展开。

3.拟定提纲

拟定提纲的任务在于设计出调查报告的总体结构，以助于理清思路，明确调查报告的主要内容。一般来说，调查报告提纲的内容主要包括四个方面：一是报告的总题目；二是报告结构和各层次内容的安排；三是各个部分的标题及内容概述；四是说明各级标题的材料安排。总体上，写作提纲要体现“提出问题—分析问题”—“解决问题”的思路。但它没有固定格式，需要根据作者的习惯和调查报告的具体内容而定。

4.撰写报告

拟好提纲后，就可以撰写报告了。撰写报告应注意的问题很多，这里侧重提出四个方面。第一，总体上来说，调查报告属于应用文体，具有实用性，同时它又需要叙事与分析、实践与理论、客观与主观的相互统一，其任务在于以真实而生动的事实、准确而鲜明的观点，总结调查研究的结果。第二，调查报告是一种叙议结合、叙事多于议论的说明文体，语言要求朴实、准确、生动、通俗、客观、准确，不掺杂感情色彩。由从事实得到结论时，态度要鲜明，不可含糊。第三，图表所包含的信息链更大，可以帮助读者理解报告内容。但是调查报告中图表表目不宜太多。建议将相关的内容体现在一个图表上，并配合文字说明要点。另外，在调查报告中，汉字数字和阿拉伯数字的使用应统一。第四，调查报告的长短主要取决于需要和目的。

当然在报告初稿完成之后，还要反复修改，斟酌语言，核对数据，检查论证和结论的说服力。有条件的话，还可以请调查对象和其他同学老师帮助审读，以获得反馈，从而进一步完善报告。

(二)熟悉社会调查报告文章的属性

撰写一份合格的社会调查报告，首先要求在内容构成和行文格式上符合社会调查报告文体的相关规范和要求。有关这方面的内容，下一节会专门展开。同时也要特别关注社会调查报告的几个特点并且在具体的写作中遵循、凸显这些特点。

一是客观性和真实性。客观性强调描述事物的本来面目，不掺杂个人的偏见。社会调查报告虽然要有自己的主观分析、判断，要确立自己的观点和看法，但它必须在尊重事实的基础上进行理性判断。真实性就是要以事实为根据——不仅报告中涉及的人物、事件要真实，而且事件发生的时间、地点、背景、过程、原因和结果也必须真实。要求实事求是，不夸张，不隐瞒实情，如实将调查到的情况写出来并做客观分析，在掌握的事实基础上透过现象揭示其本质、规律。

二是针对性和实效性。社会调查报告是在对具体工作、事件或问题的实地客观调查研究基础上，对所得材料进行系统整理、分析，进而揭示本质、发现规律、总结经验、形成观点的书面报告。因此，社会调查报告的写作必须体现针对性的原则，明确调查研究的具体问题，分析问题的症结所在，回答人们关心的问题，提出切实可行的解决方案或建议与对策。写作时还要注意突出调查研究的重点，而非面面俱到，泛泛而谈，从而使得调查办公具有实效性，真正能解决问题，不流于形式主义。

三是典型性和代表性。调查研究的对象虽然可能是个案，具有个性，但具有对共性和普遍性的高度反映能力。按照马克思主义原理，任何事物都是个性与共性的有机统一。在调查的个案中，实际上都有共性的存在，但这个个案在多大程度上反映了共性，是我们在写作调查报告时要关注的。反映共性越多的个案，其典型性越强，也就越具有价值。因此，在整理筛选调查报告材料的时候，应尽可能突出典型的事实材料的应用价值，同时要抓住能反映普遍性的典型问题，围绕典型事例和问题说话，以使社会调查报告更具说服力。

四是系统性和整体性。社会调查是对一个对象的完整的全过程的调查研究，在调查报告的写作中也要着眼于整体，从整体和局部要素的关系中把握事物的本质和规律。要留意各个层面的材料，运用辩证思维，全面审视，反复考量。要能反映整个调查的客观情况，不以偏概全，不以个别代替整体，从而使读者全面认识调查对象的情况和调查者的实践情形，对调查情况及结果有整体的掌握。

五是干预性与评价性。社会调查报告不仅是大学生认识社会、参与社会实践活动的文字反映，好的社会调查报告也对社会生活和生产实践具有能动性和积极干预性，它反映了调查者对社会生产生活实践活动中的事件、人物或问题的认知和评价。尤其是其中的分析、论证和解决方案或建议，可以对相关调查对象形成建设性意见，或带来有益的启示；而对社会实践活动中发现的问题和不良社会现象也起到一定的批判和警示甚至纠正作用。这一点也提示大学生们，在进行调查报告的写作时，态度要端正认真，切实发挥自己的思维主动性，本着一份社会责任感，奉献出有质量的社会调查报告文本。

(三)把握社会调查报告的写作要点

毛泽东在论及文章和文件的具体写作时，特别强调“三性”，即准确性、鲜明性和生动性。“准确性属于概念、判断、推理问题，这些是逻辑问题。鲜明性和生动性，除了逻辑问题以外，还有词章问题。”①这个“三性”要求也非常适合社会调查报告的写作。除此之外，还应该再强调一条，即要有点创新性，能发现过去未曾发现的问题，认识过去未曾认识的带规律性的东西，提出过去未曾有过的对策和方法。为此，社会调查报告的写作要格外留意以下几个方面的要点：

一是力求主题集中、新颖和深刻。主题是调查报告的中心思想和主旨。它和调查的主题有时一致，有时也会有不同。在具体的材料整理、报告写作过程中，报告主题可能会适当调整。比如有些调查结果可能不是一篇报告所能呈现的，这样可能就要分几个专题进行报告写作；有时材料呈现的思想和内涵，超出之前对调查主题的设定，也得进行调整。不管如何，都要求充分尊重材料，在现有材料基础上挖掘主题。要善于对主要材料、典型材料下功夫，发现新意。所谓集中，就是目的明确，紧扣主题，不枝蔓，不游离；所谓新颖，就是有独见性，发现独到，给人以耳目一新的感受；所谓深刻，就是要有很强的现实针对性和实际指导性，有一定的理论基础，能回答和解决现实中迫切需要回答的问题。

二是把提出问题和分析问题、解决问题相结合。“一篇文章或一篇演说，如果是重要的带指导性质的，总得要提出一个什么问题，接着加以分析，然后综合起来，指明问题的性质，给以解决的方法。”②从调查报告的写作逻辑上看，“提出问题”就是在调查研究实践中面对的核心问题或突出问题，也是在调查报告写作中要首先明确树立起来的“靶子”，这样才好有的放矢。“分析问题”就是对问题对象的逻辑展开与论证过程。“解决问题”则是从分析中得出结论。提出问题要鲜明、准确，要建立在对调查材料的准确分析基础上；分析问题要紧密结合材料，有几分材料说几分话；解决问题要扎实可靠，有针对性和实效性。三者虽然任务不同，但基础都是一样的，即对材料的真实性做可靠的分析推理与归纳，而不是空发议论，囫囵了事。

三是做到叙议相结合、材料和观点相融合。调查报告中材料叙述看似占了较大的比例，但建立在事实叙述基础上的逻辑论证和观点归纳才是一篇调查报告的点睛之笔。然

① 中共中央文献研究室，新华通讯社. 毛泽东新闻工作文选[M]. 北京：新华出版社，1983:207.

② 毛泽东. 毛泽东选集(第3卷)[M]. 北京：人民出版社，1991.

而不管论证技巧多么高超，观点多么新颖深刻，如果脱离了材料，脱离了必要的叙述，那就成了空中楼阁，不足为据，更不可信。观点体现材料，材料说明观点，叙议结合才是调查报告写作中应遵循的正途。叙述与议论相结合的办法，常见的有三种：一是先叙后议，即先摆事实，然后从中归纳出结论；二是先论后叙，即先提出观点，然后用事实加以说明印证；三是夹叙夹议，即一边叙述事实，一边引申出看法，使材料和观点渗透在一起。具体的方法选择与调查报告的具体内容和文章的内在行文逻辑相关。在调查报告中，材料和观点脱节，常见的有三种情况：一是材料堆砌，看不出自己的观点，此为言之无理；二是太过偏重逻辑推理，而缺少具体的材料分析论证，此为言之无据；三是列举的材料同观点内在联系性不够，或者以偏概全。这些都是要避免的。

四是要简洁精粹，有吸引力和感染力。内容长短由调查内容和重要性、规模而定，但在一定的长度范围内，语言表述上要尽可能精粹凝练，讲究文字的有效性，不可啰唆冗杂，漫无边际。不仅观点要吸引人，而且引证的材料要讲究取舍，宁缺毋滥，宁短勿长，精粹制胜。当然为了增强吸引力和感染力，语言上要适当注意鲜明生动，多用通俗易懂、生动活泼的群众语言和生活俗语，有适当的描写和抒情，表述要得体，恰如其分，不虚浮，不堆砌，不玩花哨，不用生僻语，也不故作高深。

三、社会实践总结报告写作的注意事项

社会实践总结报告是事后对某一阶段或某项工作的完成情况，包括取得的成绩、存在的问题及得到的经验和教训加以回顾和分析总结，并为开展下一阶段工作提供帮助和借鉴的一种书面材料。写好一篇社会实践总结报告，除了应符合相应文体内容与格式的规范要求外，还需要注意以下一些事项：

（一）了解社会实践总结报告写作的步骤

实践总结报告的写作过程应包括以下步骤：确定主题、汇总和取舍资料、构思和拟定提纲、起草初稿、修改定稿。具体做法如下：

1. 确定主题

对于专题性或围绕一个中心观点的实践总结报告，需要确定主题。主题就是对实践主要内容和思想方面新观点的凝练和提取，它是实践总结报告的灵魂。在此基础上形成标题，实践总结报告的标题与主题应该保持一致。主题应该集中、具体。

2. 汇总和取舍材料

首先尽可能掌握能体现社会实践过程、内容和具体做法、经验乃至问题等等方面的材料，比如自己实践日志中的文字材料，访谈，实践单位或场所所能提供的各种信息（包括纸质、网络、图片、音像资料等）。其次，整理归类，让材料条理化。再次，在对材料的整理比较中逐渐思考哪些材料比较有用，哪些材料意义不大，可以放在一边；哪些资料可以集中说明什么问题。由此筛选出在后面的写作中能为我所用的材料，并且进行分门别类，做好记录。

3. 构思和拟定提纲

在前面对材料整理与取舍的同时，其实已经有了对材料的初步印象。接下来就要结合具体的实践活动，进行构思布局。这是实践总结报告中的一个关键环节。它反映到提

纲上，就是实践报告文章的整体架构。拟定提纲的过程实际上是对材料进一步分类、架构的过程。布局与拟定提纲的主要原则是：要体现出思维的逻辑性，确实能在具体实践的基础上，把实践活动的内容、收获、问题、经验、教训等等充分而有条理地反映出来。实践总结报告的提纲有两种：一种是观点性的提纲，即将社会实践活动总结成几条经验或观点，然后在每一条经验和观点下结合具体实践的材料进行论述；另一种就是按类别分别就基本情况、成绩、问题、经验、教训等等展开阐述。

4. 起草初稿

根据拟定的提纲，结合整理的材料，展开实践总结报告的具体写作，最重要的就是要保持思路清晰，将材料和观点结合起来，组织语言，将前面构思的有关成果完整地呈现出来。具体行文中应注意条理性，结构合理，详略得当，文字规范，通俗易懂。

5. 修改定稿

文章不厌百回改。初稿完成后，要反复审读，改正错别字，修改啰唆的、不准确的表达，订正逻辑问题，增减调整材料，修正观点表达，直到定稿。在这个过程中，也可请他人阅读，提供修改意见。

(二)熟悉社会实践总结报告的属性

社会实践总结报告与社会调查报告不同，但不少学生存在着认识误区，不太清晰二者的区别；一些谈到社会实践的文章教材，对这二者的表述也有混淆不清的现象。前文已经阐述过社会调查报告的属性特点，这里有必要对二者做简要的分辨。首先，从概念上看，社会实践总结报告是进行实践后的总结材料，是指在有目的、有组织、有计划的深入实际、深入社会进行实践活动后，对社会实践活动完成的情况、取得的成果、碰到的问题以及经验与教训的书面总结报告；社会调查报告指针对社会生活中的某一情况、某一现象、某一问题进行深入细致的调查，然后在对材料分析的基础上形成观点，要体现提出问题、分析问题、解决问题的逻辑思路，为相关方提供决策依据或信息、资料。其次，二者作用不同。社会实践总结报告的作用在于对社会性实践活动中的所思、所感、所获进行全面总结，以增强大学生的社会意识，加强与社会的联系，增加大学生社会阅历、职业阅历，并提高大学生就业竞争能力，提前接触社会，了解实际职业需求，同时也增强社会责任感。社会调研报告的作用在于反映问题，揭露矛盾，提供经验教训和改进办法，或为有关部门提供决策依据，或为科研和教学提供资料和信息。再次，二者性质特点不同。社会实践总结报告具有工作总结的性质，重要的是通过实践总结，获得理性经验信息，以提高自己的实践素养；或通过教训的积累，帮助自己不断进步。而社会调研报告具有问题研究的性质，有很强的针对性、评价性、实效性特点，是为了解决现实问题，提供决策参考。此外，二者在报告格式、书写要点、规范要求等方面也有较大区别(详见本章第三节)。

(三)把握社会实践总结报告的写作要点

写好一篇社会实践总结报告，关键在于两点：

一是对报告材料的筛选取舍、整理与分析。在具体充实的社会实践活动中，会逐渐形成丰富的材料，这些材料最后不可能都写进报告中，必须进行筛选。整理选择材料的基本过程是：首先将所有的材料汇总归类，具体的归类标准要根据材料的内容和性质来定；其次，着眼于报告的主要内容设想、主题选择与提纲拟定进行二次整理；最后，在具体的写作过程中根据行文情况，再次进行材料的处理。因为具体行文时根据逻辑或当时的思路，随时会面临内容和表述调整的情况，相应的材料也要随之有所变化。筛选取舍与整理材料的方法常用而有效的有比较法和归类统计法。“有比较才有鉴别”，比较法或称对比法，就是首先对材料进行分类，分出同类、同质的材料和同类不同质或同质不同类的材料，然后在对同类同质材料的对比中，找出最能反映事实、最具说服力的材料，而对同类不同质或同质不同类的材料进行纵横比较，选择出更有价值的材料。归类统计法一方面运用图表数据进行统计分析，另一方面又要做好归类工作，全面考察这些信息资料，明确各种数量或类别之间的关系，尤其是其中的差异及产生的原因。

二是善于在材料的分析解读中总结归纳，形成观点，在写作中再以观点为纲目，以精选的材料进行论证支撑。从材料中凝练观点是对一个人思维能力和总结能力的锻炼，也是思想水平和语言素养的体现。它往往决定了一篇社会实践总结报告的内容价值。比如一篇题为《关于“巧妇”与“无米之炊”的辩证思考》的文章，是北京农学院经济管理学院工商管理专业学生党支部参加 2011 年红色“1＋1”共建活动的总结报告，其文章就非常善于分析材料，形成观点，而且善于凝练，形成了四个颇具特色的二级标题——同时也是文章的具体观点总结——“一、统一思想，做‘想为’文章，选好工作方向，大胆提出工作设想；二、更新观念，做‘巧为’文章，定准工作思路，善于在统一思想基础上解放思想；三、开拓进取，做‘勇为’文章，确立工作方案，开拓活动新局面；四、科学谋划，做‘善为’文章，构绘工作愿景，推动红色‘1＋1’共建工作可持续发展。”有了这样几个特点突出的观点引领，材料的充实实用也就顺理成章，从而把整个社会实践活动的成效、经验总结得非常充分又清晰。

当然除此之外，熟练的语言文字表达技巧也不可缺少，它是一篇优秀社会实践文章的重要条件。

第三节　大学生社会实践文章写作规范

如前文所述，社会实践文章有不同的文体种类，其内容和形式方面各有不同的特点，但大多没有统一的固定格式。本章主要着眼于社会调查报告和社会实践总结报告这两种实践文章，就其基本的内容构成和格式规范要求做些介绍。其中提到的内容构成要素，在不同的报告中，不一定都要有所体现。

一、社会调查报告文章的内容构成

当我们在社会调查研究的过程中完成资料收集与资料分析的工作时，之后的任务就是把我们调查研究的情况和结果以文字的形式呈现出来，即撰写调查研究报告。社会调查报告是社会调查研究成果的集中体现，其质量直接影响到整个社会调查研究工作的成果质量和社会价值。调查报告的写作没有固定不变的结构模式，但一份完整的社会调查报告一般应包含以下八个方面的内容要素，只是不同的调查报告可能会有不同的概括表述和结构呈现：

（一）调查报告的文题

调查报告的题目应该尽量简洁、凝练、明确，对调查实践的对象、内容和特点具有高度概括性。比如“大城市与小农业：松江区家庭农场调研”这个题目，就把调查对象的特点概括得比较准确精练，给人的印象深刻，这样说到“点子”上的题目就比较成功。再比如“‘后拆迁时代’城市拆迁居民生活现状研究——基于上海市的实证分析”这个题目，对调查研究的内容概括准确明了。

调查报告的命题方式多样，正规些的比如“关于有机农产品销售模式的调查研究”“有关大学生恋爱心理的调查报告”“阳光学院图书馆资源建设与利用情况调研”等。其他比较灵活的形式如“为什么大学毕业生择业倾向北上广等一线城市”“爸妈要上班，暑假去哪儿——对上海市闵行区爱心暑托班的调查研究”“旧书籍都去哪儿了——循环经济发展之路探讨”“环保‘新’未来——基于新能源汽车现状的调研”“社会是大课堂，实践长真知识”“妈祖文化对台湾社会生活的影响”，可以是问句，可以加副标题，可以活泼轻松，可以是陈述句、判断句，这些体现了调查报告题目无定法的特点，但似乎都能在题目中看到点问题意识——这也是社会调查这一实践形式的初衷和特点在题目中的反映。①

（二）调查报告撰写者

调查报告的撰写者一般就是调查小组的成员和实际参加了社会调查实践的学生。在大学生社会调查实践中，调查报告一般由调查小组集体完成，有时也会是个人撰写调查报告，有时学院团委还会完成一个总体的调查报告。调查报告的撰写者应在题目下方注明。

（三）摘要与关键词

摘要不是必备项目，但调查内容容量较大，较为复杂丰富，篇幅较长，调查分析比较厚实深刻的调查报告最好撰写摘要。摘要可以简明扼要地反映调查报告的主要内容，概括调查实践的主要收获、主要的调查研究方法、分析研究的主要观点或对策等。

关键词主要是为了方便文献检索之用的，一般是调查报告主题中的核心和关键词汇。

（四）调查报告前言

前言是正文之前的说明性或叙述性文字，一般概述调查缘由、出发点，调查对象大概情况，调查的大概过程及最后总的收获等，以简短的一段话作为正文的引子。

（五）调查报告正文

调查报告的正文一般包括以下内容要素。

（1）调查项目的背景、目的和意义。

（2）调查对象、时间、地点和内容要求。

（3）调查人员组成。

（4）调查方法。

---

① 这部分的题目举例参考了王亭、罗素主编的《创新引领未来，实践启迪智慧——应用型税收人才培养和大学生创新实践论文集》（立信会计出版社，2016）。

(5)调查的具体内容与做法。

(6)调查获得的主要情况(包括发现的问题)。介绍调查所得到的基本情况,应注重具体事实、统计数据,文字应简明、准确,条理分明,也可兼用数字、表格、图示说明。

(7)调查状况分析研究。重点分析所调查事情或现象产生的背景、原因、实质。应条分缕析,有事实,有依据,抓住问题的实质、规律,揭示出其重要意义或危害性,给人深刻印象。

(8)调研结论或方案与建议。

上述(5)、(6)、(7)等项内容不一定都要分开,有时也可能结合起来写。这三项和最后一项是社会调查报告的"重头戏",是实实在在体现调查报告发现问题、分析问题、解决问题特点的部分。调查实践的成功与否,调查报告写作的成功与否,都在于此。

关于正文部分的结构方式,也没有统一模式。有论者指出可分成纵式结构、横式结构、纵横结合式结构三种。所谓纵式结构,就是据所调查现象本身所具有的时间顺序,从纵的角度来描述和分析;横式结构,就是根据所调查现象本身所包含的各种不同特征或不同方面,从横的角度来逐一描述、分析和比较;纵横结合式结构,就是将上述两种结构相结合,以其中一种结构为主。这些不同的结构方式划分可供写作者参考,但在具体成文中,应根据具体情况灵活处理,找到适合自己表达的行文脉络和逻辑结构。

(六)结语或总结

结语是对整个调研实践和成果的一些感想或心得的总结。

(七)参考文献

这个部分很多调查报告并没能体现出来,其实有的时候也是必要的。在撰写调查报告的过程中,不免参考别人的著作或材料、观点;甚至在自己调查实践亲身搜集的数据材料和案例之外,必要时可能还会用到一些间接数据材料,或者用来辅助研究分析,或者用来比较参照。诸如此类的情况,建议能反映到参考文献中,这也可体现严谨的科学态度和诚信的文风。

(八)报告的附件

附件是将在调查实践中搜集或整理的典型性材料或有重要参考价值的内容选择出来,附在调查报告之后。这部分内容或者由于篇幅,或者由于行文逻辑,不宜放在正文中,但对整个调查报告又具有参考和辅助作用,可以起到锦上添花或相得益彰的作用,有助于读者对调查内容和结果有更深入的了解,也有助于提升调查报告的分量和质量。

二、社会实践总结报告的内容构成

社会实践活动结束后的书面总结就形成了社会实践总结报告。我们前文介绍了大学生社会实践总结报告因不同撰写者或不同的性质、内容可能会有不同的写法,但常见的实践总结报告一般包含以下一些内容要素:

(一)总结报告题目

报告题目应该简短明确。命题方式一般有三种:一种是直接以"××××××实践活动总结"为题;一种是从实践总结中提取一个中心主题或主要观点来作为题目,可以把实践活动的主要内容、特点或经验概括出来，比如“关于‘巧妇’与‘无米之炊’的辩证思考”就是某高校学生党支部参加红色“1+1”共建活动总结材料的题目；一种是将前两种结合起来，一为主标题，一为副标题。比如“青春建功一三五，同心共筑新福建——2016年阳光学院暑期‘三下乡’社会实践活动总结”。

(二)总结报告前言

前言有时也称引言，可以是由对某一问题或道理的思考作为引子开启下文的实践总结，比如上面提到的《关于“巧妇”与“无米之炊”的辩证思考》一文的引言：

> 俗话说，“巧妇难为无米之炊”。然而，在实际工作实践中，“难”与“不能”并不等同，“无”与“有”亦可以转换，“难为”不等于不能为，也不等于无所不为，更不等于不敢为，“无米”也并非绝对的条件缺失。作为新时期的高校教师和大学生，面对社会发展和学生党支部活动中的现实矛盾，不能无所作为，只有坚持马克思主义辩证唯物主义，努力提高主体认识能力，自觉认识客观规律，不断发挥主观能动性，在想为、巧为、勇为、善为上做文章，才有可能做到从“巧妇难为无米之炊”向“巧妇能为无米之炊”的转变。北京农学院工商管理学生党支部2011年红色“1+1”活动就验证了上述观点。①

前言有时候也可以是对实践背景、实践概况及实践效果的简要概述，以此引出正文。比如前文提到的阳光学院暑期“三下乡”实践总结报告的引言：

> 为响应上级团委号召，2016年暑期，我院团委以“青春建功一三五，同心共筑新福建”为主题，精心组织，积极调动了阳光学院全院上下共同开展2016年阳光学院大学生暑期“三下乡”社会实践活动。此次暑期社会实践活动不仅得到了各地政府、团委的关心和大力支持，而且得到了当地百姓的热烈欢迎和好评，效果显著。现将此次实践组织及具体开展情况工作总结如下：

上述两种都是比较实用、常用的实践总结引言或前言写法。

(三)总结报告正文

根据构成逻辑，正文常见的一般有两种结构模式：一种可称为观点为纲式，一种可称为内容模块式。

观点为纲式总结报告的正文，一般将实践中的收获、经验、感悟和问题及打算等概括、总结成一条条观点或判断式的小标题，然后在这个标题下，结合相应的实践内容和材料进行说明、阐述或论证。仍以《关于“巧妇”与“无米之炊”的辩证思考》为例，文中就将他们的实践思考总结成了四条经验作为小标题，再将他们在实践活动中的具体做法分别融入这四个标题进行阐述，纲举目张，对实践活动的情况总结既条理清楚，又有一定的深度和思想启发性。

内容模块式比较常用。该模式正文一般由实践活动基本情况、实践活动过程与内容、实践活动的成果、实践活动的收获(经验、感悟)、实践活动问题反思、实践活动的展望等构成。

---

① 张子睿.大学生社会实践教程[M].北京：国防工业出版社，2012：228.

(四)实践活动谢辞

谢辞通常以简短的文字对在实践过程与报告撰写过程中给予帮助的指导教师、答疑教师和其他人员表示谢意。

(五)参考文献

参考文献是对撰写实践总结报告中所参考引用的他人文献的标注或说明,体现出对他人知识成果的尊重和自己撰写报告的严谨风格。

(六)实践成果附录

对于实践活动中能体现实践场景或实践成果的、又不便在正文中体现的一些数据、图表、图片等,可以附录的形式,作为总结报告文本的补充。

三、社会实践文章的格式规范要求

针对上文述及的社会调查报告和社会实践总结报告写作,我们在此介绍一些行文格式方面的基本规范。

(一)封面和目录

在社会调查报告和社会实践总结报告的正式文本前面,最好能有一个封面。项目较多、篇幅较大的报告,可以考虑有一个目录页。

封面可以参考图 11-1 所示样式,以调查报告为例。

社会调查报告

(可以用小一号以上较大字号,宋体加粗)

题　　目:
撰 写 人:
所属部门:
指 导 者:

年　月　日

(以上各项可用三号字,宋体加粗)

图 11-1　社会调查报告封面样式

目录页可采用自动生成格式,也可以手工完成,能将报告中主要项目标题体现出来即可;正文内容一般列到二级标题即可,不必过细。目录字号用小四或四号宋体皆可,具体考虑篇幅与内容容量,行间距适当,排版美观大方。

(二)报告题目

除特殊情况外,报告题目一般不要超过20字。根据长短设计适当字号,小三、三号或小二宋体皆可,要醒目,居中排列。如有主副标题,主标题字号稍大,副标题略小,居中上下对称排列,字体上要有所区别。

(三)报告撰写人

在题目下空一行居中,字体可自行选择,字号应比题目小,比正文略大。

(四)摘要和关键词

撰写人下空一行依次为"摘要"和"关键词"。字样可用小四或五号黑体,加冒号后撰写具体内容。内容可用小四或五号仿宋或楷体字,以区别于正文,显得清新醒目。摘要一般不超过300字,关键词一般3～5个。

(五)正文部分

"关键词"部分下空一行为正文部分。正文的逐级标题序号可使用"一、(一)、1.、(1)"方式。亦可采用如下方式:第一级为"1""2""3"等,第二级为"2.1""2.2""2.3"等,第三级为"2.2.1""2.2.2""2.2.3"等,但分级阿拉伯数字的编号一般不超过四级,两级之间用下角圆点隔开,每一级的末尾不加标点。使用前一种方式的,其中一级标题可以居中,也可以退两格居左。一级标题可使用四号黑体或宋体加粗。其他各级标题与正文内容字号、字体相同即可,但二级标题可以考虑加粗。

正文内容一般使用四号、小四或五号宋体、仿宋或楷体,1.5倍行距。汉字必须使用国家正式公布的规范字,标点符号依国家有关标准规范使用。

正文中涉及的科技名词采用全国科学技术名词审定委员会公布的规范词或国家标准、部标准中规定的名称,尚未统一规定或叫法有争议的科技名词,可采用惯用的名称。使用外文缩写代替某一科技名词时,首次出现时应在括号内注明全称。外国人名一般采用英文原名,按名前姓后的原则书写。一般很熟知的外国人名(如牛顿、爱因斯坦、达尔文、马克思等)应按通常标准译法写译名。

报告中的量和单位必须符合国家标准GB 3100～GB 3102-93,它是以国际单位制(SI)为基础的。非物理量的单位,如件、台、人、元等,可用汉字与符号构成组合形式的单位,例如"件/台""元/km"。

报告中的测量、统计数据一律用阿拉伯数字;在叙述中,一般不宜用阿拉伯数字。报告中的公式应居中书写,公式的编号用括号括起放在公式右边行末,公式与编号之间不加虚线。

报告中的表格应有自己的表序和表题,表序和表题应写在表格上方居中排放,表序后空一格书写表题。表格允许下页续写,续写时表题可省略,但表头应重复写,并在右上方写"续表××"。表格内容必须清楚易读,排列要适当,组织要符合逻辑。一般要求:表格的名称要专门针对表格内容;行和列要包括适当的小标题;表格空间要能清楚地分隔数字，不要拥挤；报告中的表格格式要一致。

文中的插图必须精心制作，线条要匀称，画面要整洁美观，照片应清晰。插图一律插入正文的相应位置，并注明图序、图题，每幅插图应有图序和图题，图序和图题应放在图位下方居中处，图序和图题一般用五号字。

(六)注释与参考文献

报告中有个别名词或情况需要解释时可加注说明，注释可用脚注形式，自动插入即可。除了特殊情况方便行文外，一般不在行文中插注(夹在正文中的注)。

参考文献列于文后。参考文献按文中引用的先后排序，一般序码宜用方括号括起，且在文中引用处用上标方式插入序号，字号可自动生成，一般是五号或小五号。文献作者不超过 3 位时，全部列出；超过 3 位只列前 3 位，后面加“等”字。中国人和外国人名一律采用姓前名后著录法。外国人的名字部分用缩写，并省略“.”。参考文献的具体书写格式可参考国家标准 GB/T 7714-2015 的规定。

思考题

1. 大学生社会实践文章有什么特点?
2. 大学生社会实践文章有哪些文体类型?
3. 如何撰写大学生社会实践调查报告?

附　录

附录 1　阳光学院赴福建屏南县岭下乡梨洋村、开源村专项社会实践活动调研报告

屏南县岭下乡梨洋村、开源村“乡村振兴”专题调研

阳光学院商学院团委

摘要:2019 年 7 月 6—9 日,阳光学院商学院团委组织大学生赴福建屏南县岭下乡梨洋村、开源村,开展为期 4 天的“乡村振兴”专项社会调研活动,通过采取实地走访、座谈会等形式,对村子现状进行了解,根据所了解的村子情况,对村子未来的发展提出一些可行的建议,以及给予村子力所能及的帮助,为梨洋村、开源村制作了一个视频和提供了一份调研报告。团队成员也从中获得了丰富的教育启示和思考成果。

关键词:屏南岭下乡,梨洋村,开源村,乡村振兴,调研

屏南县是革命老区,也是福建省级贫困县之一。长期以来,阳光学院的师生们知行合一,在助力屏南县各乡、村的精准扶贫和乡村振兴服务中,开展了各种项目,用自己的知识和技能为乡村振兴做贡献。

为了响应十九大提出的乡村振兴战略,引导广大青年学生投身社会实践,阳光学院赴屏南实践队积极投入本次暑期社会实践活动。实践队非常珍惜本次机会,积极申报“追寻初心·服务宁德”百所高校千名师生闽东行社会实践活动,前往屏南县岭下乡梨洋村、开源村开展以“乡村振兴”为课题的专项实践活动,通过采取实地走访、座谈会等形式,对村子现状进行了解,根据所了解的村子情况,对村子未来的发展提出一些可行性建议,以及给予村子力所能及的帮助,为梨洋村、开源村制作了一个视频和提供了一份调研报告。团队成员也从中获得了丰富的教育启示和思考成果。

一、项目名称与地点时间

项目名称:屏南县岭下乡梨洋、开源村“乡村振兴”专题调研。

项目地点:福建省屏南县岭下乡梨洋村、开源村。

项目时间:2019 年 7 月 6—9 日。

二、调研团队组成

团队名称:阳光学院赴屏南实践队。

调研成员：魏金山、叶韶泳、许晓清、许宇、洪雅婷、张丽琼、林志文、陈莹。

指导老师：范太胜、周郭灵智。

三、项目背景、目标及意义

（一）项目背景

在团中央中国光华科技基金会、北京 SK 幸福公益基金会和全国学校共青团研究中心的支持下，中共宁德市委组织部、共青团宁德市委于 2019 年暑期组织开展“追寻初心·服务宁德”百所高校千名师生闽东行社会实践活动。本次社会实践共筛选申报了 100 个实践课题，涵盖宁德市 9 个县（市、区）、东侨经济技术开发区的 87 个乡镇（街道）和 3 个企业。当然，阳光学院赴屏南实践队也参与其中，成为闽东行的一员，助力屏南县岭下乡梨洋村、开源村乡村振兴。

（二）项目实施的目标及意义

1. 目标

（1）深入了解梨洋村、开源村村情；

（2）深入了解梨洋村、开源村民俗文化资源及其开发状况；

（3）深入了解梨洋村、开源村产业现状；

（4）深入了解梨洋村、开源村自然景观现状；

（5）深入了解梨洋村、开源村乡土文化资源状况；

（6）深入了解梨洋村、开源村两村干部对村庄未来发展的想法；

（7）针对两个村庄目前的情况，结合课题提出乡村发展建议，为两个村子的村干部和宁德市政府提供一些村子未来发展的小建议，为村子给予帮助。

2. 意义

响应国家乡村振兴号召，积极投身暑期社会实践，有利于阳光学子了解国情、了解社会，增强责任感和使命感，提高阳光学子的实践能力，增强阳光学子的自身修养。另外，此次暑期社会实践也有利于培养阳光学子适应社会、服务社会的能力，发展组织协调能力和创新意识，为乡村振兴发展助力。

四、调研过程与形式

项目采取实地走访、座谈会等形式，对村子现状进行了解，根据所了解的村子情况，对村子未来的发展提出一些可行的建议，以及给予村子力所能及的帮助，为梨洋村、开源村制作了一个视频和提供了一份调研报告。

（1）在岭下乡富竹村村委会会议室收集整理开源村、梨洋村资料，完成前期调研大纲并召开调研工作部署会议，在岭下乡富竹村调研宿舍完善调研准备工作：2019 年 7 月 7 日。

附图 1-1　实践队整理前期资料和召开工作部署会

(2)前往开源村开展调研，进行座谈、走访、访谈等(2019 年 7 月 8 日上午)。

附图 1-2　实践队走访多肉植物、菌类、果蔬等种植地

附图 1-3　实践队与开源村村主任陆则勇(左二)举行挂牌仪式

(3)前往梨洋村开展调研,进行座谈、走访、实践基地挂牌等:2019 年 7 月 8 日下午。

附图 1-4　实践队考察村内房屋修缮、河道治理情况

附图 1-5　实践队与梨洋村驻村第一书记柳斌、支部书记陆德志合影

(4)整理资料、照片,制作梨洋村、开源村短视频(2019 年 7 月 9 日)。

五、调研内容

(一)前期准备

1. 二手资料的采集与梳理(附表 1-1)

附表 1-1　开源村、梨洋村二手资料收集信息

序号	资料分类	主要出处	收集人
1	开源村村情	网络搜索	许晓清、许宇
2	开源村水文情况	网络搜索	魏金山、林志文、陈莹

续表

序号	资料分类	主要出处	收集人
3	开源村交通	网络搜索	叶韶泳、张丽琼
4	梨洋村村情	网络搜索	许晓清、许宇
5	梨洋村水文情况	网络搜索	魏金山、林志文、陈莹
6	梨洋村交通	网络搜索	叶韶泳、张丽琼

2. 调研范畴确定

(1)调研地点。

屏南县岭下乡开源村及梨洋村。

(2)重点访谈对象。

岭下乡开源村村主任陆则勇、梨洋村驻村第一书记柳斌、梨洋村支部书记陆德志等。

3. 调研方法设计

(1)现场观察法(附表 1-2)。

附表 1-2　本次活动现场观察的物与事

序号	观察地点	观察内容	观察人	时间
1	开源村房子	3D 墙画	全体成员	2019-07-08
2	开源村猕猴桃种植园	规模、环境、地形	全体成员	2019-07-08
3	开源村多肉植物栽培园	规模、环境、地形	全体成员	2019-07-08
4	开源村菌类养殖大棚	规模、环境、地形	全体成员	2019-07-08
5	开源村孔雀山庄	规模、环境、地形	全体成员	2019-07-08
6	开源村荷花田	规模、环境、地形	全体成员	2019-07-08
7	开源村古桥、古庙	规模、材质、形状	全体成员	2019-07-08
8	梨洋村幸福院	屋内及周边	全体成员	2019-07-08
9	梨洋村防洪堤	环境、地形	全体成员	2019-07-08
10	梨洋村村口步道、水中亭	环境、布置	全体成员	2019-07-08
11	梨洋村果蔬田	种类、规模	全体成员	2019-07-08
12	梨洋村修缮的房屋、水道	环境、地形、排污	全体成员	2019-07-08
13	梨洋村在建水电站	地形、容量、施工进度	全体成员	2019-07-08

(2)人物访谈法(附表 1-3)。

附表 1-3　主要访谈人物

序号	时间	人物	内容
1	2019-07-08	开源村村主任	开源村基本情况等
2	2019-07-08	梨洋村驻村第一村书记	梨洋村村情、习俗等
3	2019-07-08	梨洋村支部书记	梨洋村发展思路等

(3)座谈会法(附表 1-4)。

附表 1-4 座谈会及其主题

时间	地点	主题	参加对象
2019-07-08	开源村村委会	开源村村情与发展方向	开源村村主任及其他村干部
2019-07-08	梨洋村村委会	梨洋村村情与发展方向	驻村第一书记柳斌、支部书记陆德志

(二)活动中期

(1)到开源村、梨洋村进行调研,召开座谈会,走访村庄,进行一手资料的采集。

地点与路线:开源村→开源村村委会→中小学生科普教育基地→葡萄采摘园→猕猴桃园→孔雀山庄→食用菌大棚→荷花园→广利桥→景福寺→梨洋村→梨洋村村委会→幸福院→老年活动中心→休闲步道→商周遗址地→梨洋河道→高山果蔬种植地→修缮的水道、房屋→水电站。

(2)向村主任和村民询问了解当地真实情况,并与开源村、梨洋村举行暑期社会实践基地挂牌仪式。

(三)活动后期

(1)7 月 9 日,根据调研情况整理资料、照片,制作开源村、梨园村短视频。

(2)撰写调研报告和调研总结。

六、调研分析与结论

(一)开源村

1. 开源村的规划建设具备发展为田间小镇的基础

开源村目前开发的旅游项目有葡萄观光采摘园、孔雀山庄、猕猴桃采摘园、荷花园、3D 墙画等,可以说是富有生态农业特色的家园,这就给打造田间小镇打下了基础。

2. 开源村具有发展特色文化村庄的潜力

开源村的历史是比较早的,从商朝发展至今。村子的特色文化也较多,还有商朝遗址文物,但是目前还没有开发。开源村以前也是武术之乡,村里还有非文化遗产——蝴蝶鼓、喇叭唢呐、八卦棍,虽然现在已经遗失了,但是村子里还有村民会表演,比如在去年的荷花节上就表演过打鼓。另外,村里有农民文化博物馆(主要展示与农民相关的历史性物品)、太庙(山洞房子像皇宫一样,现在是重点保护古村落,在乡政府边上)、姊妹桥(历史有记载,有两座)、井湖寺、三教堂等众多特色文化景点,还流传下来很多古老的传说,如龙珠传说。

3. 美丽乡村规划逐渐成为村民和各级领导的共识

开源村 2014 年才开始美丽乡村建设,村子改造前后发生了重大的变化,经过 3 年时间的屋前屋后整顿、卫生整改、道路修整等,现在已经是一个政府和村民认可的美丽乡村。现如今村里的卫生状况变好了,村里的绿化也做得很好,还有河边生态防护堤、3D 墙画、老人活动中心、荷花园等,已经具备打造旅游乡村的条件。

4. 开源村可以开发出一条特色的生态产业链。

开源村打造了生态农业,村里有不同的生态园区。村庄东南方向的荷花园是村里的生态观光园区,每当夏季荷花盛开,吸引着大批的游客前来观赏。荷花盛开之时开源村还盛办特色的“荷花节”,销售由荷花衍生出来的副产品,吸引外来人群带动经济流动,产生经济效益。村里的葡萄观光采摘园吸引着喜欢自己动手的游客前来采摘,体验收获的乐趣,带经济的流动,同时,葡萄本身销售可以获取收入。村子南面的孔雀山庄里栖养着孔雀吸引游客前来观光,园区还饲养了特色乌鸡、黑嘴白鸭等极具营养价值的家禽。村里还种植高山农作物、食蔬产业,此外还有红心、黄心猕猴桃生态种植园区,食用菌种植园。开源村可以通过几个园区的结合开发出一条特色的生态产业链。

5. 开源村的建设缺少阶段性的规划

开源村准备打造旅游乡村,观光旅游项目已大部分建成,但是民宿方面尚未完善。经调查,如今村中只有四五个有意向发展为民宿的家庭,但是民宿项目至今还未规划。发展旅游乡村需要保障游客的食、住、行基本问题,而现在村子里没有住处,农家乐不完善,仅有一家营业,且大部分时间闭门。现在乡村的建设已经停滞了一段时间,村庄的建设需要阶段性的规划,先建设发展旅游乡村的基础,如先建设民俗项目、农家乐项目等解决外来游客的食住保障问题,再完善村中的旅游项目,在进行中不断调整和规划。

6. 村庄的发展需要外在动力的支持

现在开源村的发展已经停滞了一段时间,村子目前没有在建的项目。首先是村庄发展的资金缺乏的问题,村庄缺少资金的投入,没有自己的资金链。现阶段开源村需要外资注入以推动乡村建设项目的发展,为项目提供资金保证。开源村的规划还停留在起初的建设计划,村子缺少专业的规划团队来帮助村庄合理规划、完善出一个适合开源村发展的方案。现在村庄的知名度小,需要提高开源村的知名度才能吸引更多的游客前来旅游,这就需要媒体等对村庄进行宣传、推广、报道。每个园区可以设计自己运营的公众号,给计划来旅游的游客提供咨询服务等。这些都需要外在动力的支持。

(二)梨洋村

1. 梨洋村党风党纪建设好

近年来梨洋村村委加强基层党组织建设,积极开展“两学一做"学习教育,引导党员牢记宗旨,强化责任,有效发挥党员先锋模范作用。目前村内住房紧张,通过党员带头改厕、拆除违章搭盖等,规划建设居民住房。加强后进党组织整顿和党建示范点培育工作。以村委楼建设为契机,规范村两委办公场所、党员活动室等,实行制度上墙,进入村委会的楼里随处可见党员的义务与权利等,对村两委设岗定责,做到用制度管人管事。投资10万元入股梨洋电站,发展村集体项目,完成整顿转化任务,制定村规民约、环境卫生整治公约、“门前三包”等制度,建立便民服务窗口与人力资源社会保障中心,强化便民服务措施,方便群众办事,全心全意为人民服务。

2. 梨洋村积极响应美丽乡村建设,民生工作成果显著

梨洋村的建设以推进美丽乡村的发展为目标,村委关注民生工作,从村民的居住环境出发带领村民对村庄进行改造。完成污水管网建设、污水氧化池建设和改厕工作,配建水

冲式公厕，拆除违章、简易搭盖，完成石板巷道改造，主干道建设、绿化以及水车、景观池等附属设施的建设；完成田间林地机耕路改造，投入资金完成机耕路改造，其中新建5条，拓宽2条，共计35千米；完成溪边200多米河堤护岸的建设，改进村庄常年受洪水影响的问题，完成村主干道路灯亮化工程、村民休闲活动广场改造工程。推进精准扶贫工作，成立梨洋人合作社，带动无劳动力或因病致贫的贫困户加入合作社，发展差异化农业。征地70余亩，引进红心猕猴桃、紫色土豆等新品种产业，通过帮扶带动、互惠共赢，实现贫困户稳定增收。

3. 村庄的生态环境好，适宜居住

梨洋村的生态环境好，村里还保留着许多20世纪的房屋，周围的绿地覆盖率高，空气质量好。村里改建自来水厂为村民提供饮水，村里的水源还是宁德市区的水源。梨洋村是水资源的保护地，水源质量好。村里的土地肥沃，适合种植蔬菜水果。村里许多人种植高山农作物，每到丰收季节都能有不错的收入。

4. 村子建村历史短，没有富有梨洋村特色的东西

梨洋村建村历史70余年，建村的时间短，村里没有具有梨洋村特色的东西。村里以种植高山蔬菜、锥栗、毛竹为主，和周围的村庄一样，没有特殊的植物或者农产品。村里有发现古遗迹，属于同开源村等地发现的商周遗迹，此外，村子里没有其他特别的文化或者是手艺等。村里有庙宇，村民大多信仰佛教，少数人信仰基督教。

七、对策建议

（一）开源村

1. 发展旅游特色小镇

发展旅游特色小镇，首先要促进当地村民对旅游业的认识，转变老旧观念，在县乡政府以及村两委的引导下实现联合经营，统一服从管理，以整个村子群体的力量形成规模效应，创立在屏南县独具特色的品牌，提升在周围乡县，甚至周围市区的旅游竞争力，走规模化和产业化的道路。例如对3D墙画、孔雀山庄、中小学生科普教育基地、葡萄采摘园、猕猴桃园、食用菌大棚、荷花园、广利桥、景福寺等等现有丰富并具特色的景点，可以加以宣传推广，积极发展旅游特色小镇。

2. 加强基础设施建设

县乡政府可以把乡村旅游业提到议事日程上来，加强村庄基础设施建设。加强开源村对外道路交通、服务接待等基础设施的建设，为开源村旅游的发展提供保障。对村内乡村道路、停车场地、公共厕所、垃圾处理、通信设施、住宿和饮食卫生等方面加强建设。

3. 开发开源特色的伴手礼

融合当地3D墙画、孔雀、荷花等特色文化元素，开发出开源特色的伴手礼，让来开源旅游的游客可以买到当地的伴手礼，回去留个纪念。

4. 创办开源本地文化元素民宿

民宿可以满足游客旅游住宿的基本需求，为村子带来直接的经济效益，还可以让游客多玩几天，为当地带来更高的经济效益。可以挖掘当地历史、文化和民俗元素，启发文化

创意理念,使民宿充满个性和特色。

5.完善旅游配套设施,增强景区体系服务功能

建设美食馆、当地土特产销售中心和旅游纪念品、伴手礼商店等,满足游客旅游基本需求,同时也可以带来更高的经济效益,增加村民收入,还能让乡村充满活力,进而吸引外出务工的年轻人纷纷返乡就业或创业。

6.对村民进行旅游产业相关知识培训

对村民普及科普与发展旅游经济有关的知识。将旅游产业发展和当地村民的日常生活结合起来,提高当地村民素质,这样可以更好地塑造当地形象。

7.加强微信公众号的管理建设

现有一个“岭下乡”公众号,公众号内容及服务涉及周边旅游,以岭下乡为主,但是现在公众号没人管理。可以对公众号进行管理建设,加以推广,宣传开源村的特色景点,让更多的人知道。

(二)梨洋村

1.加强梨洋溪治理项目实施

村子常年受洪水困扰,所以可在梨洋溪修建防洪堤,保障村民生命财产安全以及农作物不被洪水淹没,还能起到灌溉农田的作用。加强梨洋溪治理项目的实施,在施工中加以监督,确保一次完好建成,让村民无后顾之忧。

2.加强梨洋村基础设施建设

对村内乡村道路、停车场地、公共厕所、垃圾处理、通信设施和幸福院等方面加强建设。将村里废旧小学改造成老年人活动中心——幸福院,并积极完善,让老年人有娱乐场地。加快补充图书室的图书,可以让县乡政府或者爱心机构捐赠,让当地村民有书可看,提高村民综合素质。

3.开发农家乐

现在村子里没有饭馆,可以在湖亭周围开发一个农家乐,为现有村民聚餐和未来旅游建设提供场所。

4.优化梨洋村产业结构方向

梨洋村以种植高山作物为主,如高山蔬菜、锥栗、毛竹等。可以将当地产业进行现代化、特色化改造。通过品种的改良、新生产技术的引进、产业链的延伸、产业特色的培育和产业品牌的传播,形成梨洋高山作物产业发展新优势。

5.引进经济作物

可以引种红心猕猴桃、黄心猕猴桃、蓝莓等经济作物,提升种植经济效益,提高居民收入。

八、结语

此次暑期社会实践活动是团队成员一次不可多得的锻炼机会,也为屏南县注入了新鲜血液,更是对乡村振兴战略的积极响应,具有重大现实意义和历史意义。

开源村和梨洋村虽然是屏南县岭下乡临近的两个村庄,皆有好的自然生态和盛产的

高山果蔬，但是两个村子的发展程度有较明显的差异。开源村有初步的田间小镇项目规划建设，3D墙画、荷花文化节等成熟的旅游点，但是缺乏一套完整的生态文化旅游产业链。所以建议下一步发展将借助政府和外界力量，完善项目规划中所附带的其他产业，将以避暑、度假、养生为主力的旅游小镇项目做起来。梨洋村近几年在村干部的带领下已经有了较大的改变和进步，但是在基础设施和防洪设施上还存在一定的不足，文化底蕴和高山果蔬产业也并不突出。建议上级政府能加大投入力度，加强梨洋村的基础建设和河道治理，乡、村干部积极寻找果蔬产业园入驻梨洋村，带动全村产业发展，以此带动全村振兴。

阳光学院赴屏南实践队的乡村振兴专项实践活动虽暂告一段落，但均与调研的村子建立了大学生暑期社会实践基地，后续将继续保持联系，为屏南县三个村子的发展献计献策献人力。（2019年7月20日）

媒体相关报道

阳光学院2019年社会实践媒体报道汇总表

队伍名称：阳光学院赴屏南富竹助推民宿项目实践队（阳光学院赴屏南实践队）

填表时间：2019.8.4

序号	标题	报道平台	时间
1	【暑期社会实践】追忆传统村落·阳光学院赴屏南富竹助推民宿项目实践队	大学生网报	2019.7.7
2	【暑期社会实践】助推民宿项目，我们在路上——阳光学院暑期社会实践	大学生网报	2019.7.10
3	【红色筑梦之旅】静谧古村，思归游子——阳光学院赴屏南富竹助推民宿项目实践活动总结	阳光学院团委	2019.7.14
4	【暑期社会实践】助力乡村振兴，“乡”约盛夏	阳光学院团委	2019.7.22
5	【百校千生闽东行暑期社会实践】精准帮扶，古村旧貌换新颜	阳光学院团委	2019.7.23
6	【红色筑梦之旅】追忆传统村落——阳光学院赴屏南富竹助推民宿项目实践队出发啦！	阳光学院团委	2019.7.24
7	阳光学院赴屏南实践队助力乡村振兴	东南网	2019.7.30
8	阳光学院赴屏南实践队助力乡村振兴	《海峡教育报》	2019.7.30
9	阳光学院赴屏南实践队助力乡村振兴	腾讯网	2019.7.31

附图1-6　媒体报道数据汇总表截图

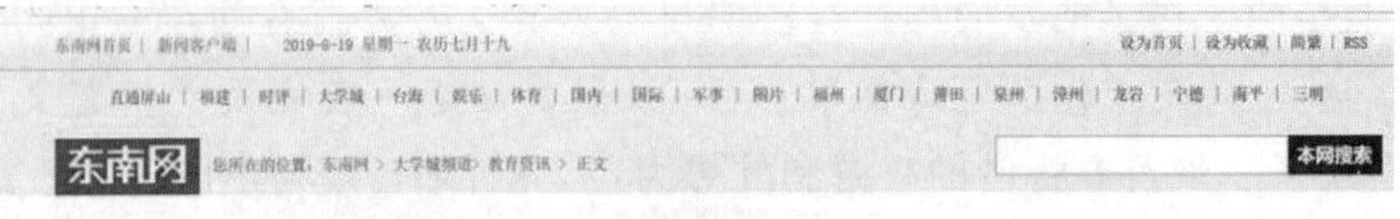

东南网 您所在的位置：东南网 > 大学城频道 > 教育资讯 > 正文

阳光学院赴屏南实践队助力乡村振兴

2019-07-30 21:39:56　来源：海峡教育报　责任编辑：赵海霞　我来说两句

海峡教育报讯 （通讯员 吕炜榕）为响应十九大提出的乡村振兴战略的号召，2019年6月，阳光学院赴屏南实践队申报了百所高校千名师生闽东行社会实践活动，旨在为屏南县的乡村振兴发展出一份绵薄之力。2019年7月，阳光学院赴屏南实践队有幸申报成功，将前往福建省宁德市屏南县岭下乡开源、梨洋村进行乡村振兴专项社会实践活动。

一切准备就绪，全员整装待出发。7月8日上午，在前期分工合作、查阅资料、撰写调研大纲基础上，阳光学院赴屏南实践队在阳光学院商学院团委副书记周郭灵智老师带领前往本次调研的第一站——岭下乡开源村。开源村位于屏南西北部，林地宽广，良田千亩，气候宜人，开源村村长陆则勇对实践队的到来表示热烈欢迎，并在村委会会议室与实践队队员进行座谈，向实践队介绍了开源村的村情、果蔬产业、特色产业、民俗文化等，陆村长表示如今生机盎然的美丽乡村，都是引进特色产品，推动产业振兴的结

今日热词

福建今日重点　更多>>

（a）

大学生网报 www.dxswb.com 大学生自己的新闻发布平台

首 页　社会实践　高校资讯　校内新闻　公益活动　校园文学

当前位置：主页 > 社会实践 >

【暑期社会实践】追忆传统村落 阳光学院赴屏南富竹助推民宿项目实践队

时间：2019-07-07 21:17:11 来源：福州阳光学院商学院 作者：阳光学院赴屏南富

为了助推屏南富竹村民宿项目，7月5日，由商学院团委副书记周郭灵智老师带领阳光学院赴屏南富竹助推民宿项目实践队到福建省宁德市屏南县岭下乡富竹村开展助推民宿项目实践活动。

早在一个月前，阳光学院赴屏南富竹助推民宿项目实践队就对富竹村进行了前期调研活动，实地考察，了解富竹村当地风土人情、村情民情，以及项目具体实施房屋内的基本情况。随后为了更好地突出民宿主题和风格，同时保留富竹村原有的特色，使之与富竹村当地实际情况和风土人情结合，小队前往三坊七巷进行考察学习，并已提前拟定了项目的初步方案。

推荐内容

（b）

大学生网报 www.dxswb.com 大学生自己的新闻发布平台

首 页　社会实践　高校资讯　校内新闻　公益活动　校园文学

当前位置：主页 > 社会实践 >

【暑期社会实践】助推民宿项目，我们在路上 ——阳光学院暑期社会实践

时间：2019-07-09 18:33:25 来源：福州阳光学院商学院 作者：阳光学院商学院赴

为了使接下来的工作顺利进行，7月7日，阳光学院赴屏南富竹助推民宿项目实践队于富竹村会议室讨论了近期实践工作的具体内容和工作安排，安排结束后，小队实地考察了项目实施地点及周边环境，与屋主进行了交流。

小队成员集思广益，针对项目实施房屋的特色和出现的问题，提出了解决方法和修改意见，就客栈风格、装修装饰和房间布置等内容与屋主协商。随后根据协商后的内容，成员围绕门面设计、房间格局和布置、墙面装饰、客栈logo设计等内容，为项目更细致地修改和确定方案。为了更好地完成客栈的设计，小队成员请教了王秉安教授，王教授肯定了我们的设计方案，但也指出了方案中存在的不足之处，为此提出了可行性建议，为方案设计指明了修改方

行者无疆，初心不忘

（c）

首页 | 时政

阳光学院赴屏南实践队助力乡村振兴

海峡教育报 07-31 09:37

海峡教育报讯 （通讯员 吕炜榕）为响应十九大提出的乡村振兴战略的号召，2019年6月，阳光学院赴屏南实践队申报了百所高校千名师生闽东行社会实践活动，旨在为屏南县的乡村振兴发展出一份绵薄之力。2019年7月，阳光学院赴屏南实践队有幸申报成功，将前往福建省宁德市屏南县岭下乡开源、梨洋村进行乡村振兴专项社会实践活动。

一切准备就绪，全员整装待出发。7月8日上午，在前期分工合作、查阅资料、撰写调研大纲基础上，阳光学院赴屏南实践队在阳光学院商学院团委副书记周郭灵智老师带领前往本次调研的第一站——岭下乡开源村。开源村位于屏南西北部，林地宽广，良田千亩，气候宜人，开源村村长陆则勇对实践队的到来表示热烈欢迎，并在村委会会议室与实践队队员进行座谈，向实践队介绍了开源村的村情、果蔬产业、特色产业、民俗文化等，陆村长表示如今生机盎然的美丽乡村，都是引进特色产品，推动产业振兴的结果。随后，带领实践队参观走访了村子里的3D墙画、果蔬园区、产业园区等，实践队队员也针对开源村未来的乡村发展提出了一些意见。最后，周郭灵智老师于开源村村长路则勇在村委会会议室进行了"大学生暑期社会实践基地"授牌仪式。

下午，实践队前往本次调研的第二站——岭下乡梨洋村，梨洋村驻村第一书记柳斌、支部书记陆德

（d）

附图 1-7 相关媒体报道

附录2 阳光学院暑期“三下乡”社会实践总结报告

青春建功十三五，同心共筑新福建

——2016年阳光学院暑期“三下乡”社会实践活动总结

阳光学院团委

为响应上级团委号召，2016年暑期，我院团委以“青春建功十三五，同心共筑新福建”为主题，精心组织、积极调动阳光学院全院上下共同开展2016年阳光学院大学生暑期“三下乡”社会实践活动。此次暑期社会实践活动不仅得到了各地政府、团委的关心和大力支持，而且得到了当地百姓的热烈欢迎和好评，效果显著。现将此次组织工作总结如下：

一、项目情况

在今年暑期“三下乡”社会实践活动中，我院共组织了14支队伍，其中院级队伍5支，系级队伍9支。总参加人数达到300多人。

活动结束后，全院上交了14篇项目总结报告、9篇个人总结报告，完成调研策划15篇，各队伍实践日记总计达60篇。

同时，活动还得到了有关媒体的关注。在活动中，全院队伍共获得国家级媒体报道3次，省级媒体报道1次，地区级媒体报道4次，赴屏南县调研的4支队伍分别获得屏南县电视台等多家新闻媒体的宣传报道。

二、项目流程

我院团委在学校领导的指导下，成立本学院大学生暑期“三下乡”社会实践活动领导机构，由我院学生会办公室具体落实该项工作。

(一)准备阶段(2016年7月)

(1)举办阳光学院2016年暑期“三下乡”社会实践活动动员暨经验交流大会，并为同学们答疑解惑，加大宣传力度。

(2)正式下达阳光学院组建2016年大学生志愿者暑期“三下乡”社会实践活动队伍的文件。

(3)初步完成阳光学院“2016年大学生志愿者暑期文化科技卫生‘三下乡’社会实践活动”项目申报工作。

(4)召开阳光学院立项队伍负责人的会议，再次传达和学习学校文件，交代注意事项。

(二)开展阶段

2016年7月，由我院老师亲自指导各个项目的开展工作，保证活动的质量。2016年阳光学院大学生志愿者暑期“三下乡”社会实践活动在我院正式拉开帷幕。

三、项目内容

通过这次“三下乡”社会实践活动，加强和改进我院学生思想政治工作，培养和提高大学生创新能力、实践能力。我院今年暑期“三下乡”社会实践活动具有以下特点：

(一)活动内容的丰富性

1. 走访屏南古村落，同心共筑新福建

作为当代的大学生，我们更应该牢记历史使命，缅怀革命先辈的丰功伟绩，重温党的优良传统和作风，继承先烈们的革命遗志，弘扬先辈的优良传统和作风，为祖国的发展而努力。

2. 弘扬生态文明，我们在行动

福州市环境保护和消防安全问题宣传等队伍结合今年热点开展实际工作，倡导节能环保，带动群众积极主动地参与节约资源、爱护地球的活动，同时进行消防安全知识宣传。

3. 线上漈下——“互联网＋”古村落保护与开发

在保护耕读文化的情况下，利用互联网和新媒体等大力弘扬传统文化，实施创新驱动发展战略，依托“互联网＋”平台，集众智搞创新，厚植科技进步的社会土壤，打通科技成果转化通道。

4.“三下乡”青春扶贫暑期社会实践

充分利用暑假时间，到周边城镇了解农民工子女的生活学习状况。通过这个活动让更多的人能够注意到农民工子女这个容易被忽视的群体，同时也让他们感受到社会的关怀与爱。

5. 中国法治路，青少年普法行

本年度“三下乡”注重法律文化的宣传，引起社会人士的关注。帮助广大青少年掌握基本法律常识，增强法律意识，学会运用法律武器来保护自己的合法权益，同各种违法犯罪行为作斗争，掀起自觉学法、知法、守法、用法、护法的新高潮，促进全社会进一步形成关心青少年健康成长的良好氛围。

(二)活动形式的多样性

(1)问卷调查：通过调查问卷，抽样总结汇编成调研论文。

(2)派发宣传资料：通过这种便捷的方式让活动的宣传效应更加持久和广泛。

(3)定点活动：大型的定点活动受到了大家的关注。

(4)DV、PPT：通过视频记录以及调研成果风采展现场的PPT汇报，让未能参加此次调研的同学、老师、领导能更直观地感受调研的魅力。

(5)在当地政府汇报：此次屏南耕读调研队伍得到屏南当地政府的大力支持，调研结束后在当地政府进行汇报，极好地展示了我院调研实践队伍的成果。

四、项目收获

2016年阳光学院大学生志愿者暑期“三下乡”社会实践活动已经画上了圆满的句号。本次活动取得预期的效果，同时也收获了经验。

(一)高度重视,层层动员,充分宣传

“三下乡”社会实践活动是高校实现人才培养目标的有效途径,是推进“大学生素质拓展计划”和素质教育的重要措施。深入“三下乡”社会实践活动是大学生践行科学发展观的具体体现,是服务素质教育的需要,是服务农村发展的需要。

近些年来,我院大学生暑期“三下乡”社会实践活动每年都取得了较大成绩,无论是社会实践的广度和深度、团队总数、参加人数、涉及地区和社会影响都呈稳步上升趋势。为保证此次社会实践活动的顺利开展,我院成立了 2016 年大学生暑期“三下乡”社会实践活动领导小组,紧紧围绕活动主题,广泛宣传动员,并结合专业特点,制定本学院的社会实践活动方案。

(二)精心组织,点面结合,注重实效

我院共组织 14 支队伍,300 多人进行大学生暑期“三下乡”社会实践活动。他们通过问卷调查、实地走访、举行大型定点宣传活动等多种形式进行活动,不仅得到了各地政府、团委的关心和大力支持,而且得到了当地百姓的热烈欢迎和好评。此次社会实践加深了同学们与社会基层人民的感情,拉近了与社会的距离,也让他们在社会实践活动中开阔了视野,增长了才干,进一步明确了青年学生的成才之路与肩负的历史使命。在为基层、为农村送去知识和服务的同时,同学们还从农民那里学到了勤劳朴实、默默奉献的精神,极大地增强了同学们的责任感和使命感,达到了预期的效果。

(三)辛勤耕耘,硕果累累,成果喜人

今年暑期,我院的学生社会实践活动形式多样,内容丰富,在社会上引起了很大的反响,效果良好,广大学生在各方面都有巨大收获。首先,学生可以真正脱离课本,走入社会,了解社会,去真实直观地接触历史和社会,接受课堂以外的教育;其次,通过调查走访,学生可了解就业市场的需求,在日益严峻的就业形势下,不断地完善自己,适应社会的需要。社会实践使广大学生更深入了解国情,了解社会,激发了同学们的爱国主义精神。很多社会实践团队远途跋涉,深入山村,与当地群众同吃同住同劳动,以切身经历去体味乡亲们热情淳朴的性格和辛苦忙碌的劳作,深入了解农村的过去和现在,深深感受党的富民政策在农村所起的巨大作用、为农民生活带来的深刻变化。广大学生在实践中使自己真正走上讲台,把所学的知识传授给其他人,理论联系实践,在实践中加深理解,使自身的综合素质得到提高。最后,广大学生通过社会实践,通过艰苦条件的磨炼,培养了“特别能吃苦,特别能奉献,特别能战斗”的精神,团结友爱,以及互助互让、关心集体的良好品质。

五、项目感悟

(一)引进传统文化,弘扬民族精神

继承与弘扬优秀传统文化是文化建设的重要内涵。通过此次暑期“三下乡”社会实践活动,我们看到福建很多地方都有着浓厚的传统文化。大学生作为当今社会最富有活力、生命力和创造力的一代,他们对中国传统文化的理解和认识程度直接影响整个社会民众对这一问题的关注。当代大学生自身关于中华优秀传统文化的知识薄弱、根底不深,因此,大学生要不断地接受优秀传统文化教育,使自己具有先进的思想理念和较高的道德素

质，投身于社会主义精神文明建设当中。大学生是祖国的未来、民族的希望，是中国特色社会主义现代化建设的生力军，只有在大学生中大力弘扬和传承优秀传统文化，增强大学生的民族自尊心和自信心，才能使中华民族长久地屹立于世界民族之林。

（二）齐抓共管，树立“合唱”意识

大学生暑期“三下乡”社会实践活动是一项益国利民、教育学生的有益活动，但由于多方面原因，一些地方政府和部门对大学生“三下乡”社会实践活动认识不足，重视不够，给活动的开展造成了一定的困难，也挫伤了一些同学的积极性。这需要全社会共同关心和支持这项活动，使该活动开展的效果更加显著。

六、项目展望

海水，在远方咆哮；激情，在心中燃烧。我们骄傲，我们自豪，我们高兴，我们富有，因为我们拥有此次难得的社会实践机会，我们都是那一时刻的见证者，我们拥有了一串充实的昨天，因此我们也将拥有一个饱满的人生。

这是一笔巨大的人生财富，是一种精神的鼓舞和心灵的震撼。它使我们更加清醒地认识自己，而这种清醒，将使我们永远有生气，又永远在起点。面对着那一轮喷薄而出的朝阳，我们扬帆起航，抱着希望，怀着理想；我们心存感激，立足今天，展望未来，去开拓，去创造，去播撒新思想的种子，让它生根发芽，遍地开花，去为祖国的繁荣昌盛出一份力、喊一声“加油”！

附录 3　各系暑期社会实践成果展

一、管理系及红十字会

阳光学院红十字会牵手管理系分团委学生会，带着火一样的青春干劲踏上了前往泉州市德化县的征程。

二、财会金融系

财会金融系“青创”调研队在指导老师的带领下开展了以“创新驱动互联经济，拓展青年实践发展”为主题的暑期社会实践活动。

三、外经贸系

外经贸系实践队经过讨论，将泉州作为实践地，旨在通过调研，进一步了解泉州特有的文化，对其进行弘扬和传承。

四、法律系

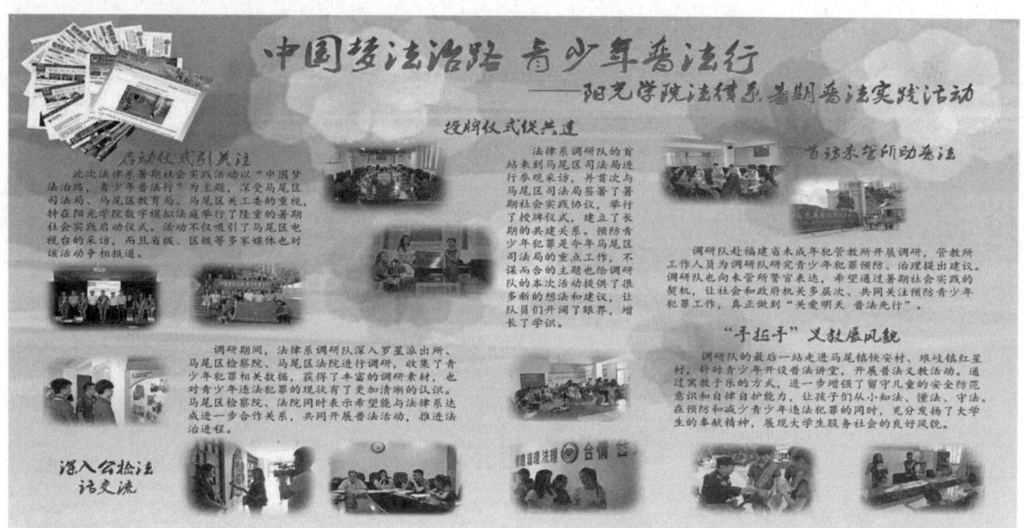

法律系调研队通过实地调查、采访有关部门、亲身体验等方式对福州青少年普法工作进行探究。

五、计算机工程系

通过这次调研，结合我们计算机工程系的专业特色，运用网络平台把漈下村的文化进行大力宣传，让更多的人知晓漈下古村。

六、电子信息工程系

电子信息工程系调研小分队赴福建省宁德市屏南县开展甘国宝文化漫画社会实践调研活动。

七、土木工程系

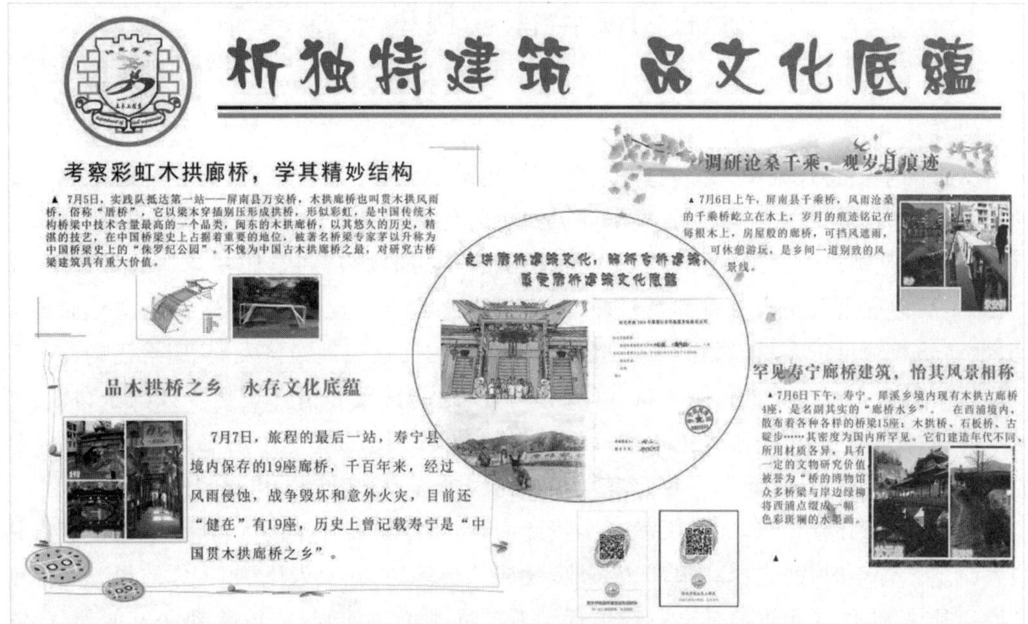

土木工程系实践调研队伍走出工地，实地考察，走访调研廊桥建筑结构，以了解每个地方的文化背景为基础，更好地了解廊桥历程、建筑结构。

附录4　致阳光学院禾风心裁助力文化兴村公益团队全体成员的一封信

各位同学：

欣悉同学们将代表阳光学院参加“青年红色筑梦之旅”活动，积极响应习近平总书记的号召，立志扎根中华大地，用青春书写无愧于时代的精彩华章，我感到非常高兴。

屏南县是闽东革命老区，红色基因薪火相传。长期以来，同学们在老师的带领下，知行合一，助力屏南县精准扶贫和乡村振兴，通过挖掘当地乡土文化，打造特色文化旅游品牌，推动幼教项目进乡村，增强农村“造血”功能，有力促进当地经济发展，用自己的知识和技能为父老乡亲脱贫致富贡献力量。你们脚踏实地的行动和情怀正是今天国家、社会所需要的精神和担当，也是阳光人集体人格的最好体现，那就是“学生的心、光明的心、年轻的心”，做到：见贤思齐，谦卑自牧；良知清澈，光明磊落；意气风发，勇猛精进。

“乐莫乐于好善，成莫成于无私。”实践证明，基层是施展才华的大舞台，也是锤炼品格的大课堂。青年时代，选择扎根广袤大地，扎根社会基层，扎根人民群众，你的思想境界就会得到升华，你的人生道路就会行稳致远。希望同学们再接再厉，以蓬勃向上的朝气、吃苦耐劳的韧劲，在全省和全国的比赛中顽强拼搏，以优异成绩献礼伟大祖国七十华诞！

阳光控股董事局主席、阳光学院董事长

林腾蛟

2019年7月6日

参考文献

一、著作类

[1]杨化.改革开放以来大学生社会实践研究[M].北京:群众出版社,2016:174.

[2]屈陆.大学生思想政治理论课社会实践指南[M].北京:社会科学出版社,2015.

[3]倪福全,邓玉,周曼.大学生社会实践教程[M].2版.北京:中国水利水电出版社,2016.

[4]冯艾,范冰.大学生社会实践导读[M].北京:社会科学文献出版社,2005.

[5]刘晓东.大学生社会实践理论与实务[M].北京:高等教育出版社,2014.

[6]陈曦.大学生志愿服务[M].北京:冶金工业出版社,2009.

[7]王小云,王辉.大学生社会实践概论[M].北京:中国经济出版社,2005.

[8]张国栋.大学生社会实践探索[M].沈阳:辽宁大学出版社,2009.

[9]罗公利.大学生社会实践管理研究[M].济南:泰山出版社,2007.

[10]刘志强.高等学校实践教学改革与研究[M].哈尔滨:哈尔滨工程大学出版社,2007.

[11]郭超.公益创业:一种以事实为基础创造社会价值的研究方法[M].上海:上海财经大学出版社,2017.

[12]朱晓红.公益创业理论与实践[M].北京:知识产权出版社,2016.

[13]汪忠,唐亚阳.公益创业学[M].北京:机械工业出版社,2019.

[14]中国青年报社.中国青年公益创业报告[M].北京:清华大学出版社,2015.

[15]范伟达,范冰.社会调查研究方法[M].上海:复旦大学出版社,2011.

[16]谭祖雪,周炎炎.社会调查研究方法[M].北京:清华大学出版社,2013.

[17]谢俊贵.社会调查理论与实务[M].北京:清华大学出版社,2014.

[18]张兴杰.社会调查[M].江苏:南京大学出版社,2008.

[19]潘绥铭,黄盈盈,王东等.论方法:社会学调查的本土实践与升华[M].北京:中国人民大学出版社,2011.

[20]陈向明.质的研究方法与社会科学研究[M].北京:教育科学出版社,2000.

[21]风笑天.社会研究方法[M].5版.北京:中国人民大学出版社,2018.

[22]刘煜.大学生社会实践导论[M].杭州:浙江大学出版社,2017.

[23]王亭,罗秦.创新引领未来　实践启迪智慧[M].上海:立信会计出版社,2016.

[24]张子睿.大学生社会实践教程[M].北京:国防工业出版社,2012.

[25]胡树祥,吴满意.大学生社会实践教育理论与方法[M].北京:人民出版社,2010.

[26]段轩如,杨杰.写作学教程[M].3版.北京:中国人民大学出版社,2008.

[27]张瑞年,张国俊.应用文写作大全[M].北京:商务印书馆,2018.

[28]陆亚萍,詹丹,张彪.应用文写作教程[M].3版.上海:复旦大学出版社,2015.

[29]李德胜,欧增益.应用文写作教程[M].天津:天津教育出版社,2013.

[30]李丽红.社会调查方法[M].辽宁:大连理工大学出版社,2012.

[31]张晓琼.社会调查研究方法教程[M].济南:山东人民出版社,2011.

[32]蒋雪梅,龚彬.大学生社会交往及能力培养研究[M].成都:四川人民出版社,2013.

[33]张岩松.人际沟通与社交礼仪[M].北京:清华大学出版社,2013.

二、期刊论文类

[1]林晓燕.高校大学生社会实践基地建设实效性机制探讨[J].学理论,2015(12):148-149.

[2]郭彤梅,杨婕筠,甄珠,等.社会实践在大学生角色社会化中的功能分析[J].教育理论与实践,2019,39(27):38-41.

[3]李一楠.以红色社会实践活动推进大学生社会主义核心价值观教育的理性审视[J].思想理论教育导刊,2019(2):78-82.

[4]孙长轮.新时代大学生实践基地建设的思想政治教育功能再探[J].学校党建与思想教育,2019(18):69-71.

[5]胡昌荣.志愿服务社会实践基地建设的必要性及基本原则[J].学校党建与思想教育,2016(22):75-76.

[6]刘娟.高校"双合双循环"实践育人模式研究[J].学校党建与思想教育,2018(18):52-54.

[7]洪晓畅,郑传娟,李鲁静.大学生社会实践活动的思想政治教育功能优化策略研究[J].思想教育研究,2018(6):138-141.

[8]杨涛.群众路线下的高校学生社会实践路径探索[J].学校党建与思想教育,2018(15):45-47.

[9]陈步云.论高校实践育人动力机制的构建[J].学校党建与思想教育,2018(11):15-18,40.

[10]陈步云.高校实践育人质量评价机制的构建[J].思想教育研究,2018(5):76-80.

[11]骆郁廷,史姗姗.论马克思主义实践育人的德育思想及其现实价值[J].马克思主义研究,2013(10):136-145.

[12]孙彩霞.实践育人理念的理论架构[J].学校党建与思想教育,2012(16):73-74.

[13]宋珺.论实践育人理念在高等教育中的实施[J].思想教育研究,2012(7):84-87.

[14]刘川生.高校实践育人工作有效机制研究[J].思想理论教育导刊,2016(12):119-124.

[15]谈传生,艾楚君.高校思想政治教育实践育人的机制创新:长沙理工大学的新探索[J].思想理论教育导刊,2019(6):138-141.

[16]杨国欣，蔡昕．高校实践育人实现路径探析[J]．学校党建与思想教育，2019(4)：74-75．

[17]董广芝，夏艳霞．高校实践育人共同体建设研究[J]．黑龙江高教研究，2018，36(12)：133-135．

[18]方正泉．高校社会实践育人实效性探析[J]．学校党建与思想教育，2017(19)：79-82．

[19]孔志光．基于核心素养培育的高职实践育人"三全四化"模式构建[J]．学校党建与思想教育，2018(6)：60-62．

[20]胡世刚．新民主主义革命时期毛泽东实践育人观述论[J]．毛泽东思想研究，2016，33(1)：33-37．

[21]王丽萍，龚燕．学生主体、实践育人与模式创新[J]．重庆社会科学，2014(2)：123-127．

[22]侯玉环，胡晓红．改革开放以来中国共产党立德树人思想的转型发展[J]．广西社会科学，2019(7)：53-59．

[23]李力，金昕．立德树人的历史进路、时代意涵和实践指向[J]．中国高等教育，2019(6)：37-39．

[24]李力，金昕．新时代高校立德树人的内涵、难点及实现路径[J]．东北师大学报(哲学社会科学版)，2019(2)：149-154．

[25]吴刚．美国高校实践育人概述及启示[J]．学校党建与思想教育，2017(2)：93-95．

[26]唐启华，汤莉．免费教育师范生思想政治教育实践育人体系研究[J]．西南农业大学学报(社会科学版)，2011，9(5)：184-186．

[27]杨高．高校实践育人的大学生思想政治教育探析[J]．理论观察，2013(2)：111-112．

[28]韩泽春．思想政治教育实践育人路径探析[J]．中国教育学刊，2013(9)：87-89．

[29]丁浩，王婷婷．新时期高校学生社会实践实效性评价探析：基于过程评价的分析视角[J]．思想教育研究，2014(4)：77-79．

[30]唐东升．大众化文化背景下党的工作进学生社团新机制探究[J]．学校党建与思想教育，2010(10)：31-33．

[31]毛素芝．乡村振兴战略实施背景下大学生对乡村创业软环境的评价[J]．继续教育研究，2018(7)：46-51．

[32]杜文婷，张海燕．"青年红色筑梦之旅"活动视角下提升地方应用型高校双创教育水平的途径探析：以北京师范大学珠海分校不动产学院为例[J]．科技经济导刊，2019，27(7)：124-123．

[33]刘娟．高校"双合双循环"实践育人模式研究[J]．学校党建与思想教育，2018(18)：52-54．

[34]曾继平．探索社会实践推动学生党建的有效途径[J]．文教资料，2009(35)：167-168．

[35]袁金轩.浅议新形势下社会实践教育在高校党校工作中的作用[J].中国电力教育,2011(4):145-146.

[36]金国峰,宋磊.学生党员社会实践与学生党建工作探讨[J].法制与社会,2014(16):145-146.

[37]李永明.高校精准扶贫工作的必要性、优势与实现路径研究[J].云南开放大学学报,2016,18(4):24-28.

[38]赵良.高校党建工作助力脱贫攻坚的实践与思考:基于吉林农业大学精准扶贫工作实践[J].甘肃农业,2018(13):26-30.

[39]沈崴."第三课堂"思想政治教育功能研究[J].思想教育研究,2016(7):112-115.

[40]周草."课程思政"背景下的高职院校实践育人体系构建探究[J].科技视界,2019(13):139-141.

[41]张楗,田小凤.三全育人背景下"课程思政"实践路径对策研究[J].教育现代化,2019,6(30):48-49.

[42]张宇.高校立德树人中知行合一原则的价值运用[J].天津市教科院学报,2017(3):5-8.

[43]黄蕾.基于中国特色社会主义共同理想的中国梦[J].广西社会主义学院学报,2014,25(5):10-13.

[44]张华,李久东,于晓波.基于思政课的大学生文化自觉与文化自信培养路径[J].黑龙江教育(高教研究与评估),2015(12):39-40.

[45]郭哲,胡德鑫.我国民办高等教育研究十年回眸:基于文献计量与可视化分析[J].现代教育管理,2017(12):8-13.

[46]陈丹雄.论高校立德树人根本任务的实现困境及其破解[J].高等农业教育,2014(3):36-39.

[47]阙明坤,费坚,王慧英.改革开放四十年民办高等教育发展回顾、经验与前瞻[J].高校教育管理,2019,13(1):11-18,35.

[48]周丽,李敏.基于创新型人才需求的高校教育改革探究[J].西部素质教育,2017,3(15):139,141.

[49]索玉华.大学生社会实践思想政治教育功能探析[J].广西大学学报(哲学社会科学版),2009,31(S1):36,39.

[50]袁金祥.大学生社会实践育人功能的偏失与匡正[J].现代教育科学,2010(7):120-122.

[51]张有声.从供给侧改革本科专业人才培养思路[J].中国高等教育,2016(1):37-41.

[52]刘勇.论思想政治教育实践育人机制的建构[J].黑河学刊,2012(12):3-5.

[53]李冰冰,邹丽晨,袁圆,等.新时代高校大学生实践育人机制体制构建研究:以广东为例[J].中国高等教育评估,2018,29(4):30-33.

[54]邹芳芳.民办高校立德树人实施路径研究[J].内蒙古师范大学学报(教育科学

版),2016,29(12):67-69.

[55]张继周.地方高校与区域经济共生发展的理论探索[J].经济研究导刊,2019(13):75,105.

[56]王逸鸣,石运佳,蒋海涛.高校实践育人协同体系探索[J].北京教育(高教),2018(Z1):138-140.

[57]吴潜涛,吴俊.坚持“三个面向”与“立德树人”的统一[J].思想理论教育导刊,2014(4):47-53.

[58]陈光,于彦华,林琳.构建地方高等农业院校“多维立体”协同育人模式的研究与实践[J].高等农业教育,2015(2):3-6.

[59]王钱永,任丽清.“双一流”建设视角下地方高校区域创新能力建设[J].中国高教研究,2016(10):38-42.

[60]吴立全,于秋叶.高校实践育人新模式探究[J].东北农业大学学报(社会科学版),2017,15(3):39-43.

[61]崔海英,曾玉梅.高校思想政治工作主体协同育人机制创新研究[J].思想政治课研究,2018(4):66-71.

[62]邱伟光.课程思政的价值意蕴与生成路径[J].思想理论教育,2017(7):10-14.

[63]高德毅,宗爱东.从思政课程到课程思政:从战略高度构建高校思想政治教育课程体系[J].中国高等教育,2017(1):43-46.

[64]陆道坤.课程思政推行中若干核心问题及解决思路:基于专业课程思政的探讨[J].思想理论教育,2018(3):64-69.

[65]韩强.国外对中国共产党建设的研究述评[J].马克思主义研究,2012(9):145-152.

[66]金国峰,宋磊.学生党员社会实践与学生党建工作探讨[J].法制与社会,2014(16):145-146.

[67]马奇柯.国外大学生社会实践的经验和启示[J].中国青年研究,2003(3):72-75.

[68]王艳平.高校“三全育人”的特征及其实施路径[J].思想理论教育,2019(9):103-106.

[69]徐海鑫.新时代高校思想政治工作的理论基础、内在逻辑与实践遵循[J].四川大学学报(哲学社会科学版),2019(4):99-105.

[70]舒志定.马克思教育思想与当代社会[J].陕西师范大学学报(哲学社会科学版),2019,48(2):101.

[71]郭丽双,崔立颖.重塑历史观与价值观:俄罗斯高校思想政治教育的理性回归及启示[J].马克思主义与现实,2018(2):145-151.

[72]汪琼枝.思想政治教育全过程融入专业社会实践协同育人模式初探[J].思想理论教育导刊,2019(8):128-131.

[73]曲一歌.大学生党建与思想政治教育协同育人论[J].学校党建与思想教育,2019(16):28-30.

[74]艾四林.充分发挥马克思主义理论学科在协同育人中的作用[J].学校党建与思想教育,2017(23):20-21.

[75]邓卓明,姜华.社会实践在推进大学生社会主义核心价值体系教育中的作用[J].思想理论教育导刊,2011(12):99-102.

[76]李彦杰.社会实践中大学生思想政治教育研究[J].改革与开放,2017(23):142-143.

[77]马一冰,陈先兵.中国特色的大学生志愿服务刍论[J].东北师大学报(哲学社会科学版),2017(3):157-161.

[78]马振清.警惕"变质"的大学生社会实践[J].人民论坛,2018(1):110-111.

[79]李保强.大学生社会实践活动不能"走形式"[J].人民论坛,2018(1):112-113.

[80]李霞.集体经济村庄:高校思想政治教育的新平台:基于高校大学生赴南街村社会实践分析[J].世界社会主义研究,2017,2(6):48-54,96.

[81]张建明,唐杰.高校社会实践引领大学生思想发展的路径研究:基于中国人民大学"千人百村"项目的实践[J].思想教育研究,2017(4):119-122.

[82]马程程.论思想政治教育融入社会生活的作用机理[J].思想理论教育导刊,2016(12):95-99.

[83]姚建军,师蔷薇.大学生社会实践存在的问题及破解思路[J].思想理论教育导刊,2016(3):147-149.

[84]王晓红.基于实践育人理念下大学生思想政治教育创新研究[J].湖北社会科学,2012(10):189-191.

[85]张宏亮,柯柏玲.大学生社会实践存在的主要问题及对策分析[J].思想政治教育研究,2014,30(2):134-136.

[86]赵博,林正航,郑云峰,等.高校社会实践成果及影响因素的定量研究:以清华大学"五个结合"社会实践育人成效为例[J].大学(学术版),2014(5):40-55.

[87]徐阔.立德树人视域下大学生思想政治教育创新:评《立德树人之道——大学生社会主义核心价值观的培育与践行研究》[J].中国教育学刊,2019(5):128.

[88]李一楠.以红色社会实践活动推进大学生社会主义核心价值观教育的理性审视[J].思想理论教育导刊,2019(2):78-82.

[89]惠晓峰,郝琦.延安红色资源对创新高校思想政治理论课现场教学方法的借鉴价值[J].学校党建与思想教育,2017(4):32-34.

[90]成协设.国家大学生校外实践教育基地建设:问题与对策[J].中国大学教学,2015(3):74-77.

[91]王忠宝.中华优秀传统文化在高校思想政治教育中转化与创新探究[J].黑龙江高教研究,2018,36(12):129-132.

[92]万光侠.中华传统文化创造性转化与创新性发展的哲学审视[J].东岳论丛,2017,38(9):27-34.

[93]王会民.增强大学生思想政治理论课获得感的四重向度[J].思想教育研究,2018

(11):86-90.

[94]胡绪明.高校思政课教师与辅导员协同育人的功能定位及实施对策[J].学术论坛,2018,41(4):174-180.

[95]杨影,黄佳.高校思想政治教育“双平台协同创新体系”的创建与实施[J].教育理论与实践,2018,38(30):6-8.

[96]高道才,林志强.大学生社会实践基地化建设研究[J].高等农业教育,2014(8):64-66.

[97]蒲海.大学生社会实践基地建设的探索与实践[J].产业与科技论坛,2012,11(16):197-198.

[98]尹喜.广东高校大学生社会实践基地建设调查研究[J].思想教育研究,2015(8):107-110.

[99]王化思.以工科大学为例论大学生社会实践基地建设[J].辽宁工业大学学报(社会科学版),2015(1):71-73.

[100]罗公利.试论新形势下大学生社会实践的形式与内容[J].青岛科技大学学报(社会科学版),2007(3):106-111.

[101]姜瀚滨.高校思政教育中落实“立德树人”的现实意义及其实践路径[J].现代教育科学,2018(1):53-56.

[102]林爱菊,唐华.公益创业教育:大学生创业教育的新拓展[J].大学教育科学,2017(3):101-105,125.

[103]林竹.社会调查中的定性研究方法浅析[J].社会工作(理论),2009(8):53-55.

[104]2016年中国大学生就业状况调查课题组.2016年中国大学生就业状况调查报告[J].中国大学生就业,2017(14):34-41.

[105]刘云芸.大学生社会实践基地建设与整合模式的探究:以东华大学纺织学院为例[J].学理论,2014(7):161-162.

[106]王革,王迎军.社会科学定性研究中比较方法的应用[J].财经问题研究,2009(12):25-30.

[107]杜伦芳.论社会科学研究定量与定性方法结合取向[J].渤海大学学报(哲学社会科学版),2011,33(1):76-79.

[108]陈向明.社会科学中的定性研究方法[J].中国社会科学,1996(6):93-102.

[109]陈向明.定性研究方法评介[J].教育研究与实验,1996(3):62-68.

[110]李华文.硬数据和软说明的和谐:总结写作新探[J].应用写作,2008(8):13-15.

三、毕业论文

[1]董秀娜.大学生社会实践基地建设新论[D].武汉:华中师范大学,2006.

[2]王宇超.大学生社会实践管理机制研究:以上海SF大学为例[D].上海:上海师范大学,2018.

[3]刘同国.大学生社会实践活动现状与发展研究[D].济南:山东师范大学,2010.

四、其他

[1]教育部等部门关于进一步加强高校实践育人工作的若干意见[EB/OL].(2012-01-10)[2019-11-10]. http://www.moe.gov.cn/srcsite/A12/moe_1407/s6870/201201/t20120110_142870.html.

[2]中共中央国务院发出《关于进一步加强和改进大学生思想政治教育的意见》[EB/OL].(2019-10-14)[2019-11-10]. http://www.moe.gov.cn/s78/A12/szs_lef/moe_1407/moe_1408/tnull_20566.html.

[3]汪忠.图解首部《中国青年公益创业调查报告》[N].中国青年报,2015-02-06(2).